ERNEST BOSC

Addha-Nari

ou

L'Occultisme dans l'Inde Antique

Védisme, Littérature hindoue
Mythes, Religions
Doctrine ésotérique, Cosmogonies
De l'Ame, Doctrine spirite
Psychisme, Occultisme
Doctrine du Karma
Musique

PARIS
CHAMUEL, ÉDITEUR
20, RUE DE TRÉVISE

1893

ADDHA-NARI

ou

L'Occultisme dans l'Inde Antique

NICE - IMPRIMERIE DES ALPES-MARITIMES
16, Rue Saint-François-de-Paule

PRINCIPAUX OUVRAGES DU MÊME AUTEUR

ARTS

Dictionnaire raisonné d'architecture et des sciences et arts qui s'y rattachent. — 4 vol. gr. in-8° Jésus, d'environ 550 à 600 pages chacun, et contenant environ 4,000 bois dans le texte, 60 gravures à part et 40 chromolithographies. — Paris, Firmin Didot, et C¹ᵉ, éditeurs, 1879-1880; 2ᵉ édition, 1882-1883.

Dictionnaire de l'Art, de la Curiosité et du Bibelot. — 1 vol. gr. in-8° jésus illustré de 700 gravures intercalées dans le texte, 35 pl. en noir et 4 en couleur, broché (*Épuisé*).

Traité des constructions rurales. — 1 vol. gr. in-8° jésus, de XIII-500 pages, accompagné de 576 figures intercalées dans le texte ou hors texte.
Paris, Vve A. Morel et Cie, éditeurs, 1875.

Des concours pour les monuments publics. — Brochure in-8°. Paris, Jouaust.

Les Ivoires. — Brochure in-16 illustrée de 23 bois dans le texte. Paris, Librairie de l'Art.

SCIENCES

Dictionnaire général de l'Archéologie et des Antiquités chez les divers peuples. — 1 vol in-8° de VIII-576 pages, illustré de 450 gravures sur bois. — Paris, Firmin-Didot et C¹ᵉ, éditeurs, 1881.

Traité complet de la Tourbe. — 1 vol. in-8° avec figures. — Paris, J. Baudry, éditeur, 1870.

Traité complet théorique et pratique, du Chauffage et de la Ventilation des habitations privées et des édifices publics. — 1 vol. in-8° jésus, de 262 pages, avec 250 figures intercalées dans le texte. — Paris, Vve A. Morel et Cie éditeurs, 1875.

Études sur les Chaussées dans les grandes villes. — Brochure in-8°. Paris, J. Baudry, éditeur, 1874. (*Épuisée*).

Du Chauffage en général et plus particulièrement du Chauffage à la Vapeur et au gaz hydrogène. — Conférence faite à la Société centrale des Architectes français, le 20 janvier 1875. Brochure in-8°, Paris, Vve A. Morel et Cie, éditeurs, 1875. (*Épuisée*).

Études sur les Hôpitaux et les Ambulances. — Brochure in-8° avec figures, Paris, Vve A. Morel et Cie, éditeurs, 1876. (*Épuisée*).

Aérage et Assainissement des grandes villes. — Brochure in-8°, avec figures, Paris, Vve A. Morel et Cie, éditeurs, 1876. (*Épuisée*).

Isis Dévoilée ou l'Égyptologie Sacrée. — 1 vol. in-12 de VI, 304, avec un portrait de l'auteur, Paris, Chamuel et Cie, Éditeurs.

Dictionnaire d'Orientalisme, d'Occultisme et de Psychologie. — (*En préparation*).

HISTOIRE

Histoire nationale des Gaulois sous Vercingétorix. — 1 vol. in-8° illustré de nombreuses vignettes. Paris, Firmin-Didot et Cie éditeurs, 1882.

Précis historique de l'Intolérance religieuse à travers les siècles. — (*En préparation*).

POLITIQUE

Crise Financière, moyens pratiques de la conjurer. — Brochure in-8°. Paris, Genève et Bruxelles, 1871. (*4e édition*).

La République devant le Suffrage Universel. — Brochure in-8°. Paris, Genève et Bruxelles, 1871 (*2e édition*).

Le Suffrage Universel, l'arme à deux tranchants. — Brochure in-8°, suivi d'un nouveau mode électoral. Paris, Genève et Bruxelles, 1871.

ERNEST BOSC

ADDHA-NARI

ou

L'OCCULTISME DANS L'INDE ANTIQUE

Védisme, Littérature Hindoue
Mythes, Religions
Doctrine Ésotérique, Cosmogonies
De l'âme, Doctrine spirite
Psychisme, Occultisme
Doctrine du Karma
Musique

PARIS
LIBRAIRIE GALIGNANI
NICE
MÊME LIBRAIRIE
48, Quai Saint-Jean-Baptiste

PARIS
LIBRAIRIE
DES
SCIENCES PSYCHOLOGIQUES
1, Rue Chabanais

1893

A LA MÉMOIRE DE MA MÈRE

NÉE

J. DEVÈZE

ET COMME

Témoignage de Piété filiale

AVANT-PROPOS

DANS un précédent ouvrage (1) nous avons étudié l'Occultisme Égyptien; dans le présent volume nous nous occupons de l'Occultisme Hindou, l'ancêtre de l'Occultisme Égyptien.

Nous n'avons pas l'intention et moins encore la prétention d'étudier à fond l'Occultisme de l'Inde, notre ambition est moins grande. En effet, il n'est pas possible à l'heure présente de pouvoir établir d'une manière certaine l'Ésotérisme Hindou, d'après les livres de l'Inde Antique mis actuellement en notre possession.

La plupart des livres importants sont cachés aux yeux des profanes, d'autres sont perdus ou ruinés,

(1) Isis Dévoilée ou l'Égyptologie Sacrée, 1 vol. in-8° de 300 pages avec un portrait de l'auteur; Paris, Chamuel, éditeurs, 1893.

d'autres enfin, écrits dans des dialectes connus de nom seulement depuis quelques années.

Ce qui rend encore les recherches sur l'Occultisme dans l'Inde très difficiles, presque impossibles, c'est que les Bons Pères Jésuites, Franciscains, missionnaires et autres gens de robe, s'entendent à merveille et s'unissent dans un touchant accord pour accomplir une œuvre de destruction à laquelle devrait s'opposer de toutes ses forces le public lettré.

Tout manuscrit ancien sanskrit, Tamoul ou de dialecte ancien quelconque, est immédiatement incinéré par les Bons Pères; c'est, on l'avouera, un moyen bien commode de n'avoir pas à y répondre plus tard, le jour où il aurait pu être traduit dans une de nos langues européennes, c'est-à-dire dans une langue accessible à un grand nombre de lecteurs.

Cette rage de destruction a déjà produit des fruits très appréciés de nos bons Pères; elle est cause que les Brahmes ne communiquent plus à nos savants Orientalistes les ouvrages d'une très-haute antiquité qui seraient si utiles pour leurs études. C'est ce vandalisme implacable, monstrueux qui fait qu'à l'heure présente, la Société Asiatique de Calcutta n'a pu encore recueillir en entier les

Védas ou les traduire d'après une excellente copie; d'après un texte tout à fait correct, les copies mises entre les mains de ses membres sont loin d'être exemptes de fautes, elles renferment en outre de nombreuses interpolations.

Nous devons ajouter pour être complet et rassurer aussi le public instruit, qui se plait à l'étude de tout ce qui nous vient de l'Orient, que si la destruction des Bons Pères arrête quelque peu en ce moment les travaux scientifiques, cette destruction n'empêchera pas la lumière de se faire un jour tout à fait complète, car les Brahmes possèdent dans les dépôts sacrés de leurs sanctuaires d'immenses richesses littéraires et philosophiques qu'ils finiront bien par communiquer un jour ou l'autre, et qui parviendront ainsi jusqu'à nous.

Mais pour le moment nous ne possédons en Europe que fort peu de documents historiques sur l'Inde Antique.— Les inscriptions commencent bien à nous livrer certaines dates importantes, mais les travaux les concernant sont encore bien incomplets, ainsi le RECUEIL DES INSCRIPTIONS DE L'INDE, *entrepris par l'ordre du Gouvernement Britannique n'a publié que deux volumes édités par les soins de savants tel que Cunningham et Fleet, préparés à cette tâche par leurs précédents travaux.*

Il existe aussi un Recueil spécial des inscriptions de l'Inde Méridionale commencé par le Dr Hultsch; enfin des Revues très importantes de l'Inde, nous livrent des trésors épigraphiques écrits en sanskrit vieux Canara et en Sanskrit-Tamoul.

Cette dernière langue commence à nous fournir des traductions françaises d'œuvres sanskrites mais d'un intérêt secondaire.

Il serait à désirer qu'on traduisit au plus vite parmi les œuvres de littérature tamoule des poèmes de premier ordre, tels que les traductions des Purânas primitivement écrits en sanskrit par des Brahmes pieux et qui sont le Madhurà Sthala-purâna et le Kauchi-purâna.

Enfin nous voudrions pouvoir lire en français des nombreux poèmes qui appartiennent à la classe de ces compositions versifiées, dénommées en tamoul KOVAI, ULA, PURANI *et* KALAMBAKAM. *(1)*

Par les lignes qui précèdent le lecteur peut entrevoir la difficulté de l'œuvre que nous entreprenons et les obstacles qui se dressent devant nous, pour donner des aperçus exacts sur l'Occultisme de l'Inde Antique.

Aussi dans l'œuvre nouvelle que nous publions,

(1) Cf. Les langues et la littérature du sud de l'Inde par G. Devèze, 1 br. in-8°, Paris, 1891.

nous ne voulons pour ainsi dire qu'ouvrir la voie à ceux qui viendront après nous. Ceux-ci mieux armés pourront la parcourir avec plus de succès; nous ne sommes guère qu'un simple pionnier, abattant les ronces, les lianes et les broussailles qui obstruent la voie vers cette haute antiquité hindoue, ceux qui viendront après nous, pourront aplanir cette voie, l'élargir, la rendre certainement superbe.

Notre œuvre est donc modeste, mais elle a le mérite d'être une œuvre de courage, en effet, quand il s'agit de démolir les vieux préjugés, montrer des civilisations d'une antiquité si reculée qu'elle paraît invraisemblable, on n'est pas sans soulever bien des haines, mais peu importe, si nous avons pu conduire à la découverte de la vérité ?

Si nous parlons ainsi, c'est que notre dernière œuvre, **Isis dévoilée** nous a attiré des critiques amères et bien injustes.

Ainsi dans une Revue Théosophique (1) dirigée par une dame du grand monde, un rédacteur en rendant compte de notre livre nous a présenté à ses lecteurs comme « un esprit crédule admettant comme vérités indiscutables des assertions qui peuvent sembler tout au moins douteuses au commun

(1) L'AURORE, revue mensuelle sous la direction de Lady Caithness, Duchesse de Pomar, année 1892, n° 3 page 111 à 120.

des mortels. Au commun des mortels, nous le croyons bien !

« *Il (M. Bosc) croit fermement que la pierre philosophale existe et il est persuadé que les prêtres Egyptiens la connaissaient, car dit-il, cela seul peut expliquer l'énorme profusion d'or que possédaient les Pharaons.* »

Nous n'avons jamais dit que la pierre Philosophale existât aujourd'hui, mais qu'elle a existé, ce qui n'est pas tout à fait la même chose, de nombreux ouvrages peuvent témoigner de ce fait ; les citer tous, serait peut-être un peu long et fastidieux ; mais nous en mentionnerons quelques uns, entre autres l'Œdipus du Père Kircher, le savant jésuite, voici ce qu'il dit. (1)

« *Il est si constant que ces premiers hommes possédaient* L'ART DE FAIRE DE L'OR, *soit en le tirant de toutes sortes de matières, soit en transmutant les métaux, que celui qui en douterait ou qui voudrait le nier se montrerait parfaitement ignorant dans l'histoire. Les prêtres, les rois et les chefs de famille en étaient seuls instruits, cet art fut toujours conservé dans le plus grand secret, et ceux qui en étaient possesseurs, gardèrent toujours un profond silence, de peur que les laboratoires et le sanctu-*

---

(1) ŒDIPUS ŒGYPTIACUS Tome II, p. 2, de alchymica, c. 1.

aire le plus caché de la nature, étant découvert au peuple ignorant, il ne tournât cette connaissance au détriment et à la ruine de la Républigne. L'ingénieux et prudent HERMÈS prévoyant ce danger qui menaçait l'État, eut donc raison de cacher cet art de FAIRE DE L'OR sous les mêmes voiles et les mêmes obscurités hiéroglyphiques, dont il se servait pour cacher au peuple profane la partie de la philosophie qui concernait DIEU les ANGES et L'UNIVERS. »

Après Hermès et le P. Kircher, nous mentionnerons Helvétius cité par Figuier, Cyliani (1) Figuier (2) Papus (3) Tiffereau (4).

Le même critique nous fait dire que les « magnétiseurs font bouillir l'eau en imposant les mains au dessus de sa surface, c'est encore là une erreur, car nous avons affirmé et affirmons que les magnétiseurs font bouillonner l'eau et non bouillir ce qui est bien différent, du reste non seulement nous avons vu des vases remplis d'eau bouillonner sous l'influx magnétique, mais des milliers de personnes peuvent attester le fait, le nier aujourd'hui, ne

---

(1) HERMÈS DÉVOILÉ, dans cet ouvrage l'auteur affirme avoir découvert la pierre philosophale.
(2) L'alchimie et les alchimistes.
(3) La pierre philosophale, preuve irréfutable de son existence. — Cette brochure fort bien faite résume ce qui a été dit en faveur de la pierre philosophale.
(4) Auteur du mémoire adressé à l'Académie des Sciences : Les métaux ne sont pas des corps simples ; réédité en 1889 chez Chacornac Paris, avec ce titre : *L'or et la transmutation des métaux*.

prouve qu'une chose, c'est qu'on l'ignore, rien de plus. Enfin, le même critique dit que pour nous « l'âme est une flamme. » Il s'agit de s'entendre et de ne pas jouer sur les mots ; oui nous pensons que l'âme est une sorte de flamme brillante éclairante même, mais qui ne brûle pas.

Ceci peut paraître difficile à admettre c'est possible, mais il y a tant de choses que l'on n'admettait pas il y a quelques années encore, et que les hommes de science sont obligés de reconnaître aujourd'hui, comme des faits absolument réels.

Ainsi que n'a-t-on pas dit et écrit par exemple, contre les spirites et le spiritisme et cependant les premiers savants de l'Europe reconnaissent pour vrais et authentiques des faits qui se passent en spiritisme.

M. Varley, ingénieur des lignes télégraphiques de la Grande Bretagne, membre de la Société Royale de Londres a dit et écrit : « Les phénomènes spirites sont de toute évidence. Son collègue de la même Société, l'illustre chimiste William Crookes, a écrit : « après quatre années d'études, je ne dis pas « cela est possible » je dis « cela est. »

Et l'illustre astronome F. Zoellner n'a-t-il pas écrit : « J'ai acquis la preuve certaine par le medium Hude, d'un monde invisible qui peut être en relation avec l'humanité. »

Et le premier homme d'État contemporain, le vénéré doyen Gladstone n'a-t-il pas dit : « Je crois que les faits spirites sont dus à des forces intelligentes que nous connaissons peu ou point.

Et la grave REVUE DES DEUX-MONDES *n'insérait-elle pas sous la signature de M. Guyau, au sujet de la possibilité d'existence d'êtres différents de de l'homme, les lignes suivantes (1) :*

« ... *Malgré l'imagination qu'a montrée la nature sur notre Globe même, dans la variété de ses flores et de ses faunes, on peut supposer que le génie de la vie sur notre terre offre des points de similitude avec le génie qui travaille sur les autres globes. Malgré l'intervention des différences de température, de lumière, d'attraction, d'électricité, les espèces sidérales si différentes qu'elles soient des nôtres ont dû être poussées par les éternelles nécessités de la vie dans le développement intellectuel et scientifique, et, dans cette voie elles ont dû aller tantôt plus loin que nous, tantôt moins loin. On peut donc admettre sans trop d'invraisemblance, une infinité d'humanités analogues à la nôtre pour les facultés essentielles, quoique peut-être différentes pour la forme des organes, et supérieures ou infé-*

(1) *Les Hypothèses sur l'Immortalité*, p. 193, n° du 1er septembre 1880.

rieures en intelligence. Ce sont nos frères planétaires. Peut-être quelques-uns d'entr'eux sont-ils comme des Dieux par rapport à nous. »

Terminons enfin, ces citations en donnant les opinions d'Alfred Russel Wallace de la Société Royale de Londres, de Vacquerie et de notre illustre poète Victor Hugo.

Le premier nous dit : « J'étais un matérialiste si complet et si convaincu, qu'il ne pouvait y avoir dans mon esprit aucune place pour une existence spirituelle, et pour aucun autre agent dans l'Univers que la matière et la force. Les faits cependant sont des choses opiniâtres, les faits me vainquirent. »

« Je crois aux esprits frappeurs d'Amérique attestés par 14,000 signatures, nous dit Vacquerie. Enfin, Victor-Hugo déclare : « qu'éviter le phénomène spirite, lui faire banqueroute de l'attention, c'est faire banqueroute à la vérité. »

Et nunc erudimini !

S'emparant ensuite d'une note page 270 de notre **Isis Dévoilée** à propos d'une découverte de Keely le critique de l'AURORE a l'air de mettre en doute le nouveau principe de force que prétend avoir découvert l'Inventeur de Philadelphie, libre à lui ; cependant des personnes fort sensées, des hommes de très grande valeur, des occultistes même, ne croient pas que la découverte de M. Keely soit un mythe : voici en effet ce qu'en dit l'éminent écrivain E. J. Coulomb (Amaravella) (1) :

« Le surnaturel n'existe pas, mais il serait présomptueux d'affirmer que nous connaissons toutes les lois et toutes les forces de la nature. Il n'y a pas si longtemps qu'a été redécouverte l'électricité jadis reconnue, comme une faculté de Jupiter Elicius. Le Kapilaksha des Puranas, le Mash-Mak de l'Ashtar Vidya, cette force akasique qui réduisait en cendres une armée de 100,000 hommes et ses éléphants, était peut-être l'ancêtre de la force éthérique ou interéthérique que découvrira quelque Keely de l'avenir. »

Donc, si nous avons cru à la découverte de l'honorable Américain, nous ne sommes pas seul naïf ; nous sommes même très honoré que notre naïveté soit partagée par des hommes d'une érudition aussi profonde que celle de M. E. J. Coulomb ; ainsi que pour nos autres griefs, par des hommes, tels que Hermès, Kircher, Helvetius, Cyliani, Figuier, Papus, Tiffereau et tant d'autres encore que nous aurions pu citer.

Mais nous n'insisterons pas plus que de raison sur des faits qui peuvent paraître aujourd'hui quelque peu extraordinaires, et qui demain feront partie des connaissances usuelles.

(1) Lotus bleu, n° de mars 1892 p. 17, 1re ligne de la 2e colonne.

Les phénomènes Spirites étudiés aujourd'hui par les représentants les plus éminents de la science étaient connus depuis des milliers et des milliers d'années en Egypte et dans l'Inde et réétudiés depuis plus de quarante ans par un grand nombre de chercheurs ; ceux-ci savaient et savent fort bien que la télépathie, la claire-voyance, la claire-audience, la lévitation, en un mot le dégagement astral de l'homme sont des faits réels, palpables, patents et non des subjectivités d'une imagination en délire. Aussi nous ne doutons pas que les savants officiels ne reconnaissent et ne constatent l'existence de ces faits. Ils discuteront encore longtemps leur cause, ils lui donneront des noms divers, le Spiritisme deviendra le Psychisme, comme le magnétisme animal de Mesmer est devenu le Bradisme, l'Hypnotisme, le Neurisme etc., etc. ; mais par cette habile substitution de noms, les diplômes, les parchemins et les peaux d'âne seront saurés et la science officielle reconnaîtra enfin, ce que de modestes chercheurs avaient reconnu, un demi-siècle avant eux.

Et tandis que ceux-ci auront été raillés, bafoués, outragés, tandis qu'ils auront subi toutes les misères et toutes les humiliations des inventeurs, on élèvera à ceux-là des statues. Telle est la marche de notre pauvre humanité aux pionniers le mépris, aux pa-

rasites la gloire. Le sic vos, non vobis de l'immortel Virgile sera encore longtemps de mise.

Mais peu importe !

Et constatons en terminant cet avant-propos, que si l'on est tant soit peu hors rang, un peu en avant de ses contemporains, on n'est pas toujours sur un lit de roses, le grand poète anglais Edgard Poë l'a depuis longtemps constaté, quand il dit :

« Je me suis demandé quelque fois, quel serait le sort d'un homme doué ou plutôt affligé d'une intelligence de beaucoup supérieure à celle de ses semblables. Naturellement il serait conscient de sa supériorité, et ne pourrait guère s'empêcher de manifester qu'il le sent ; aussi, se ferait-il des ennemis partout, et comme ses idées et théories différeraient grandement de celles de toute l'humanité, il est évident qu'il serait considéré comme fou. Quelle condition horrible et douloureuse serait la sienne ! »

Aujourd'hui, quand on est un peu plus clairvoyant que la généralité de ses contemporains on est un naïf, ce qui veut dire un niais ; mais enfin c'est un progrès, autrefois, il y a un ou deux siècles, on était traité de fou ou d'hérétique et comme tel, on était suivant le cas, enfermé dans un cabanon ou brûlé sur un bûcher. Nous avons donc un peu progressé ; aussi, ne nous décourageons pas ; que les pionniers de la science, que les hommes de progrès ne se découragent pas et se remémorent, ce vieux texte de Manou :

« De même que le dernier soldat d'une armée peut quelque fois d'un trait embrasé mettre le feu à la plus formidable forteresse de l'ennemi et la détruire ; de même, l'homme le plus faible, quand il se fait le valeureux défenseur de la vérité peut renverser les plus solides remparts de la superstition et de l'erreur. »

En publiant hier **Isis Dévoilée**, et aujourd'hui **Addha-Nari**, nous n'avons eu d'autre mobile que de contribuer à l'étude de l'Occultisme ancien, de **l'art sacré**, source de tout bien pour l'humanité ; nous n'avons donc voulu travailler qu'à la destruction de la superstition et de l'erreur, et par suite au triomphe de la Vérité.

E. B.

Nice, 5 Décembre 1892.

ADDHA-NARI
ou
L'Occultisme dans l'Inde Antique

PREMIÈRE PARTIE
Littérature Hindoue. — Linguistique.
Œuvres Sanskrites. — Écritures Sacrées

CHAPITRE PREMIER
GÉNÉRALITÉS

Grace aux travaux encore trop peu connus des Indianistes modernes, on ne peut plus mettre en doute en ce moment la très haute antiquité de la civilisation hindoue.

Il y a cinquante ans environ, des hommes de grande valeur et dont l'esprit pénétrant devançait celui de leur époque, se doutaient bien que l'Inde avait été le berceau du Monde, cependant, ils n'osaient pas encore l'avouer ouvertement.

Ainsi Bâtissier, dans son *Histoire de l'Art Monumental* disait : « Il n'est pas de pays qui se présente à notre imagination entouré de plus d'intérêt et de prestige que l'Indoustan. C'est par cette contrée que commence l'histoire du monde, et c'est là qu'ont du vivre et s'assembler les premières familles humaines. Il est vrai de dire aussi, que la nature n'a offert nulle part à l'homme un séjour aussi *riche, aussi délicieux*... Si l'Inde ne fut pas le berceau du genre humain, comme le prétendent quelques érudits, elle offre à coup sûr une des premières civilisations que les peuples aient consignées dans leurs annales. Dès les temps les plus reculés, elle envoyait déjà aux autres nations du monde, ses pierres précieuses, ses bois rares, ses suaves parfums et ses étoffes qui nous semblent aujourd'hui tissées par la main des fées. Plus d'un sage de l'antiquité païenne est allé puiser auprès des Brahmanes l'enseignement d'une haute morale et emprunter à leur Panthéon les Dieux et les symboles des puissances célestes qui gouvernent l'univers. Demandez à certains auteurs, et ils vous diront avec quelles divinités, l'Egypte, la

Perse, l'Etrurie et l'Attique ont peuplé leur Olympe. » (1).

Par les lignes qui précèdent écrites il y a 50 ans environ, Bâtissier reconnaissait, sinon ouvertement du moins d'une manière tacite, que l'Inde a été le berceau du genre humain. Mais depuis cette époque les travaux des Indianistes, tels que ceux de William Jones, de Colbrooke, de Weber, de Lassen, de Bird, de Roth, de Max Müller, de Stevenson, de Windischman, de Burnouf, de Lenormant et d'autres encore, tous les travaux de ces éminents auteurs ne peuvent laisser subsister aucun doute sur la très ancienne civilisation de l'Inde.

Louis Jacolliot dans sa *Bible dans l'Inde*, nous apprend que ce pays « est le berceau du monde, que c'est de là, que la mère commune en faisant rayonner ses fils jusque dans les contrées occidentales, nous a légué à tout jamais comme signe de notre origine sa langue, ses lois, sa morale, sa littérature et sa religion. »

Et, Jacolliot ne se contente pas d'affirmer simplement, il donne des preuves à l'appui de ses affirmations ; il passe en revue les lois, les usages,

---

(1) E. Bosc. — Dictionnaire d'Architecture, au mot : INDIENNE (*Architecture*) Tome II, p. 561.

les coutumes, la langue et la religion des hindous, et il montre les traces, et les empreintes caractéristiques, et pour ainsi dire indélébiles que l'on retrouve dans la civilisation hindoue, dans la législation, les usages, les coutumes, la langue et les religions des peuples anciens et modernes de l'Europe.

Ne pouvant citer en entier la préface du livre en question, nous nous bornerons à donner quelques lignes qui la terminent et lui servent pour ainsi dire de conclusion.

« La science admet aujourd'hui, y est-il dit, et cela comme une vérité qui n'a plus besoin de démonstration, que tous les idiomes de l'Antiquité ont pris naissance dans l'Extrême Orient ; grâce aux travaux des Indianistes, nos langues modernes y retrouvent leurs racines et leurs bases. — N'est-ce pas hier que le regretté Burnouf disait à ses élèves, à la suite d'un cours : « Combien nous comprenons mieux le grec et le latin depuis que nous étudions le Sanskrit. »

« N'est-ce pas aujourd'hui qu'on rattache à la même origine les langues slaves et germaniques ?

« Manou a inspiré les législations égyptienne, hébraïque, grecque et romaine, et son esprit domine encore l'économie entière de nos lois européennes.—Cousin a dit quelque part:« L'histoire de la philosophie de l'Inde est l'abrégé de l'histoire philosophique du monde. »

« Le Sanskrit, voilà la preuve la plus irréfutable et en même temps la plus simple de l'origine des races européennes et de la maternité de l'Inde. »

Ce premier point établi, nous allons étudier la littérature hindoue, puis ses mythes, son art et mentionner ses religions.

L'Inde est la contrée du monde ancien, qui a produit le plus grand nombre d'œuvres littéraires. Aujourd'hui encore, nous ne possédons pas en Europe, la moitié des livres composés soit dans l'Inde ancienne, soit dans l'Inde moderne.

En ce qui concerne les livres anciens, après les Védas bien entendu, nous ne connaissons même pas les titres de ces ouvrages.

A l'heure actuelle en France, une des plus riches, sinon la plus riche Bibliothèque orientale de l'Inde est sans contredit celle du *Musée des religions*, au Trocadéro. Elle renferme un nombre très-considérable de manuscrits et de textes imprimés, près de quatorze mille volumes, tous relatifs à l'histoire, à la philosophie, aux religions, à la littérature des différents peuples de l'Orient.

Beaucoup de manuscrits sont écrits ou points sur des feuilles de palmier de l'Inde, de Siam et autres contrées ; quelques uns de ces manuscrits sont laqués d'or et ont leurs caractères en noir et rouge.

Malheureusement parmi le grand nombre d'ouvrages hindous répandus dans les diverses bibliothèques de l'Europe, beaucoup, la majeure partie pouvons-nous dire, ne sont pas traduits dans les langues de l'Europe. — L'Angleterre et l'Allemagne ont déjà commencé de nombreuses traductions, la France ne vient qu'en troisième ligne et la plupart des traductions françaises sont faites d'après des traductions anglaises ou allemandes, ce qui est regrettable, car il est très-fâcheux, que les Français soient obligés de recourir à des langues étrangères pour connaître et apprécier la littérature, les mythes, les religions, la philosophie en un mot, la civilisation orientale, d'autant que l'étude de l'Inde, par sa littérature est très difficile par suite de l'absence de toute chronologie et par l'impossibilité absolue de déterminer à mille ans près, la date des principaux ouvrages Sanskrits, très anciens.

Voilà pourquoi nous nous méfions de traductions faites sur d'autres traductions ; le sens littéral y perd toujours.

Les Lassens, les Burnouf et les autres indianistes cités plus haut ont montré par leurs travaux que l'examen critique des doctrines que ces ouvrages renfermaient, pouvait seul permettre d'assigner une date relative à un grand nombre d'ouvrages.

Le Bouddhisme, on le sait, a commencé dans l'Inde la période historique ; sa chronologie est conservée dans un grand nombre de contrées orientales, et elle présente avec les histoires des chinois et autres peuples du midi de l'Asie des synchronismes très précieux, qui permettent ainsi d'établir des rapprochements certains. Ajoutons aussi, que le caractère des dogmes et de la langue Védiques, permettent d'affirmer qu'un grand nombre d'hymnes du Rig-Véda est antérieur à Homère et à Zoroastre.

On voit donc par là, que sans pouvoir préciser des dates fixes et certaines, on peut du moins déterminer d'une manière très approximative, diverses époques entre lesquelles s'opérèrent de grands changements, soit dans les idées, soit dans la civilisation de l'Inde ; ce qui permet d'assigner une date aux ouvrages hindous qui mentionnent ces changements. — Or, quatre mouvements religieux se remarquent dans la littérature hindoue et donnent lieu à quatre catégories d'ouvrages ; la religion primitive, le VEDISME, contenue dans les Védas ; le BRAHMANISME (orthodoxe et sectaire) qui seul a inspiré la grande littérature classique de l'Inde ; le BOUDDHISME, dont la philosophie a donné lieu à un grand nombre d'ouvrages écrits en Sanskrit ou dans des idiomes qui en dérivent directement ; enfin le JAÏNISME qui lui aussi a fourni un grand nombre d'ouvrages sur sa doctrine.

Les quatre mouvements religieux que nous venons de signaler, correspondent respectivement chacun à un état particulier de la civilisation hindoue. Trois de ces religions se sont presque conservées intactes jusqu'à nous ; de simples modifications de détails ont été apportées dans les croyances primitives.

CHAPITRE II
VÉDISME-VÉDAS

Le Védisme tire son nom des Védas. Ce terme qui signifie *science*, sert à désigner l'ensemble des livres sacrés des Hindous.

Il y a quatre Védas : le *Rig*, le *Sama*, le *Yaour* et l'*Atharva*.

De ces quatre recueils (*sanhita*), les trois premiers sont considérés non seulement comme livres authentiques, mais encore comme livres canoniques de la primitive religion de l'Inde : du *Védisme*. Ces trois livres passent pour l'œuvre de Brahma ou du moins auraient été composés sous l'inspiration de ce dieu.

Connaître le *Triple-Véda*, c'est posséder la science parfaite. Les croyances qu'il renferme ont été conservées d'âges en âges par la tradition orale jusqu'au jour, où ces traditions ont été écrites, c'est-à-dire à une époque qui remonte au moins à deux-mille ans avant l'ère vulgaire, et du reste le triple-véda n'a jamais été écrit d'un seul coup, il a fallu certainement trois cents ans pour l'établir complet ou du moins tel que nous le possédons et le connaissons en Europe ; nous aurons occasion de reparler de ceci un peu plus loin.

L'Athârva-Véda a été écrit postérieurement aux trois autres Védas à une époque qu'il n'est pas possible d'indiquer, même approximativement ; aussi ce dernier livre, a-t-il une autorité moindre auprès des savants de l'Inde et des Indianistes en général. Ajoutons que les Védas et deux autres recueils ; les *Brahmanas* et les *Sûtras* qui en sont les commentaires forment ensemble le corps entier des *livres sacrés*, des *Saintes Ecritures* de la primitive religion des Hindous, du *Védisme*, religion des conquérants Aryas, qui passe avec raison pour la mère, la génératrice des religions de l'Occident.

Nous ne connaissons rien des croyances indigènes des Hindous antérieurement à l'arrivée des Aryas dans l'Inde ; mais il est probable qu'elles ont exercé une certaine influence sur la religion même des conquérants, c'est un fait que nous retrouvons souvent dans l'histoire, nous voyons en effet, que presque toujours, le vainqueur accepte par goût ou par diplomatie peut-être, une partie de la religion du vaincu, ou du moins de ses principales croyances.

Ce qui est probable, si non certain, c'est que les croyances indigènes ont vécu parallèlement et pour ainsi dire côte à côte avec le Védisme, importé dans l'Inde par les Aryas.

On admet généralement aujourd'hui, qu'il n'a pas fallu moins de trois siècles, nous venons de le dire, pour composer et recueillir les hymnes védiques, et ce laps de temps de trois cents ans a été précédé d'une période signalée partout dans les Védas, période qui rattache les traditions hindoues à celle des Perses et à d'autres habitants de contrées européennes envahies par les Aryas.

Le *Rig-Véda* qui est à la fois le plus ancien et le plus vénéré des livres sacrés hindous renferme des hymnes en vers (*rik*) d'où son nom de *Rig*; le *Sama-Véda* également en vers, formant en quelque sorte le rituel sacré, se compose de cantilènes, dont un grand nombre de vers empruntés au *Rig* ne sont presque qu'une reproduction de celui-ci, arrangée avec variantes pour les besoins du culte.

Le *Yajour-Véda*, écrit en partie en vers et partie en prose, est divisé en *yajour-blanc* et *yajour-noir*. Ces recueils contiennent des formules appartenant à des écoles diverses ; les sujets traités sont presque identiques, mais ils ne se présentent pas sous la même forme. Dans le *yajour-blanc*, on ne trouve que les formules du sacrifice, dans le *yajour-noir*, ces formules sont suivies de commentaires, d'explications dogmatiques et de nombreux renseignements au sujet du rite et du cérémonial.

Enfin, l'*Atharva-Véda* est comme le *Rig*, un recueil d'hymnes en vers, ceux-ci sont au nombre de sept cents environ.

L'*Atharva* traite principalement des puissances malfaisantes de la nature et comme ce recueil est de date beaucoup plus récente que le *Rig*, on y trouve des superstitions grossières ; du reste, les trois derniers Védas renferment beaucoup de redites et de paraphrases qui font qu'on ne doit s'appuyer exclusivement que sur le texte du *Rig* pour déterminer les traits saillants et caractéristiques du *Védisme*.

C'est dans le *Rig* seul, qu'on peut voir se développer toute la conception religieuse du Védisme.

Comme tous les livres écrits d'après la tradition, le *Rig-Véda* n'est pas l'œuvre d'un seul homme, presque chaque hymne est signée d'un d'un nom, dont beaucoup paraissent authentiques, puisqu'ils appartiennent à des familles, à des époques et à des localités du *Septasindhu*, très différentes.

Le *Septasindhu* (sept rivières) est une contrée dans laquelle ont été chantés les hymnes du *Rig-Véda*, conservés dans les familles sacerdoales, ces hymnes témoignent fort souvent de ce fait.

Quelles sont ces *sept rivières* si fréquemment nommées dans le Rig-Véda, dans leur ordre géographique même ? Ce sont celles qui portent encore au temps d'Alexandre-le-Grand, des noms identiques, que quelques-unes ont conservé de nos jours. Le *Rig-Véda*, nous dit qu'elles coulent vers le sud et se réunissent dans un bassin commun, qui porte le nom de Sindhu. Il ressort très évidemment des faits que nous venons de relater que les hymnes du *Rig-Véda* ont été composés dans la vallée de l'Indus et non dans celle du Gange comme l'ont déclaré quelques auteurs.

Nous venons de dire que c'est dans le *Rig* seul, qu'on peut trouver la conception religieuse du Védisme dans ses développements ; en effet, nous y voyons, que le culte s'adresse aux grandes forces de la nature ; ce sont les phénomènes du jour naissant,*(le Soleil)*des vents et de la foudre *(principe du feu)* ; ce culte s'adresse aussi à la voûte sombre, bien qu'étoilée du ciel, à la pluie bienfaisante *(principe de l'eau)* etc.

La poésie de ces hymnes est toute empruntée à la vie ordinaire des populations Aryennes : c'est la marche des Aryas à travers les peuples barbares, la naissance, le mariage, les travaux champêtres, la mort. Mais à côté de la vie matérielle, les hymnes présentent dans leur poésie tout un monde de conceptions symboliques, dans lequel les mythologies Etrusque, Grecque, Romaine et autres des peuples occidentaux ont beaucoup emprunté ; c'est un fait de toute évidence.

Par ce qui précède, on voit clairement que dans l'Inde, le Véda est le fondement de la doctrine religieuse, comme la Kabbalah, l'Evangile et le Koran sont les fondements de la contitution religieuse des Juifs, des Chrétiens et des Mahométans.

Mais le Véda est en outre, la base de toute la constitution civile et politique des Hindous, ainsi que du système social des castes ; c'est ce qui fait que le Véda est le livre sacré, le livre révéré par excellence et qui devint le point de départ du mouvement religieux qui produisit les divers cultes Brahmaniques.

On peut voir en effet, en germe dans ce livre sacré, les écoles dissidentes ; on y sent pour ainsi dire leurs doctrines ultérieurement signalées dans le Rig-Vêda.

Ce n'est du reste, que dans le Vêda, dans le Rig-Vêda et dans eux seuls, qu'on peut suivre le courant des idées qui se propagent et se poursuivent de siècle en siècle pendant l'espace de plus de trois mille ans, à travers la civilisation Hindoue.

Ajoutons ici, que le Vêda éclaire de sa vive lumière les temps primitifs et les anciennes croyances et institutions des autres peuples d'origine Aryenne : Mèdes, Perses en Asie, Grecs, Latins en Europe.

Aussi, pouvons-nous dire avec raison, que l'apparition du Vêda en Europe, en 1833, a résolu d'une manière certaine et définitive, une question longuement controversée, celle de l'origine de nos langues modernes et de leur parenté.

On les faisait toutes dériver du Sanskrit et l'on attribuait au grec une origine beaucoup plus ancienne qu'au latin et qu'aux langues du Nord de l'Europe, mais quand on a eu reconnu que le Vêda primitif, originel n'était pas en Sanskrit, mais dans une langue plus ancienne, de laquelle dérive le Sanskrit et qui se rapprochait de l'*Avesta*, on a commencé par restituer cette dernière langue de l'Orient et de l'Occident, on a pu se convaincre que le grec et le latin ne sont pas venus l'un de l'autre, en un mot ne sont pas des dérivés. On a reconnu que le Celte est beaucoup plus ancien que l'étrusque, le grec, le latin et par suite que le gothique et l'allemand ancien, ainsi que les langues Slaves et Scandinaves ; on a reconnu enfin, que tous les idiomes parlés, même très anciennement en Europe, tirent leur origine de la langue parlée anciennement sur les rives de l'Oxus ; et c'est ainsi qu'on a pu rétablir dans ses véritables éléments la vaste famille Aryenne, autrefois dénommée à tort Indo-Germanique ; c'est Indo-Celtique qu'on pourrait dire avec plus de vérité.

Quelle était donc cette langue plus ancienne que le sanskrit? C'était probablement le prâkrit, la langue vulgaire de l'Inde, bien moins parfaite que le sanskrit ; aussi dans les drames hindous, tandis que les classes supérieures parlent le sanskrit, les castes inférieures parlent le prâkrit. Ce qui prouve l'antiquité de cette dernière langue qui a cessé d'être la langue vulgaire vers le IIIe siècle avant l'ère chrétienne, c'est que les Djaïnas l'emploient comme langue sacrée pour les cérémonies du culte ; enfin nous ne doutons pas que le prâkrit n'ait donné naissance à divers dialectes modernes tels que le Maghadi, le Mahratte et le Païcachi, lesquels dialectes ont fourni à leur tour d'autres dialectes, ainsi le Mahratte par exemple, a donné le Basapuri, le Ouadi, le Desh, le Kokuni, etc.

Beaucoup d'œuvres littéraires de l'Inde offrent dans une même composition divers dialectes ; par exemple les Dieux parlent sanskrit, les héros ou les génies le prâkrit, les esprits le païcachi et les castes inférieures le Maghadi.

Après cette digression, qui a bien son utilité, si nous revenons à la doctrine vêdique, nous voyons qu'elle consiste dans la théorie des *Asuras* ou principe de la vie *(Asu).*

LES ASURAS

Les Aryas primitifs avaient été frappés du spectacle de la vie partout répandue sur notre globe ; aussi en cherchèrent-ils l'explication ; ils crurent la trouver en admettant que le principe qui prédomine dans la nature est un principe vital qui fait que tous les êtres s'enchainent les uns aux autres par une chaîne ininterrompue. Ils remarquèrent en outre que la vie est enchaînée au mouvement et que celle-là et celui-ci sont solidaires, c'est-à-dire que si l'un s'arrête, l'autre s'arrête également.

De là, à considérer que le principe vital est doué de mouvement, il n'y avait qu'un pas à franchir, et les Aryas le franchirent, en admettant que les principes de la vie étaient doués de mouvement et par suite d'un corps ; mais celui-ci pour répondre à des dons d'ubiquité devait être éternel et pour ainsi dire universel, or en voyant les phénomènes de la nature qui bien souvent insaisissables, invisibles n'en agissent pas moins, ils furent amenés à concevoir l'idée de corps éthérés qu'ils donnèrent aux Asuras, mais auxquels ils prêtèrent tous les dons de l'intelligence et qui firent d'eux les maîtres et les ordonateurs du monde.

Cet ordre d'idées devait amener l'anthropomorphisme, aussi voyons-nous dans les *Védas* que le nom d'*Asura* s'applique indistinctement aux êtres éthérés, spirituels de l'espace et aux êtres matériels, en un mot à tous les êtres vivants, à à tous les êtres ayant un principe ou une cause de vie.

Les principaux Asuras sont *Agni*, le feu terrestre, celui qui brûle, qu'on entretient sur l'autel, mais c'est aussi le feu de la vie, celui qui se condense dans l'être vivant (animal ou végétal), le feu de la foudre (Vajri) qui se mêle, s'unit et se confond avec les nuages et la pluie, et qui vivifie tout, les animaux, les plantes, les métaux. Ce même principe vivifiant se retrouve dans le beurre consacré, qui est extrait du lait, première nourriture des animaux, beurre qui sert d'aliment à la première étincelle destinée à allumer le feu sacré. — Mais Agni joue encore un autre rôle ; comme principe de vie ; il est le créateur des formes, par suite le producteur de tout bien ; Agni, on le voit remplit donc aussi les rôles de Prométhée et de Vulcain.

En ce qui concerne les animaux, Agni se transmet des uns aux autres avec la semence et porte alors le nom de *Purushâ*, c'est le principe masculin, l'auteur des générations ; mais Agni a d'autres noms encore, il est *Indra* dieu de la foudre et des airs ; par suite de son énergie atmosphérique, c'est le *Soleil* qui paraît le matin tout revêtu d'or, porté sur un char d'or, traîné par des coursiers jaunes précédés eux-mêmes de cavaliers célestes et par l'Aurore aux doigts de rose ; les *Maruts* (vents) forment son escorte.

Les Asuras du ciel sont étroitement liés à Agni-Indra ; les uns Mitra, Varuna, Aryaman, identifient les énergies célestes du jour et de la nuit ; les autres, celles du Soleil dont le nom Sûria, signifie *brillant*.

Comme astre, c'est d'abord un nain (Soleil levant) qui grandit peu à peu et qui en trois pas parcourt tout le ciel ; à son point culminant il se nomme Vishnu, c'est-à-dire le *pénétrant* ; mais quand il pénétre tous les êtres et réside en eux, il prend le nom de *Vivaswat*, enfin il porte les noms de *Savitri*, comme producteur de formes et de *Purusha*, comme père nourricier.

Vivaswat, passe pour le père de la race humaine et celui de Manu, le premier être pensant ; il est aussi père de Yama, Dieu de la Justice et des morts.

La Doctrine Védique

Les prêtres *Aryas* ayant établi une étroite corrélation entre *Agni*, *Indra* et *Sûria*, le feu, la foudre et le Soleil, finirent par l'identifier et n'en firent qu'un dieu unique, principe suprême ; et cependant le Rig-Véda ne donne pas de nom à ce dieu unique, à cause d'une tendance panthéistique qui est consigné du reste dans plusieurs hymnes, de même que la croyance à la réincarnation ; plusieurs hymnes en effet, donnent des formules de résurrection et en présentent des scènes.

Examinons maintenant, comment la société Aryenne de l'Inde si divisée à son origine a pu parvenir à l'unité de croyance, affirmée par les Védas. C'est ce livre sacré lui-même, qui va répondre. Il nous montre que le culte a été d'abord privé, mais que bientôt il est devenu public, il se forma alors des familles sacerdotales exclusivement attachées au culte, qui officiaient pour tout le monde. Or, le culte primitif s'est perpétué dans ces familles sacerdotales, par l'enseignement du chef de la famille qui transmettait ainsi à ses enfants la tradition ; ces chefs éloignés les uns des autres maintinrent l'unité de la doctrine par un accord fait entr'eux.

Plusieurs hymnes démontrent ce que nous venons de rapporter.

Voici comment s'opérait l'entente.

Les Brahmanes étaient tous égaux entr'eux, le petit nombre qui existait dans chaque bourg ou village les rapprochaient facilement les uns des autres ; quand ils se réunissaient à la Cour des Seigneurs féodaux pour des cérémonies solennelles, ils avaient ainsi l'occasion de s'entendre sur les matières religieuses ou de les discuter, enfin les voyages qu'ils faisaient parfois dans des contrées lointaines aux *fleuves* et aux *lacs sacrés*, leur fournissaient les moyens de se réunir dans des sortes de conciles, de synodes, dans lesquels on ne discutaient guère que les questions religieuses ; or, comme ces sortes de pélérinages s'accomplissaient chaque année aux mêmes époques, tous les brahmanes pouvaient étudier les divers systèmes des écoles philosophiques.

Les védas nous font également connaître l'origine du pouvoir spirituel de la caste sacerdotale chez les Aryas hindous.

Par ce que nous venons de dire, on voit que le pouvoir spirituel se confondit à l'origine avec l'autorité paternelle, parce que si le culte était public, l'enseignement de la doctrine ne se transmettait dans la famille, qu'avec l'aide des hymnes; or, l'instructeur des enfants était le père.

Celui-ci après leur avoir donné l'existence matérielle, leur donnait par l'enseignement sacré, une seconde vie spirituelle qui les faisait nommer *dwijas* chez les brâhmanes. Il arrivait donc que seuls, les pères de familles sacerdotales pouvaient instruire leurs fils et transmettre ainsi à perpétuité par l'hérédité, le sacerdoce. Par sa science religieuse, ce prêtre pouvait donc seul comprendre les mythes et les symboles, offrir des sacrifices, évoquer Dieu et se faire son interprète auprès des fidèles, auprès du peuple.

C'est ce mode d'instruction religieuse, d'enseignement philosophique qui permet d'affirmer que les védas constituent bien le dépôt sacré de la foi antique de l'Inde et qu'ils contiennent intégralement la science, la religion, la morale et la loi, en un mot toute la doctrine védique.

Peu nous importe maintenant de savoir à quelle époque ont été formés les recueils védiques ; cette époque est pour nous si lointaine qu'une erreur est facile et qu'il n'est pas possible de la préciser à quelques siècles près. Il nous suffit de savoir, et c'est là le point intéressant que le jour où on a voulu les écrire, les fixer par l'écriture, c'était chose très facile puisque on n'a eu qu'à le demander aux descendants des anciens prêtres qui en étaient seuls, les dépositaires, puisqu'ils ne pouvaient les dénaturer en quoique ce soit, les ayant appris dans leur jeunesse par la bouche de leur père et les ayant entendu chanter chaque jour autour de l'autel.

On ne saurait donc douter de l'authenticité de

ces livres sacrés, authenticité attestée d'ailleurs comme nous allons le voir par toute la littérature sanskrite qui leur est beaucoup postérieure.

L'Inde est certainement une des contrées du Monde qui a le plus produit d'œuvres littéraires ; ceci s'explique aisément, par la haute antiquité de ce pays, puis par sa civilisation avancée qui n'a guère subi d'interruption jusqu'à nos jours. Aussi notre intention n'est pas de passer en revue dans cette partie de notre étude, même une faible partie de la littérature hindoue, mais bien de parcourir seulement quelques principaux ouvrages, les poèmes seuls, qui font pour ainsi dire partie de son histoire même, comme les Védas par exemple.

Les ouvrages que nous allons brièvement analyser ne sont connus que de nom en Europe, mais leur contenu permet d'étudier à la fois l'Inde au point de vue héroïque, religieux, dogmatique, philosophique et juridique. En France sauf quelques savants (linguistes, orientalistes, littérateurs et artistes), on ne connaît guère ces beaux travaux, aussi avons-nous pensé qu'une courte analyse des principaux présentera certainement quelque intérêt aux hommes d'études qui portent leurs regards vers ce merveilleux pays qui se nomme l'INDE ANTIQUE.

CHAPITRE III
LE MAHABHARATA AUX RUINES D'ANCKOR-WAT

Le Mahâbhârata est un poème épique et ne contient pas moins de 250.000 vers qui sont généralement séparés par distiques *stochas* ou *çlokas* de trente-deux syllabes chacun ; ces trente-deux syllabes forment donc deux vers de seize syllabes et sont partagés eux-mêmes en deux hémistiches de huit syllabes.

Telle est la composition du vers épique de la poésie sanskrite des Hindous.

Que signifie ce terme sanskrit? Il est dérivé de *mahâ* qui veut dire grand et de *bharâta*, Bardit, ce titre de bardit était donné dès les temps les plus reculés, aux Bardes c'est-à-dire aux poètes qui composaient des vers pour chanter des louanges en l'honneur des héros ou réciter les principaux actes de leur vie.

Dans l'œuvre que nous allons analyser, le sujet principal est la guerre des Gurus (pr. *Gourous*) et des Pandous ou Pantchâlas, relativement à la suprématie royale de l'Inde.

L'ensemble de cette épopée se divise en dix-huit chants (*Panas*), nous l'avons vu ; mais il renferme comme complément un poème composé de 32.748 vers, lequel poème se nomme HARIVANÇA ; nous en parlons ci-après.— Si donc nous retranchons ce dernier poème du principal et si nous en retirons des additions et des interpolations évidentes, le *Mahâbhârata* se trouve réduit à environ 182.000 vers ; l'édition imprimée et publiée en 1839 à Calcutta, ne comporte même que 114.000 vers, nombre qui a été encore réduit par la critique moderne, qui considère comme ajoutés les chants 12, 13, 17 et 18 et une très grande du 16. — On doit également considérer comme ajoutés dans le texte primitif, certains épisodes qui ne se rattachent au poème que d'une manière tout-à-fait indirecte et dont plusieurs témoignent d'une doctrine certainement postérieure à l'établissement du Bouddhisme ; par exemple la *Bahavgad-Gitâ*, dont nous parlons plus loin et dans laquelle, les faits de guerre ne sont qu'un prétexte à discourir à côté du sujet principal.

Du reste, d'après les Hindous eux-mêmes, le texte primitif du poème ne comprenait guère que la cinquième partie du texte actuel ; ainsi donc, on peut admettre sans hésitation que le texte tel que nous le possédons, s'est peu à peu formé de pièces et de morceaux rajustés les uns aux autres et probablement intercalés par les Brahmanes pour inculquer leurs idées au lecteur et ruiner autant que possible la guerre dans l'esprit des rois. — Ajoutons que diverses parties sont de véritables traités, n'ayant aucun caractère épique, aucun rapport avec le poème principal et sont de beaucoup postérieurs à l'âge de l'épopée.

En résumé, on a tout lieu de supposer que le texte primitif du *Mahâbhârata* ne dépassait pas le triomphe des Pandous et s'arrêtait au sacrifice du cheval *Açvamedha* et à la réintégration du roi légitime sur son trône.

Arrivons à l'analyse du poème, c'est la guerre entre des cousins, les adversaires étant fils de deux frères : *Pandou* et *Dhritarashtra*, descendants du Dieu de la lune. Dhritarashtra avait un grand nombre de fils, dont l'aîné *Duryôdhuna* était le plus acharné ennemi de ses cousins ; ces derniers étaient au nombre de cinq, dont les trois ainés avaient une commune mère *Prithâ* ou *Kunti*; ses fils étaient des incarnations divines : *Yudhistira* de la justice, (*Dharma*); *Bhima* du vent (*Vâya*); *Arjuna*, d'*Indra*,

Dieu du ciel ou de la foudre ; les deux derniers frères étaient les fils de *Madri*, fille du roi Madra ; ils se nommaient *Nakula* et *Sahadéva*, c'étaient des incarnations de deux cavaliers célestes, sorte de Dioscures du Panthéon Brahmanique, on les nommait les *Açvins*.

Bien que *Pandou, (le pâle)* fut l'aîné des fils, la couleur de son visage l'avait exclu du trône, aussi s'était-il retiré dans l'Himâlaya, où il termina ses jours. Son frère Dhritarâsthra occupa le trône d'Hastinâpura ; il éleva comme ses propres fils, les enfants de son frère après la mort de leur père.

Le premier chant du poème (*adi-parva*) nous narre la naissance, l'éducation et les premières aventures à la Cour de leur oncle des fils de Pandou ; la jalousie et la haine de leurs cousins, enfin, leur complot pour se débarrasser des cinq frères ; on y voit l'incendie du palais qu'ils habitaient avec leur mère, leur fuite précipitée, le bruit répandu de leur mort, leur existence au milieu du désert, où ils s'étaient retirés, enfin, leur retour motivé par leur mariage avec Draupadi ; fille de Draupada roi des Pantchalsias ; quoique noire, elle était d'une beauté merveilleuse, elle eut un fils de chacun des cinq frères. Voici comment elle devint leur femme.

Les Pandavas se rendirent déguisés en Brahmes au Svayambara de Draupadi, sorte de tournoi entre les amateurs de la princesse. — De tous les prétendants, seul Karna le fils du cocher, avait remporté la palme, mais à cause de sa basse origine, la princesse l'avait repoussé ; aussitôt Ardjuna le plus beau des cinq frères, tend l'arc redoutable et atteint le but désignée : un œil de poisson fixé sur l'essieu d'une roue tournante ; aussi est-il choisi par la belle Draupadi. Mais ce succès lui suscite beaucoup de jaloux parmi lesquels sont les *Gurus*. Les mécontents cherchent querelle aux Pandavas qui les battent, mais emmènent Draupadi sans que le mariage ait été célébré, aussi les Pandavas vont trouver Kuntî dans la forêt et Ardjuna le vainqueur lui dit :

« Je t'apporte l'aumône recueillie pendant la journée » et Kuntî sans voir répond : « Partagez-la entre vous. »

C'est ainsi que la belle Draupadi devint l'épouse des cinq frères ; ce qui prouve que la polyandrie était admise à cette époque dans l'Inde, même parmi les Aryas.

A cause de cette belle conduite et malgré l'opposition de Karna, le roi Dhristarashtra rappelle les Pandavas de l'exil et leur donne à la faveur de leur alliance royale une part dans le gouvernement de ses états.

Le douxième chant nous montre le roi Dhristarashtra qui prévoyant les querelles pouvant survenir après sa mort se décida à partager de son vivant la souveraineté entre ses fils et ses neveux qui représentaient en somme la branche aînée ; Yudhistira et ses frères sont établis à Indraprastha pour gouverner le pays situé dans la vallée de la Yammunâ (Jumna).

Duryodhana et ses frères gouvernent Hastinapurâ et la vallée du Gange.

Or, dans l'Inde antique la suprématie appartenait au plus âgé des princes, c'était le fils aîné de Pandou, Yudhistira.

Pendant les fêtes du *Râjasuya*, on offrait un sacrifice solennel, au cours duquel, les autres princes devaient rendre hommage à leur aîné en signe de vassalité ; ce fut là, une puissante cause de jalousie pour les cousins qui entraînèrent Yudhistira dans des parties de dés, dans lesquelles, il perdit successivement contre Duryodhana son palais, sa fortune, son royaume, sa femme, ses frères et sa personne même.

Duryodhana s'empara alors de Draupadi et en présence des Brahmes et des princes lui enlève ses vêtements, malgré ses cris et ses plaintes. Le dernier voile va tomber, lorsque la victime indignée invoque mentalement Vishnu-krishna à son secours ; celui-ci accourt pour faire triompher Dharma (la justice) en danger, pour cela il enveloppe Draupadi d'un tissu léger, mais qui la recouvre cent fois. A la vue du prodige, toute l'assistance clame contre Duryodhana ; aussi le roi Dhritarashtra, craignant un châtiment des dieux promet à Draupadi pour détourner ce châtiment la grâce qu'elle voudra lui demander ; elle désire la liberté des Pandavas. Ils l'ont donc.

Mais ceux-ci incorrigibles veulent prendre leur revanche ; ils perdent encore, et dès lors ils sont obligés d'aller passer douze années dans la forêt; Yadhistira part avec ses frères et Draupadi.

On le voit, le poème montre l'immoralité du jeu et la violence de cette terrible et dangereuse passion que subissent seules les nations au premier degré de civilisation ou sur le point de s'effondrer.

Le chant troisième (Kairata-parva ou livre du montagnard) nous raconte cette vie au désert tandis que le quatrième chant (virata-parva) nous montre les cinq frères ayant terminé leur douze années d'exil et prenant du service chez le roi Virâta qui les reconnaissant, leur promet son alliance.

Le cinquième chant (Oudgaya-parva) nous fait assister aux préparatifs de la guerre ; nous y voyons l'énumération des chefs ; du sixième chant au dixième, on voit successivement *Krishna* (le noir) en qui s'est incarné Vishnu proposer à Duryodhana, soit de choisir sa seule alliance, soit celle d'une grande armée, Duryodhana commet l'imprudence de prendre ce dernier parti ; Krishna part et devient l'allié des fils de Pandou et l'écuyer d'Arjuna.

Les armées des Gurus sont successivement commandées par Bhîsma, par Drona par Karna et par Salya ; les hauts faits de ces chefs sont racontés dans divers chants. Le dixième chant (les lamentations) fournit des détails sur une attaque nocturne dirigée par les chefs qui ont survécu, contre le camp des fils de Pandou. Grâce à l'intervention de Krishna, l'attaque est victorieusement repoussée, mais les désastres sont très considérables ; le douzième chant nous fait assister aux lamentations des femmes qui viennent éplorées sur le champ de bataille, reconnaître les blessés ou les cadavres de leurs maris ou de leurs proches ; nous y voyons également le désespoir du vieil Dritharashtra et les regrets amers de Yudistra même ; le douzième chant

(Çauty-parva, livre des consolations) expose les devoirs de la royauté et les moyens d'arriver à la délivrance finale.

Le treizième chant (Anouçasana-parva) nous montre Bhisma mourant en exposant à Yudistira les devoirs de la société.

Le quatorzième chant décrit l'antique sacrifice du cheval *(Açvamédha)* que célèbre le vainqueur comme témoignage de sa suzeraineté.

Dans le quinzième chant, c'est la retraite de Dritharashtra au désert; dans le seizième, nous assistons à la destruction de la race des Yadavas, dont Krishna faisait partie ; le seizième livre *(Maulala-parva)* nous raconte la mort de Krishna et la submersion de sa capitale : Dvaraka.

Tandis que Krishna, couché sur la terre nue au milieu de la forêt, se livre à des réflexions philosophiques, il songe à ce que lui avait dit autrefois Gandhari, ce qui le décide à changer d'existence quoique Dieu, pour échapper à l'attente du temps et de ses résultats. Et tandis qu'il s'efforce de réprimer ses sens, sa pensée et sa parole en se plongeant dans une extase profonde, Djada, le chasseur de gazelle le prenant pour un de ces animaux l'ajuste avec son arc et le blesse de sa flèche *à la plante du pied, seul point vul-*

nérable (le talon d'Achille, dans la mythologie grecque), puis, il se précipite pour s'emparer de sa proie. Tout à coup, il reconnaît qu'il a commis un meurtre, il baise les pieds de Krishna tout troublé ; celui-ci le console et s'élève aussitôt devant lui dans le ciel entouré de gloire et de majesté.

Dans le dix-septième chant, (le grand voyage), nous assistons à l'abdication de Yudhistira et son départ pour l'Himalaya et la sainte Montagne : le *Méru*. Dans ce voyage il perd sa femme, ses frères et reste seul avec son chien, s'adressant alors à Indra il lui dit :

— Où sont mes frères, je ne veux pas arriver au Swarga sans eux.

— Tu les y trouveras, répond le Dieu, après qu'ils auront quitté leur dépouille mortelle ; toi seul y sera transporté en chair et en os.

— Et mon chien, mon fidèle compagnon, me suivra-t-il ? Je ne puis le laisser ici, ce serait un crime.

— Mais les chiens n'entrent point au Swarga, dit Indra, il te faut donc abandonner le tien ou rester dehors.

— Yudhistira refuse.

— Alors, Dharma (la justice) intervient et lui

dit : « Tu as renoncé au char d'Indra en disant :
ce chien est mon fidèle compagnon. » A cause de
cette bonne parole, il n'y a personne qui te soit
supérieur ; aussi les mondes impérissables sont à
toi et avec ton propre corps, tu obtiens la voie
parfaite. »

Indra fait alors pénétrer Yudhistira dans la
Swarga, il y trouve Duryodhana et les autres
Gurus ; mais n'y voyant ni sa femme ni ses frères
il refuse de séjourner dans le ciel sans eux. Alors
une sorte de Mercure ou Messager des Dieux le
conduit dans les enfers, où il voit sa femme et ses
frères souffrir ; ses proches le supplient de rester
au milieu d'eux, afin qu'il prenne une part de leur
souffrance pour diminuer la leur ; il s'y résigne.

Il subit ainsi sa dernière épreuve, aussi les
Dieux le félicitent et il monte à la Swarga (au ciel)
avec tous les siens qui redeviennent les personnages divins qu'ils étaient auparavant, et qu'ils
avaient cessé d'être en même temps que Krishna,
afin de revêtir une forme humaine pour travailler de concert avec lui à délivrer le monde, des
êtres méchants qui opprimaient l'humanité.

Comme on le voit, même en analysant rapidement ce poème, il renferme un monde d'idées,
de pensées, de symboles et de légendes. Nous les

4

étudierons ultérieurement dans le cours de notre travail, au fur et à mesure qu'ils deviendront utiles pour éclaircir des faits plus ou moins obscurs.

Après le Mahâbhârata, nous devons nous étendre un peu longuement sur la *Bhagavad-Gîtâ*, qui passe pour le dernier livre ou chant du poème que nous venons d'analyser.

BHAGAVAD-GITA

Ce terme signifie en sanskrit, *chant excellent* ou *chant du Bienheureux*; le poète suppose qu'avant la grande bataille épique de Kuruxetra, le cœur manque au héros Arjuna, quand il voit des armées fratricides, sur le point d'en venir aux mains. Son écuyer Krishnâ qui n'est autre que Vishnu même incarné, calme ses craintes en lui exposant la loi des transmigrations et ce qui en résulte pour les bons et pour les méchants.

Voici une partie de ce qui précède ; nous le donnons ainsi que ce qui suit, d'après Emile Burnouf (1) :

« ARJUNA. — O Krishnâ, quand je vois ces parents rangés en bataille etc..... Est-ce que nous ne devons pas éviter de commettre ce crime

---

(1) Le chant du Bienheureux, traduit par Emile Burnouf, 1 vol. in-8°. Paris et Nancy, *MDCCCLXI*.

(la guerre) qui accomplit la ruine des familles, celle-ci cause celle des religions éternelles de la famille ; les religions détruites, la famille entière est détruite par l'irréligion, car par celle-ci ô Krishnâ, les femmes de la famille se corrompent; de la corruption des femmes, naît la confusion des castes et par elles, tombent dans les enfers les pères des meurtriers et de la famille même, puisqu'ils sont privés des offrandes (gâteaux et eau) »

Ayant ainsi parlé au milieu des armées, Arjuna s'assit sur le bord de son char, laissant échapper l'arc et la flèche, et l'âme toute angoissée de douleur, alors Krishnâ lui dit :

« D'où te vient ce trouble indigne des Aryas qui ferme le ciel et procure la honte ô Arjuna !

« Ne te laisse donc pas amollir, cela ne te convient nullement, et chassant une honteuse faiblesse de ton cœur endolori, lève toi destructeur des ennemis.

ARJUNA. — O meurtrier de Madhu, comment dans le combat lancerai-je des traits contre Bhîshma et Drôna, eux à qui je dois rendre honneur ? Il vaudrait mieux pour moi, vivre de pain mendié plutôt que de tuer des maîtres respectables, et quand bien même, je tuerai des maîtres avides, je ne vivrais que d'un pain souillé de sang.

Arjuna ne veut pas combattre, et tandis qu'il demeure silencieux entre les deux armées, Krishna lui dit en souriant : « Tu pleures sur des hommes qui ne méritent point ces pleurs : quoique tes paroles soient celles de la sagesse même, les sages ne pleurent ni les vivants ni les morts ; car jamais l'existence ne m'a fait défaut ni à toi ni à ces princes, et jamais nous ne cesserons d'être, tous tant que nous sommes, et dans l'avenir. De même que dans ce corps mortel, sont tour à tour l'enfance, la jeunesse, la maturité et la vieillesse, de même après la mort, l'âme acquiert un autre corps et là, le sage n'est point troublé par rien..... L'homme ferme dans les plaisirs et dans les douleurs devient ô Bhârata participant de l'immortalité !

« Celui qui n'est pas, ne peut être, mais celui qui est, ne peut cesser d'exister ; ces deux choses, les sages qui voient la vérité en connaissent la limite.

« Saches le, il est indestructible. Celui par qui a été développé cet univers : la destruction de cet Impérissable, nul ne peut l'accomplir.

« Et ces corps qui finissent procèdent d'une Ame éternelle et indestructible. Combats donc ô Bhârata et n'aie aucune pitié.

. . . .

« De même que nous quittons des vêtements défraîchis pour en prendre de nouveaux, de même l'âme quitte les corps usés pour en revêtir de nouveaux.

« Rien n'a d'action sur elle : ni flèche acérée ni flamme vive ; l'eau ne l'humecte pas plus que les vents ne la dessèchent. »

Le Bienheureux continu son discours et Arjuna n'est nullement convaincu, il fait de nombreuses observations à son interlocuteur, toutes ces pages sont admirables, malheureusement, il faut savoir nous borner. Nous passerons donc les chapitres suivants malgré les beautés qu'ils renferment ; ces chapitres ont pour titre : *Yoga de l'œuvre ; Yoga de la science ; Yoga du renoncement des œuvres ; Yoga de la soumission, de soi-même ; Yoga de la connaissance ; Yoga de Dieu invisible et suprême ; Yoga du souverain mystère de la science ;* nous donnerons quelques extraits de ce dernier chapitre qui mériterait d'être étudié et commenté tout au long ; nous nous bornons à une simple analyse.

Le Bienheureux va exposer la science mystérieuse dont la possession délivre du mal. — Il nous dit : que les hommes qui ne croient pas à la Loi ne viennent pas à lui et retournent à toutes les vicissitudes de la mort ; et il ajoute :

« C'est moi qui, doué d'une forme invisible ai développé l'Univers ; en moi sont contenus tous les êtres et moi je ne suis pas contenu en eux ; d'aucune manière, les êtres ne sont pas en moi : tel est le mystère de l'Union souveraine..... A la fin du Kalpa, les êtres rentrent dans ma puissance de création et au commencement du Kalpa, je les émets de nouveau.

« Immuable dans cette puissance de création, je produis ainsi par intervalles tout cet ensemble d'êtres, sans qu'il le veuille et par la seule vertu de mon émanation. »

Ce chapitre se termine ainsi : « Placé en ce monde périssable et occupé par le mal, adore moi. Dirige vers moi ton esprit ; et m'adorant, offre moi ton sacrifice et ton hommage. Alors en Union avec moi, ne voyant plus que moi seul, tu parviendras jusqu'à moi.

Le chapitre X a pour titre le *Yoga de l'excellence ;* le chapitre XI, *Vision de la Forme Universelle ;* c'est la description de l'être suprême qui dit lui-même tout ce qu'il est ; puis désirant se montrer à Arjuna, il lui donne un œil céleste, car il ne pourrait le contempler avec les yeux du corps.

« Lorsque Hari, seigneur de la Sainte-Union eut ainsi parlé, il fit voir au fils de Prithâ son auguste figure.....

« Si dans l'immensité du ciel éclatait tout à coup la lumière de mille soleils, elle serait comparable à la splendeur du Dieu. Là, dans le corps du Dieu des Dieux, le fils de Panda vit l'Univers entier, mais d'un seul tenant dans sa multiplicité.

« Alors, frappé d'admiration et de stupeur les cheveux tout hérissés, Arjuna baissa la tête en joignant ses mains au-dessus d'elle et s'écria : « O Dieu je vois en ton corps tous les Dieux et les troupes des êtres vivants et le grand Brahmâ assis sur le lotus, et tous les Rishis et tous les serpents célestes.

« Je te vois avec une infinité de bras, de poitrines, de visages et d'yeux avec ta forme infinie ; Je te vois Universelle Forme, sans commencement, ni fin, sans milieu. Tu portes la tiare, la massue et le disque, montagne de lumière resplendissante de tous côtés, je puis à peine te regarder, car tu brilles plus que le feu, plus que le soleil et cela dans ton immensité ; etc.. etc.

Les éditions du Bhagavad-Gîta, surtout en manuscrits, sont fort recherchées ; ainsi on a vendu à Londres, au commencement de Décem-

bre 1891, la Bibliothèque J. Vaugan, le n° 1.722
« *Vishnu-Purâna and Bhavagad-Gita* » un
manuscrit sanskrit richement travaillé or et
couleurs à sujets de déités et motifs d'ornement
a atteint le prix de 51 livres sterling, soit 1.275
francs.

Nous n'insisterons pas plus longuement sur cette œuvre admirable de la littérature hindoue que
nous aurons du reste, occasion de mentionner et
de commenter dans le courant de notre étude et
nous passerons à l'Harivansa.

Harivança

L'*Harivansa* ou l'*Harivança* est un poème
qu'on retrouve souvent à la suite du Mahâbhârata, dont il forme, nous l'avons déjà dit, le
complément ; car le mot Harivança signifie littéralement *Généalogie de Hari*, c'est-à-dire de
Vishnu qui s'était incarné dans Krishna *(le noir)*
lequel joue un très grand rôle dans le poème du
Mahàbàratha. Ce même poème forme aussi une
sorte de complément au *Purânas*, en ce qui concerne les légendes se rapportant à Vishnu.

Le Harivança, qui est antérieur au Purânas
appartient d'une façon évidente à la légende de
Vishnu, mais sans s'arrêter d'une manière exclusive à quelqu'une de ses incarnations.

En somme, le Harivança n'est sous une forme épique qu'une compilation très développée des écrits antérieurs sur Vishnu, récits, écrits ou conservés par la tradition populaire et tous relatifs à ce dieu, mais incarné uniquement dans Krishna.

Comme poësie et philosophie religieuse l'Harivança n'égale certainement pas le *Vishnu-purâna* et le *Baghavata-purâna,* sa rédaction faite d'après d'anciens récits, précède du reste celle des deux purânas.

Ce poème a été traduit en français par Langlois, 2 vol. in-4°, 1835.

CHAPITRE IV
LES PURANAS. — LE GITA-GOVINDA

Les Purânas (*Antiquités*) sont des poèmes qui renferment des mythes et des légendes fournis par la tradition, ou par les écrits des anciens Brahmanes. Ecrites pour les classes inférieures, auxquelles était interdite la lecture des Vêdas, ces épopées se rapportent aux grandes périodes de l'histoire de l'Inde antérieure au Bouddhisme et qui remontent souvent à la période primitive des Vêdas. Il existe dix-huit purânas dénommés grands purânas (*mahâpurânas*) qui ne contiennent pas moins de 400.000 stances, fournissant ensemble 1.600.000 vers. Et non seulement, il n'existe pas de traduction complète, mais même tous les purânas ne sont pas imprimés et un grand nombre de manuscrits sont incomplets et d'autres remplis de fautes et d'erreurs.

Voici quelques titres principaux de ces recueils très populaires dans l'Inde ; il sont lus surtout par les femmes, étant traduits dans de nombreux dialectes ; ce sont : le *Bhavagâta-Purâna*, le *Mar-*

kandeya-purâna, l'*Agneya-purâna*, le *Matsya-purâna*, le *Padma-purâna*, le *Brahma-purâna*, le *Vishnu-purâna*, etc., etc.

L'auteur des Purânas ne serait autre, d'après la tradition, que Vyâsa, nom collectif de l'auteur même du *Mahâbhârata* et de la recollation des Vêdas. Mais il ne faut pas se méprendre sur la signification de ce terme de Vyâsa, c'est une épithète que l'on donne fréquemment aux auteurs des collections brahmaniques, et qui n'implique pas du tout que Vyâsa soit le nom des auteurs des ouvrages colligés.

De reste, ce terme de *Vyâsa*, signifie littéralement *le compilateur* ; c'était dit-on le nom d'un solitaire du XV° siècle avant l'ère vulgaire qui, recueillit comme nous venons de le dire, les Vêdas, les dix-huit Purânas et une partie seulement, d'après quelques-uns, du *Mahâbhârata*, il passe également pour l'auteur d'un ouvrage intitulé : *Vêdanta-Darsana*. Il ne faut pas confondre ce terme avec celui de *Vaïsyas*, comme on le fait généralement ; ce dernier a une toute autre signification, on le donnait à l'agriculteur qui élevait des bestiaux (1).

(1) Voir à ce sujet : LAMAIRESSE, *l'Inde avant le Bouddha*, p. 218, Chap. V. LES CLASSES DIRIGÉES, § I. — *Les Vaïsyas*.

Du reste, de même que les vêdas, les puranas ne sont pas l'œuvre d'un seul, ni même d'une époque. Il est bien certain que chaque Purâna a eu un ou plusieurs auteurs ; le nom de quelques-uns est même connu.

Voici comment sont composés les purânas qui du reste ne sont pas écrits sur un plan uniforme; en général, un purâna comporte deux sortes de sujets distincts : d'abord la Cosmogonie, ensuite des légendes et des traditions plus ou moins historiques. Ces derniers sujets sont rattachés les uns aux autres, sans solution de continuité pour ainsi dire ; la Cosmogonie conduisant le poète par une pente insensible à des principes abstraits, origine du monde, aux divinités, qui sont la personnification de ces principes ; puis des divinités aux familles royales ou sacerdotales, qui reconnaissent ces mêmes divinités, comme auteurs de leurs jours.

Vishnu et ses incarnations successives fournit le principal aliment à ces poèmes qui ont par là une certaine unité, augmentée encore par les doctrines religieuses, qui appartiennent le plus souvent aux croyances Vishnouïtes, ou plutôt à la période historique dans laquelle Vishnu a eu la prééminence dans la foi populaire.

Ainsi le Vishnu-purâna et la Bhâvagata-purâna renferment non seulement les détails des incarnations successives du Dieu, mais de nombreux passages exaltent avec une singulière emphase les vertus et les qualités métaphysiques de ce Dieu, ainsi que ses attributs.

Ajoutons, que souvent la composition de ces épopées est très confuse, que les développements y sont diffus et parfois hors de toutes proportions, qu'enfin les mêmes idées exprimées dans des termes identiques y reviennent fort souvent.— Mais si ces œuvres manquent d'unité littéraire ou d'unité d'ensemble dans leurs diverses parties, on doit reconnaître qu'il y a une grand unité morale, car c'est la foi en Vishnu, foi ardente, enthousiaste, fanatique même, qui prédomine dans l'œuvre.

A quelle époque ont été composés les Purânas ?

La réponse n'est pas facile, et pour la faire avec quelque certitude, il faudrait posséder imprimés, traduits et commentés les dix-huit recueils ; on aurait alors le moyen de résoudre la question sinon d'une manière précise, au moins d'une manière approximative.

Il faudrait également connaître une très grande partie de la littérature hindoue ; il y a lieu d'ajouter ici, que les grands puranas ont eu des prédécesseurs d'une étendue, moindre mais beaucoup plus anciens ; ces derniers n'étaient qu'au nombre de cinq ou six. Ils traitaient de la création, de la naissance de Manû et de son règne, de l'histoire de ses descendants. Quant aux doctrines théosophiques qu'ils renfermaient, on n'en saurait absolument rien, si l'on ne possédait le *Ramayana*, le *Mahâbhârata* et le *Manû*, œuvres qui datent des premiers développements de la littérature Sanskrite, et qui sont de beaucoup antérieurs au Bouddhisme, par conséquent au VIe siècle, avant l'ère vulgaire. Or, les mentions qui sont faites dans ces ouvrages, ainsi que dans les Upanishads, ces mentions attestent que la doctrine théosophique des Purânas anciens dérivait exclusivement des Vêdas. Il paraît que l'Inde ne possède plus rien de ces antiques monuments littéraires ; on le croit du moins, mais quel est l'érudit européen, le linguiste, qui pourrait se flatter de connaître toutes les œuvres littéraires de l'Inde antique.

Si nous ne connaissons que par occasion pour ainsi dire, une partie de la doctrine que pouvaient contenir les anciens Purânas, les purânas primitifs, nous avons une parfaite connaissance de ce que renferment en partie les grands purànas. Ce que nous connaissons de ces poèmes nous révèlent certaines doctrines empruntées à des écoles Brahmaniques, d'une école postérieure de beaucoup aux temps du Védisme. — On y traite en effet de la dissolution finale (pralaya) du Monde, de Hari et de ses perfections, des dévas, de l'affranchissement de l'âme.

Dans tous ces poèmes c'est la forme dialoguée qui est employée, un narrateur parle et un auditeur écoute. Le narrateur se nomme invariablement *Sûta*, qui signifie cocher, conducteur, écuyer. Or, ce terme était appliqué dans l'Inde à toute une caste, dont la fonction principale était celle d'être *Barde*. Fils d'un Brahmanî ou d'un tchattrya, ils étaient en temps de guerre écuyers de celui-ci; en temps de paix, ils chantaient dans des hymnes, les actions héroïques du tchattrya, ou sa généalogie qui remontait fort loin dans l'antiquité et parfois jusques aux Dieux mêmes.

Gita-Govinda

L'auteur de ce poème est Jayadéva, et son titre signifie le *chant du pasteur, le chant du berger*; en effet le héros principal est Krishnâ désigné sous le nom de *Govinda* (berger). — Il est bien difficile de déterminer l'époque à laquelle a été composé ce poème, cependant on peut dire qu'il appartient à une époque assez avancée de la littérature hindoue, au temps où le culte de Krishna l'un des plus récents de la religion Brahmanique était dans toute sa vigueur. Il y a lieu de remarquer en effet, que ce chant lyrique célèbre Krishna et sa maîtresse Radha la plus belle des Gopis. Il donne à leur aventure amoureuse cette valeur mystique et symbolique, qui caractérise une période historique assez avancée.

Le sujet traité : Les amours de Govinda avec les Gopis, ferait classer à première vue cette œuvre parmi les poésies érotiques ; ce serait là une grande erreur, car sous ces figures et aventures romanesques, perce une doctrine religieuse qui renferme souvent des idées très élevées ; et dans l'ensemble de l'œuvre, le lecteur peut y étudier une analyse fort délicate des sentiments intimes du cœur humain.

CHAPITRE V
LE RAMAYANA

Le Râmâyana ou Râmâyanou (Histoire de Ramà) est une épopée bien moins considérable surtout comme étendue, que le *Mahâbhârata* ; aussi présente-t-il une unité de langue et de doctrine qui témoigne que c'est bien l'œuvre d'un seul auteur.

Et tandis que Vyâsa est un personnage fabuleux, Valmiki au contraire, passe pour une entité véritable.

Ce qui précède tend à prouver que le Râmâyana est de beaucoup postérieur au Mahâbhârata.

La perfection littéraire de ce poème vient encore confirmer ce que nous venons d'avancer; enfin le sujet traité nous montre la conquête de l'Hindoustan dans sa dernière période, puisqu'elle se poursuit jusque dans l'île de Ceylan même.

L'épopée repose sur un fond de tradition historique, puisque Ramà fut effectivement le conquérant, le civilisateur et le bienfaiteur du Sud.

A quelle époque le poème a-t-il été écrit ?

Il est difficile d'assigner une époque très certaine, car nous ne savons rien sur Valmiki ou du moins fort peu de chose (1) nous pouvons dire cependant, qu'il est de beaucoup antérieur à Bouddha (Çakia-muni) et qu'on peut placer la création de son œuvre avant l'époque homérique, à l'époque où les anciens navigateurs Grecs de beaucoup antérieurs à Alexandre, parcoururent les côtes de la mer Erythrée et connurent dit-on, des Indiens sanskrits ; ces mêmes navigateurs durent connaître la grande épopée de Rama.

Ce personnage était le fils de Daçaratha, roi d'Ayodhya ville située sur les rives de la Parayû un des affluents du Gange. Dans cette contrée, les castes avaient reçu depuis longtemps une forte organisation et la loi et les pouvoirs publics veillaient scrupuleusement à son maintien.

Le poème qui nous occupe tient dans la littérature hindoue une place considérable, non seulement par l'importance de l'œuvre qui ne comporte pas moins de 48.000 vers, mais surtout à cause des doctrines et des exemples de morale qu'il

---

(1) Valmiki est l'un des plus anciens et des plus célèbres poètes de l'Inde, il vivait à ce qu'on croit quinze ou seize siècles avant l'ère vulgaire. — Son poème du Râmâyana est composé de 25.000 *çlokas* ou distiques, et divisé en 7 parties, subdivisées elles-mêmes en un grand nombre de sections. Le texte entier du poème a été donné par Garresio dès 1813, en 1 vol. in-8°

renferme; sous ce dernier rapport il est estimé à l'égal d'un livre sacré.

Avant d'analyser l'œuvre, disons qu'elle rentre dans le genre des poèmes épiques dénommés dans l'Inde *Kâvya*, terme dérivé de Kàvy qui désigne un être réel et non une collectivité comme Vyàsa, paraît-il, comme nous l'avons déjà dit.

Alors qu'elle était florissante, la littérature des Kàvyas, fut transportée par l'émigration hindoue dans l'île de Bàli, voisine de Yava et traduite alors en une langue nommée Kàvi. — Il existe aujourd'hui dans ce pays des œuvres hindoues traduites du Sanskrit en *Kâvi* ; tels sont par exemple, le *Raghuvança*, le *Kumâra-Sambhava* et même une partie du Mahàbhàrata.

Arrivant enfin à l'analyse du livre, disons que c'est un des monuments les plus importants de la langue Sanskrite ; aussi est-il toujours un objet spécial d'étude pour ceux qui étudient cette langue, de même que la prosodie et la composition littéraire Sanskrites.

L'action qui se déroule dans le poème, bien que fort simple, ne languit pas cependant à cause de la quantité de faits, de traditions, de mythes et de légendes, de scènes humaines ou fantastiques d'un intérêt très varié qui s'y trouvent condensés.

D'après ce qu'on lit en tête même du poème, il aurait été d'abord composé de mémoire et enseigné verbalement par Valmiki à ses disciples. Ce fait qui de primo abord paraît très surprenant vu l'étendue de l'œuvre est cependant admissible, il est même très réel, puis qu'il existe des récensions de l'œuvre faites en divers lieux et indépendamment les unes des autres ; cependant toutes s'accordent entr'elles, quant aux évènements, aux rôles et aux caractères des divers personnages ; mais ces récensions varient dans les détails, dans l'arrangement des scènes et dans les expressions mêmes des personnages. Tout cet ensemble de faits prouverait bien que réellement le poème n'a été fixé par l'écriture, qu'après un temps plus ou moins long, après sa composition ce qui prouve encore en faveur de sa haute antiquité.

La scène du Râmâyana se passe au centre de la grande vallée du Gange. Ramà parcourt le Sud de la presqu'île occupée par des hommes d'une autre race, de couleur jaune et même noire, que le poète nomme les *singes*, tant ils sont laids ; il fait alliance avec eux, afin de pouvoir arriver jusqu'à l'extrémité du promontoire méridional, dans le lieu dénommé aujourd'hui *Ramnad*, terme dont l'origine est très ancienne, puisqu'il signifie *Ramanadi* ou fleuve de Ramà.

Le prince après avoir franchi le détroit arrive dans l'île de Lança (aujourd'hui Ceylan) et procède à sa conquête; conquête difficile par ce qu'il lui faut combattre les Rakchasas, c'est-à-dire des esprits malfaisants qui symbolisaient les ennemis de la race conquérante.

Ramà et ses alliés luttent contre eux pendant tous les cours du poème. Le prince, nous avons vu est le fils de Daçartha, qui lui était issu de la race d'Ixwaka, fils de Manu ; il avait trois femmes légitimes qui toutes, lui avaient donné des fils, dont l'aîné Ramà était fils de la reine Causalyà, le roi aurait bien voulu l'associer à l'empire, mais la sœur de la reine Caikèyi, femme violente et jalouse à l'excès, réclama instamment du roi une promesse qu'il lui avait faite ; elle exigea l'exil de Ramà et la consécration royale de Bhàrata, son propre fils. Le roi sommé de tenir sa promesse, exila devant l'attitude de la seconde reine, son fils aîné qui partit avec sa femme, la vertueuse et belle Sîtà (sillon du labour) et accompagné de son jeune frère utérin Laxmana.

Nos trois exilés parcoururent à pied des forêts impénétrables, franchirent des lacs et des rivières, et sur l'avis d'un sage solitaire, Bharadwaja, ils s'établirent sur le mont Tchitracûta, où ils vécurent dans une pauvre cabane, vêtus de peaux de chèvres. Cependant Daçaratha mourut, ayant longtemps pleuré l'absence de son fils aîné Rama; aussi quand les Brahmanes ayant à leur tête Vasistâtha, poussent au trône Bhârata, celui-ci, imbu de grands principes de justice refuse le pouvoir et se rend auprès de son frère Ramà et lui remet les chaussures, symbole de la royauté; mais Ramà repousse l'offre de son frère, ne trouvant pas son exil arrivé à son terme ; aussi lui rend-il ses chaussures.

De retour dans ses États, le juste Bhârata établit le siège de son royaume à Nandigrâma, afin d'y attendre la fin de l'exil de son frère. Mais celui-ci part pour la forêt de Dandaka, pour la déliver des Rakchasas.

Ramà, armé de son arc invincible, les détruisit tous au nombre de quatorze mille. Alors, Ravana apprenant le triste sort de sa race se rendit auprès de l'ermite Ramà et parvint après mille ruses à s'emparer de la belle Sità. Ramà est dans la désolation, surtout de ne pas savoir où retrouver sa femme. Il consulte alors le tombeau du glorieux Kabandha, qu'il avait autrefois tué et incinéré ; le saint personnage, lui conseille d'aller trouver une sainte femme Çavari, il s'y rend, fait connaissance de Sugriva, roi des singes, qui lui raconte son inimitié pour Bâli, autre prince de la même race; les deux nouveaux alliés partent pour la caverne de Bâli ; Ramà le défait en bataille rangée, puis après l'avoir tué, il met à sa place Sugriva, qui convoque tous les singes, ses nouveaux sujets et les envoie à la recherche de Sitâ. Sur l'avis du vautour Sumpata, il dépêche Hannumat, le grand singe dans l'île de Lança, où il voit Sitâ au milieu des beaux jardins de Ravana ; il va chercher son époux qui après diverses péripéties, marche vers la ville ennemie, tue le prince des malfaisants Rakchaṣas ; mais dans le trouble de sa victoire, il fait un reproche à sa femme, qui ne pouvant le supporter se jette dans les flammes d'un bûcher. Tout à coup une brise fraîche s'élève, une voix éthérée se fait entendre dans l'air, il tombe une pluie de fleurs, au milieu desquelles se trouve Sitâ, que le feu avait épargnée ; toute heureuse, elle retourne avec son époux à Nandigrâma, car le temps de son exil était expiré, aussi reçoit-il la royauté des mains de Bhârata, et peut faire enfin le bonheur des peuples d'Ayôdha.

Avant de quitter ce beau poème, nous devons signaler au lecteur une superbe scène qui se déroule dès le début des chants qui sont désignés sous le titre générique de *Adikândâ*. Nous y voyons qu'au temps, où le puissant roi Lomapâda gouvernait la nation des Angas, une sécheresse épouvantable désola ses Etats, pendant plusieurs années consécutives, or, cette sécheresse était le châtiment d'une faute dont le monarque s'était rendu coupable envers les Dieux. Lomapâda craignant la disette s'effraie, aussi réunit-il son conseil, pour le consulter sur ce qu'on pourrait bien faire afin d'apaiser la divinité.

Après discussions et mûres réflexions, le conseil composé en grande partie de la caste sacerdotale, décide que le moyen d'arrêter la sécheresse, c'était d'envoyer le jeune et saint anachorète Richyaçringa à la Cour du roi pour y invoquer la divinité. Celle-ci ne manquerait pas d'exaucer le saint personnage, auquel le roi donnerait sa fille adoptive : la princesse Çanta, en mariage pour le récompenser de son intervention.

Mais comment, persuader au sage Muni de quitter sa solitude et le décider à se rendre à la Cour des Angas.

Les Brahmanes dirent à Lomapâda : « O

dominateur de la terre, voici la ruse, oh! la ruse inoffensive, que nous avons imaginée. (1)

« Vivant au fond de la forêt et faisant des macérations, ses uniques délices, Richyaçringa ignore, et la femme, et la volupté qui s'attache aux objets des sens.

« Eh bien, ayant recours à ces objets, qui s'adressent aux sens, qui flattent l'âme, qui ravissent à l'homme sa pensée, et que ce soit là, la supercherie séductrice, par laquelle on l'attirera plus vite, hors de la forêt. »

Le roi goûta du conseil, et fit embarquer un jeune escadron volant de belles femmes à mœurs faciles (il en a toujours existé paraît-il).

Après une heureuse navigation, le navire qui portait ce gracieux essaim, vint jeter l'ancre auprès de la forêt, qu'habitait le saint solitaire.

Après s'être parées de leurs plus beaux atours, les jeunes femmes débarquèrent et découvrirent bientôt la misérable cabane, qu'habitait le Muni; elles le virent bientôt apparaître, tout surpris, sinon scandalisé.

Mais les rusées commères qui connaissaient bien le but de leur voyage, firent semblant de

---

(1) Le *Ramâyana*, traduit pour la première fois en Français par Val Parisot, T. I p. 61 et suiv.

ne pas apercevoir le Muni, et s'exercèrent à des jeux divers pour faire valoir leurs grâces et leurs belles formes. « Elles se renvoyaient des balles, elles chantaient, se battaient, c'était enfin des sauts et des balancements de hanches, sans fin.

« Privées de forces par l'exaltation de la joie, quelques-unes tombent, puis se relèvent.

« Les cliquetis des anneaux de leurs pieds, les moëlleuses ondulations du Kôkila fait de cette forêt mélodieuse, l'image de la cité des Gandharwas.

« Jamais le passé n'avait offert aux yeux de Richyaçringa, de semblables créatures... Une irritante curiosité s'éveilla dans son cœur... il approcha du lieu, qu'occupaient ces charmeuses, et resta là frappé de surprise. »

L'ermite conduit la joyeuse bande auprès de sa cabane; mais elles ne séjournent pas longtemps dans cette primitive demeure et laissent en partant Richyaçringa en proie à une profonde tristesse.

« Son esprit était avec elles, nous dit le poète, il n'était que là, et cette cause l'empêcha de goûter le sommeil.

« Le père du Muni Baghavan survint et voyant son fils plongé dans une sombre mélancolie, est grandement inquiet, ayant appris la cause de ce chagrin. (1)

« Ce sont des Rakchasas, mon fils, lui dit-il, qui empruntent des formes si séduisantes, afin de mettre à néant la macération.

« Il ne faut, mon fils avoir aucune confiance en ces êtres frivoles. »

Et le bonhomme de père pensa en avoir assez dit pour dégoûter à tout jamais son fils du joli escadron, en traitant son effectif de Rakchasas, c'est-à-dire des mauvais génies.

Mais à peine est-il parti, que son fils se rend bien vite à l'endroit, où les courtisanes lui avaient appris que leur navire était à l'ancre.

Il reçut d'elles un gracieux accueil, aussi puisa-t-il une ivresse insensée, moins dans la coupe d'or qu'on lui tendait sans cesse, que dans la suave atmosphère de ces Sirènes aux formes si ravissantes.

Au milieu de cet éblouissement charmeur, le navire lève l'ancre tout à coup pour regagner le port de départ, en emportant le Muni, complètement grisé au milieu de son sérail.

---

(1) Quelques auteurs nomment à tort ce père Vibhandaka et lui donnent pour mère une daine, d'où le nom du solitaire, qui signifie, *qui a une corne sur le front* ; quand à Baghavan, c'est le nom commun à Çiva et à Vishnu.

Le navire était depuis peu en marche, qu'il tomba bientôt une longue et abondante pluie, Lomapâda comprit bien vite que le sage Muni, Richyaçringa s'approchait de sa capitale, aussi fut-il à sa rencontre et lui prodigua-t-il dès son arrivée tous les égards possibles. Il le servit même de ses mains, nous dit le poète ; enfin, il lui donna pour femme sa fille Çanta « aux yeux de *Kamala* (gazelle), au cœur pur et sans tâche, et en lui donnant sa main, il fut dans le ravissement. »

En manière de conclusion, le poète dit en terminant : « Voilà comment la ville des Angas devint le séjour de Richyaçringa, comblé d'honneur par le monarque et imposant sans cesse à côté de son épouse la belle Çanta. »

Le souvenir du Râmâyana est resté des plus vivaces en Orient, puisqu'on peut voir encore en Indo-Chine, à Anckor-Wat, au milieu des magnifiques ruines d'une pagode des bas-reliefs, qui ne mesurent pas moins de sept-cent-soixante mètres, et qui représentent des scènes tirées du Râmâyana.

Dans un de nos ouvrages (1) nous avons donné

---

(1) Voir *Dictionnaire raisonné d'Architecture*, III° volume, Kama (art), page 25 et suivantes.

des spécimens de cette admirable page de sculpture qui nous fait pour ainsi dire le récit historique et mythologique du Râmâyana.

Au milieu de nombreux dessins, dont est émaillé notre étude sur l'art Khmer, le lecteur pourra voir une planche qui montre *la mort du roi des singes*, ainsi que des danseuses (Lakhons,) coiffées de la couronne en forme de tiare (Malhat ou Mokon), ces danseuses ; portent aux poignets et aux bras des bracelets (kang-doy) et aux chevilles des anneaux (kang-chengs.)

CHAPITRE VI
LA BELLE MÊNAKA.— ÇAKUNTALA

Dans le chapitre suivant, nous allons étudier la *légende de Çakuntala*, d'après le Mahâbhârata et d'après le beau drame de Kalidasâ ; ici nous donnerons le commencement de cette légende d'après la version tamoule traduite en français par notre ami et parent G. Devèze.

Si nous commençons par cette version tamoule, c'est qu'elle nous apprend l'histoire de la *Belle Mênakâ*, mère de Çakuntala jusqu'au jour où celle-ci abandonnée dans la forêt, est recueillie par un sage Muni.

C'est donc une sorte de préface, de prodrome qu'on pourrait intituler :

Comment Çakuntala vint au monde ?

Ce que le Mahâbhârata et Kalidasâ ne nous disent point.

L'histoire est assez curieuse pour mériter toute l'attention du lecteur.

(1) ÇAKUNTALA, drame indien, version tamoule d'un texte sanskrit, traduit en français par G. Devèze, élève diplomé de l'école des langues orientales. 1 vol. in-8° Paris, 1891.

L'œuvre débute par des invocations (éloges) la première est adressée à Ganéça, l'un des mythes les plus curieux du Brahmanisme hindou. Ganéça est le Dieu de la Sagesse, du Destin et du Mariage. Comme tel il préside au nœud de l'hyménée ; mais par contre, il est aussi destructeur des obstacles de l'intelligence, qui s'opposent au libre exercice des facultés de l'esprit.

Voici l'invocation à Ganéça : « Nous invoquons la trompe, semblable à un pilier, du dieu, qui a une figure d'éléphant pour chanter le drame de la belle Çakuntala, favorisée par le Dieu de la fortune, dont les épaules sont ornées d'une guirlande de pierres précieuses et qui a été produite par l'intervention de Kamà, le jeune dieu, monté sur un paon superbe. »

Après cette invocation, vient l'éloge de *Subrahmanya,* ainsi formulé : « Nous invoquons celui, qui dans les temps anciens a écrit le superbe *Mahâbhârata* sur la montagne septentrionale, et dont la race a pour origine le croissant unique ; pour chanter en détail dans la langue tamoule, louée sur la terre, le drame de Çakuntala à la chevelure ornée de guirlandes, de fleurs (probablement de cassie).

« Nous adorons les pieds de Skanda, notre

père, qui a été produit par notre Seigneur, orné d'une guirlande, qui est la Gangà, brillant de beauté, dont le chignon offre un refuge contre la douleur à ceux qui, dans leurs méditations l'ont invoqué. »

L'éloge de *Subrahmayna* se termine ainsi : « Nous adorons notre Subrahmanya, qui a douze bras, qui est de plus une chose impénétrable aux dieux et même à celui qui a étudié les soixante-quatre sciences et les quatre bons Vêdas. »

C'est ensuite l'éloge de *Saravasti*, éloge très court, mais admirable dans sa concision le voici : « Quelle est celle qui donne les diverses sciences ? quelle est celle qu'on nomme la fille de la parole? quel est celle qui donne la connaissance des quatre Vêdas ? quelle est celle qui est l'heureuse bru de *Laksmi* ? quelle est celle qui accorde des choses pures ?

C'est l'épouse joyeuse du dieu de la fleur, et nous l'adorons en portant des fleurs, sous ses pieds fleuris.

Puis l'éloge de Çiva, d'Umà, de Trimual (*Vishnu*) enfin du Gùrù, de tous ces éloges, nous ne transcrirons que celui d'Umà le plus intéressant ; le voici: « Nous prospérerons, ayant médité sur les pieds précieux de *Parvati*, de celle qui plaît à l'esprit et qui fait les délices de Çambhu ; de la belle aux anneaux de pieds retentissants, dont le chignon est orné des rayons de la lune ; et qui sortie de la mer de lait, s'est développée en mangeant *Kânnya*, car nous voulons raconter cette longue histoire de Çakuntala, la fille du sage Viçwamitra, la jeune perruche à l'élocution facile.

« Nous vénérons chaque jour le Lotus, notre refuge, qui est la belle aux pendants d'oreilles, la douce, délicate et conquérante Pàrvati, l'objet de l'amour de Çiva, la déesse à la gorge de kôkila produite par le Lotus, la montagne où demeurent ceux qui sont dans sa faveur, *l'ambikà*, la *Manotmani*, notre sœur, l'immortelle qu'on adore avec le paon ; grande vénérée chaque jour et qui porte la lune sur sa tête. »

Après ces invocations ou éloges, l'auteur adresse une *humble offrande à l'assemblée*, qui n'est composée, paraît-il que « de riches marchands ornés d'une guirlande élégante, de pierres précieuses. »

Nous arrivons ensuite aux *invocations sur la scène*, au milieu desquelles un chœur se contente de pousser de temps en temps, les exclamations ah ! ah ! ah ! et de crier Victoire ; puis des bénédictions, l'annonce au public de l'entrée de

Ganéça ; le directeur s'adresse au public tantôt en prose, tantôt en vers ; enfin, les dialogues en prose, coupés par des entrées de nombreux personnages : Kalâgni et ses disciples, Viçwâmitra et les siens, Kattiyankara, Indra, Bhraspati, Indrani, les Dévas, les Siddhas, les Vidyâdharas, Rhamba, Mênakâ, qui est un principal personnage et auquel le chœur s'adresse aussi en ces termes:

« Elle est venue la divine Mênaka, qui est une séduction pour le monde qu'elle plonge dans les délices : le *tilaka* sur le front, elle fait voir en elle, tous les signes de la passion et le badinage de la coquetterie, jeune fille dont la beauté ressemble à une noble peinture, par un sourire joyeux et sensuel, et par la grâce du visage, au point que tous les immortels et les Munis des trois mondes sont fascinés à sa vue. Le disque lunaire du visage de la belle Mênakâ, dissout la pensée de ceux qui sont devenus insensibles, grâce à une pureté parfaite, mais qui, en la connaissant s'écrient : « Tu es notre délivance, tu es notre pénitence, ô toi qui plonge dans les délices tes adorateurs qui chancellent et abandonnent l'acquisition de la science (sagesse) ! ».

Mênakâ, les délices du monde est si belle que tous les dieux s'écrient : « Par Çiva ! c'est une merveille ! Il n'y a dans le monde, personne que l'on puisse lui comparer, car elle a du miel sur les lèvres et sur la bouche, et par ses prestiges, elle plonge dans la corruption et la stupidité l'esprit de ceux qui l'approchent ; existe-t-il une autre beauté célèbre qui puisse être comparée à Mènakà ?

Mènakà s'adressant alors à Indra lui dit : « Salut ! Salut ! O prince ! Salut à toi, qui a mille yeux ! Salut à toi qui es le roi des habitants du ciel ! Salut ô brillant Indra ! Salut ô roi à la grâce fraîche ! Vous venez de me faire appeler dans la salle du trône : Daignez me dire ce que vous désirez de moi, ô Seigneur ! »

Indra lui répond : « O belle Mènakà écoute : Sur le penchant de l'Himalaya, le Richi Viçwàmitra obtient la victoire, par une rigoureuse pénitence ; part vite et va détruire la pénitence de ce cruel Richi, en mettant en œuvre tous les moyens propres à fasciner. »

Mènakà part ; à son arrivée sur les lieux où elle va accomplir ses *exploits*, le chœur célèbre encore sa beauté enchanteresse, tous les termes emphatiques sont tour à tour employés pour dépeindre sa grâce, ses gestes lascifs, ses yeux « semblables à des cyprins » ses lèvres de corail

« si belles, si douces, quand elles s'entr'ouvent que les rochers de pierres inébranlables se fendent et que les citadelles s'écroulent.

« A l'approche de la clarté de son oreille, semblable à un miroir, le plus beau du monde, les savants qui comprennent le but des quatre Védas perdent leur âme vive ; à la vue de son beau front, qui ressemble à la lumière de la lune et qui porte le rouge *tilaka*, le cœur et les yeux des jeunes hommes s'obscurcissent par le nuage de la passion.

Ménakâ s'est embellie de bijoux, elle a enduit son beau corps de la poussière, d'une poudre odoriférante, mêlée à la poudre de Sandal, qu'on appelle l'*Onguent d'or*.

« Pierre précieuse de la montagne, qui frappe et tourmente l'esprit, Ménakâ fascine les Dieux et tourmente Kamâ par des désirs lascifs, Ménakâ triomphe des Nagas, séduit ceux qui sont dans le monde, excite le feu de la luxure, chez toute personne qui la regarde. Ménaka qui marche avec un corps abondant en amour, a vu la limite incomparable de toute la science qui donne le plaisir ; elle a la beauté de l'éclair qui brille dans l'atmosphère ; c'est une jeune perruche, dont les attraits sont la perfection même, remarquable par la beauté de ses formes. Mènakà n'est-elle pas une perle de vie, qui ne perd jamais son éclat, perle rejetée par les flots de la mer? N'est-elle pas une pierre précieuse, qui ne peut-être percée ? N'est-elle pas une peinture éclatante.

« Voyez s'avancer la belle Mènakà, parfumée, aux gestes lascifs et joyeux ; ses signes de beauté sont innombrables, et sa danse ressemble à celle du paon bigarré ; voyez s'avancer cette jeune beauté, à la démarche superbe, dont les seins tremblotent, dont la taille flexible est armée de cercles de grelots, qui font *kala, kala,* dont la mince cheville est embrassée par des anneaux retentissants. »

Après cette entrée de Mènakà, et son arrivée auprès du grand Richi Viçwâmitra, nous lisons un curieux dialogue entre ce Richi et ses disciples, nous l'analyserons brièvement.

Viçwâmitra sent une odeur, un excellent parfum; il l'analyse et passe en revue toutes les fleurs les plus rares et ne reconnaît point de fleur émanant cette odeur ; il envoie ses disciples voir ce que ce peut-être, et ceux-ci lui annoncent que ce suave parfum émane d'une flamme, d'une lumière brillante comme un soleil, enfin d'une femme si belle, que pour « contempler sa beauté, il ne suffirait pas de six, ni de mille, ni de dix mille, ni de cent mille yeux. »

Ces disciples lui avaient dit que ce nuage parfumé (1) possédait deux cyprins (2), un fruit de bryonia (3) deux cruches d'or et au bout de ces cruches, un pot de miel (4) ; tout cela se trouve dans cette splendeur maître.

Aussi, Viçwâmitra fou de désirs, ne rêve que la possession de « ce rubis étincelant, de cette saveur divine, de cette pureté charmante etc., etc., car les qualificatifs sont nombreux, et il en termine l'énumération par cette phrase : « D'où viennent ces désirs, qui s'approchent et qui m'assaillent en foule ? je vais tomber à ses pieds pour éclaircir enfin, mes doutes. »

Et le pauvre Saint-Antoine Hindou succombe à la tentation ; aussi les disciples s'écrient en chœur : « Il succombe, il succombe, au comble du désir, notre maître qui nous a dit : il ne faut pas même embrasser une sœur. »

Et la coquette Mênakâ, qui n'était venue que dans le but de faire succomber le Richi, devient elle-même très amoureuse, devant cette folle passion, si nous en croyons les paroles de son

(1) La chevelure ; (2) Les yeux ; (3) La bouche ; (4) Les seins et les mamelons.

chant plaintif, langoureux et passionné : « Pourquoi l'amour s'accroît-il, dans mon cœur ? La chaleur de la volupté et de la luxure embrase mon sang ; les pensées se pressent innombrables dans mon cerveau ; ce désir de volupté me cause du tourment, mes doux seins sont droits et dans leur gonflement ils s'élève t, mes splendides lèvres se mouillent, la flèche de Kamà (1) perce mon sein, et, grâce au désir tout mon corps tombe en défaillance.

Nous sommes obligés de terminer cette description par une ligne de points . . . .
. . . .
car Mônakà emploie des mots techniques, que nous ne saurions reproduire par respect pour nos lectrices.

De son côté, Viçwàmitra chante :

« O femme, je suis aveuglé ; donne moi un baiser etc., etc., car le Muni emploie des expressions aussi réalistes que la belle Mònakà, qui cependant fait encore la coquette ; elle crie, se fâche et s'emporte tandis que le Richi cherche à l'amadouer, Mônakà lui demande alors : « Quel est le plaisir des vierges ? O seigneur, si je m'unis à vous, sans craindre de détruire une

(1) Amour, Cupidon.

pénitence irréprochable et sans que cet acte soit criminel, faites-moi connaître le bien que je pourrais en tirer. »

Il répond : O paon sacré, qui me questionne ; vois, tu es une chose qui m'est accordée par le Seigneur en récompense des grandes austérités, que j'ai accomplies. Si tu consens à t'unir à moi et à m'enivrer des gouttes de miel de tes lèvres, pour chasser le mal du désir, qui cause ma grande douleur, tu gagneras la sainteté ; viens donc t'unir à moi, mais viens donc !

Mônakâ hésite encore, et Viçwâmitra lui parle en prose, lui chante en vers, tout ce que la passion la plus folle peut inspirer, tandis que Mônakâ, fait à son adorateur de la morale; mais enfin, ils s'unissent à la mode des Gandharvas ; alors le pauvre Muni s'aperçoit qu'il a été joué, et il apostrophe cette fois Mônakâ, en prose, en vile prose, pourrions-nous dire, comme le lecteur peut en juger par les lignes suivantes ; « Te voilà donc, toi qui a causé dans tout mon être un si grand tourment d'amour et qui a détruit ma pénitence ? Holà coquine...C'est bien, c'est Indra qui t'a fait venir... je le retrouverai un jour. Autrefois le Richi Gautama a maudit Indra en lui faisant venir sur tout le corps mille *yonis*;

mais ce n'est pas là une malédiction, mais je vais par mes malédictions, le réduire en cendres : c'est assez ; toi va-t-en ! »

Le directeur de la troupe, s'adressant alors au public lui dit : « à l'époque où, dans une tendre union, se sont embrassés par amour dans ce lieu-ci Mènakà et Viçwàmitra à la renommé brillante, a été conçu une fille douce comme le miel, sous l'influence bienveillante d'un astre favorable.

. . . .

Aussitôt après la naissance de leur fille, le grand Richi Viçwàmitra et la femme céleste Mènakà, conformèrent leur conduite à leur origine.

Viçwàmitra, sans faire le moindre cas de l'enfant qui venait de naître, alla continuer sa pénitence dans un autre endroit, et, Mènakà gagna le monde des dieux. »

Dans l'intérieur de la forêt Çakuntalà, seule et abandonnée, est nourrie et carossée par les petits oiseaux, jusqu'au moment où le Richi Kanva la recueille et l'emmène dans son ermitage.

La suite du récit est à peu près telle que nous la donnerons dans le chapitre suivant ; à quelques variantes près, mais nous ajouterons que l'œuvre tamoule est même bien plus réaliste que celle de Kalidasâ. Il y a par exemple l'accouchement de Çakuntala, qui nous fait absolument entendre tous les cris que la douleur arrache à la maternité ; cette scène devait produire au théâtre, devant la foule, un très grand effet ; nous ne la donnerons pas ici pour ne pas trop prolonger cette étude, mais nous engageons vivement le lecteur à lire en entier l'œuvre de M. G. Devèze.

CHAPITRE VII
LA LÉGENDE DE ÇAKUNTALA
(D'après le Mahâbhârata)

Dans le présent chapitre, nous allons donner la légende de Çakuntalâ, d'après l'antique Mahâbhârata, tandis que dans le chapitre suivant nous l'étudierons d'après le beau drame de Kalidasâ, le lecteur pourra donc comparer avec nous les deux versions.

Dans l'épisode primitif, la belle Çakuntalâ unit à la grâce chaste et aimante de la Vierge, la dignité de la femme et de la mère.

La Çakuntala du Mahàbhârata se relève fière et digne sous le dédain de l'époux, qui l'a abandonnée et qui ensuite essaie de l'écraser sous son mépris.

Au nom de la foi jurée, de l'amour et du devoir méconnus, elle flétrit la conduite infâme du parjure oublieux de ses serments ; et l'épouse fière, altière se retire sans larmoyer.

Le dernier regard qu'elle jette à celui qui n'est plus pour elle, qu'un séducteur, n'est qu'un regard fulgurant d'indignation ; elle le quitte du reste de son propre mouvement et sans attendre d'être pour ainsi dire chassée, de sa présence.

La Çakuntalà, du drame de Kalidasâ, comme nous le verrons se montre au contraire une faible femme tendre, touchante et, qui n'a d'autre défense que ses larmes ; ce qui n'empêche pas le poète Hindou de nous peindre des scènes charmantes, de beaux tableaux d'une nature magnifique et des situations d'un dramatique achevé. Aussi Gœthe a-t-il apprécié l'œuvre de Kalidasâ en de beaux vers, que nous essayons de traduire ainsi :

Veux-tu dans un seul mot renfermer les fleurs du printemps et les fruits de l'automne, ce qui ravit charme et transporte, ce qui réconforte et soutient, enfin, le ciel et la terre, tu auras tout cela réuni dans le mot : Çakuntalà. »

Ce drame en effet, est un pur chef-d'œuvre de l'esprit humain et par un contraste singulier, il reflète dans son action, non seulement une des plus brillantes civilisations, qui ait jamais existé, mais encore le poète a su allier au langage élégant des Cours, le langage passionné du cœur humain et tout cela au milieu de fraîches peintures, nous montrant une nature vierge, d'une végétation luxuriante au delà de toute expression.

Mais arrivons à l'œuvre même, à la narration du poëme.

Il débute par une partie de chasse à laquelle se livre un prince renommé par sa justice et sa vaillance. — Cet épisode est suivi de scènes de carnages, dans lesquelles, le formidable rugissement du lion répond au bruit du vacarme de la chasse royale. Nous ne décrirons pas cette chasse et nous pénétrerons à la suite du prince Duchamanta, dans une autre forêt, qui étale à nos yeux un de ces paysages, que peut seul, peindre dans son brillant coloris, un poète Hindou.

Nous voyons tout d'abord, le Pipala ou figuier des pagodes, et l'arbre des Banians ou figuier du Bengale, qui jettent au loin leurs rameaux de verdure et forment sur ces jungles immenses des voûtes de feuillages, de fleurs et de fruits, qui laissent à peine tamiser les rayons éblouissants du soleil des tropiques. — On y voit dans une éclaircie, dans une sorte de clairière, le riant ermitage d'un anachorète, de Kanva. En traversant, ce lieu charmant, le prince est délicieusement impressionné par la ravissante beauté de ce site enchanteur; il pénètre dans la modeste demeure de Kanva, cet asile de piété et de science, il s'adresse au pieux anachorète, qui est absorbé dans une profonde méditation, aussi n'obtient-il pas de réponse, seulement une jeune fille, dont il admire toute la beauté à peine cachée sous le *Valkala* (1), répond pour son père et s'efforce d'acquitter avec une aimable modestie, les devoirs de l'hospitalité, qu'elle doit à un étranger, dont elle a bien vite reconnu le rang élevé.

La jeune vierge parle fort peu, mais le prince la presse de questions, et lui demande entre autres choses, comment le séjour dans un ermitage peut ravir au monde une beauté si parfaite.

La jeune fille lui raconte sa naissance ; elle lui apprend, qu'elle est la fille de la nymphe Mênaka et de Wiçwâmitra, qu'enfin elle a été abandonnée par sa mère dans la forêt ; c'est alors que Kanva aperçut l'enfant, la prit dans ses bras et en mémoire des Çakuntas (oiseaux) la nomma Çakuntalâ, car nous devons dire que la délaissée était caressée par les ailes des oiseaux et endormie même par leurs chants.

Le brave anachorète s'occupa avec grand amour de l'éducation de sa fille adoptive, qui en grandissant dans la demeure de l'austère anachorète, répandit l'épanouissement de sa fraîche

(1) Vêtement d'écorces des pénitents.

'eunesse ; de plus, elle entoura Kanva d'une respectueuse et reconnaissante affection.

Le prince Duchamanta ne retint du récit de la jeune fille qu'un détail, c'est que comme elle était fille de Wiçwâmitra, elle était de la race des Tchattriyas ; aussi lui dit-il :

« D'après ton langage ; ô femme excellente ! Il est clair que tu es fille d'un roi ; deviens mon épouse, femme gracieuse, et dis-moi ce que je dois faire pour toi !

Aujourd'hui même, je t'apporterai un collier d'or, de riches vêtements, des boucles d'oreilles étincelantes d'or et de pierreries, les plus rares provenant des contrées lointaines; des joyaux, gracieux ornements de la poitrine, ainsi que de riches fourrures. Consens à être mon épouse et tout mon royaume t'appartiendra. Vierge timide, unis tes jours aux miens par le lien nuptial des Gandharvas ; car de toutes les manières de serrer les nœuds de l'hymen, celle des Gandharvas est réputée la meilleure. »

Et, la plus expéditive, dirons-nous.

La jeune fille supplie le prince d'attendre l'arrivée de Kanva, car elle ne veut pas contracter une union qu'il approuvera sans aucun doute avec joie, sans l'assentiment de son père adoptif, de son bienfaiteur.

Mais le roi impatient insiste : « Une âme, dit-il, s'unit par l'amitié à une autre ; une âme trouve son refuge dans une autre ; une âme se donne elle-même à une autre, telle est la règle à suivre, règle tracée par la loi divine. »

Çakuntalà, cède enfin, à une condition cependant ; c'est que le fils qui naîtra d'elle, sera l'héritier du trône. Le roi promet et les fiancés s'unissent à la mode des Gandharvas, c'est-à-dire sous les regards de Dieu.

Son hymen consommé, Duchamanta, quitte sa jeune épouse, après lui avoir promis toutefois de l'envoyer chercher solennellement. Çakuntalà restée seule est toute troublée, aussi pour la première fois, redoute-t-elle le retour de son père et ne va-t-elle pas au-devant de lui comme d'habitude pour soulager le vieillard du fardeau des fruits qu'il apporte.

Kanva arrive quand même, et sourit en voyant sa fille adoptive et lui dit comme inspiré : « O Bienheureuse l'union que tu as contractée aujourd'hui de ta propre volonté et sans me consulter, n'a rien de contraire à la loi divine.

Certes, le mariage à la mode de Gandharvas est le plus convenable pour l'ordre des guerriers

. . . .

Duchamanta, que tu as pris pour époux, est le meilleur des hommes, car il est doué de vertu et de grandeur d'âme.

Ton fils, chef d'une race redoutable par la force qu'il aura, possédera le monde auquel l'océan sert de limite.

Çakuntalà rassurée, joyeuse même, prodigue à son père des caresses qu'elle n'avait pas osé jusqu'ici lui donner.

Elle prie le vénérable anachorète de bénir l'homme auquel elle a donné sa foi, et lorsque Kanva accède à son désir et lui accorde à son choix la grâce qu'il octroiera au monarque, la jeune et noble femme demande que « la race royale soit toujours heureuse et fidèle au devoir. »

De longs jours s'écoulent pendant lesquels un fils est né à Çakuntalà, fils qui témoigne en grandissant des penchants héroïques de sa race, mais comme le roi ne revint pas, les disciples de Kanva accompagnent la mère et le fils à Hastinapura, résidence du roi Duchamanta.

Après l'avoir conduite au Palais et l'avoir introduite à l'audience publique du souverain, les disciples croient avoir tout fait pour Çakuntalà la fille de leur maître spirituel, aussi retournent-ils à l'ermitage de l'anachorète, fort satisfaits.

Cependant, l'épouse rappelle au roi ses promesses, et Duchamanta, à cette jeune femme, qui le salue du nom d'époux et de père, car elle porte son fils sur ses bras, Duchamanta répond : « mais je ne vous connais pas, je ne me souviens pas ! Qui es-tu ?

Alors, frémissante de colère, le regard en feu, déchirée par la douleur, Çakuntalâ exaltée par l'indignation s'adresse au roi en ces termes: « toi qui connais la vérité ô grand roi ! comment se fait-il que tu oses soutenir sans crainte, ainsi que le ferait un homme vulgaire, que tu ne me connais pas ! Je suis seul à connaître ce mariage, as-tu pensé peut-être ?

« Et la conscience qui n'ignore aucune mauvaise action, ne la comptes-tu pour rien? L'homme qui fait le mal, se dit :

« Personne ne le voit ; » mais Dieu le voit et le sait, et le propre juge de l'homme, son double le voit aussi !

Nous entendons alors un discours admirable, la glorification de la femme. Nous le donnons en partie, d'après la traduction de P. Nève (1) : « Les anciens chantres l'ont déclaré, l'homme qui s'unit

---

(1) *Des portraits de femmes dans la poésie épique de l'Inde.* Fragment d'études morales et littéraires sur le *Mahâbhârata*, par Félix Nève; Bruxelles, 1858.

à la femme, renaît par elle dans ses enfants; de là vient pour l'épouse, le titre de mère (djàyà). Un fils naît à l'homme fidèle aux lois de sa croyance, il sauve par la perpétuité de sa race, ses ancêtres autrefois décédés. De ce qu'il délivre l'âme de son père du séjour infernal, appelé *Pout*, un fils est appelé *Pouttra*, ainsi que l'a déclaré Swayambhou (1) lui-même. L'épouse est un objet d'honneur dans la maison ; c'est elle qui élève les enfants ; l'épouse est le souffle de vie de son époux ; elle est tout dévouement à son maître. L'épouse est la moitié de l'homme ; elle est pour lui le meilleur des amis ; l'épouse est la source du parfait bien-être ; elle est la racine de la famille et de sa perpétuité. Les hommes qui ont une épouse, accomplissent bien les cérémonies sacrées et remplissent les devoirs de chef de la famille. . . . .
C'est pourquoi les femmes offrent le meilleur des refuges dans l'existence. Son époux émigre-t-il dans un autre monde et tombe-t-il seul dans les ténèbres, une épouse constamment dévouée le suit dans cette région. Meurt-elle la première, l'épouse fidèle, reste sans cesse dans l'attente de

(1) Manou Swyambhou, le premier homme, auquel on a attribué le code promulgué par Bhrigou.

son époux, sur lequel sont fixés ses regards, si son époux la précède, la femme vertueuse le suit même dans la mort. »

On voit par cette brève citation, que dans la société brahmanique, de même que dans la société védique, on considérait le mariage, non seulement comme un lien indissoluble pour cette vie, mais qui se continuait dans l'existence de l'au-delà.

CHAPITRE VIII
LA LÉGENDE DE ÇAKUNTALA
D'après le drame de Kalidasâ (1)

De même que dans le Mahâbhârata, le drame hindou débute par une chasse royale, mais au lieu de chasser le lion, Duchamanta debout sur son char, l'arc en main, se contente de chasser l'antilope.

Le roi vient d'ordonner à son cocher de lâcher les rênes à ses coursiers ; qui dès lors fuient à toute vitesse vers une pauvre gazelle toute pantelante de frayeur. Le roi enivré par sa folle course va bientôt atteindre la charmante bête de sa flèche, quand il entend une voix suppliante qui lui dit : « O roi ! cette tendre gazelle appartient à notre ermitage ne la tuez point, ne la tuez point. »

Alors, apparaissent devant le roi deux anachorètes, à leur aspect, il abaisse son arc, arrête les chevaux et leur parle ; les brahmanes reconnaissants, le remercient et lui montrent l'ermitage

---

(1) On attribue à cet auteur trois drames, deux seulement paraissent authentiques : *Ouvarci*, donnée pour prix de l'héroïsme ; et la reconnaissance de Çakuntalà, drame Sanskrit et Prâkrit.

de leur maître Kanva situé au loin sur les bords fleuris du Mâlini. Le grand *Muni* n'est pas à son ermitage, mais sa fille est chargée en son absence d'y recevoir les étrangers qui se présentent.

Il arrive bientôt aux bocages sacrés, arrête son char, se dépouille de ses ornements royaux, qu'il ne voudrait point montrer dans un lieu de pénitence, et les laisse, ainsi que son char à son fidèle cocher.

Un peu avant de pénétrer dans la sainte demeure, un mouvement convulsif qu'il éprouve lui fait comprendre qu'il va s'accomplir pour lui, dans ce lieu, un acte qui aura une grande influence sur sa destinée.

Aussi l'émotion le saisit tout à coup, quand il entend des voix argentines qui s'échappent du bosquet voisin, il s'avance vers l'endroit, d'où s'élèvent ces fraîches voix. Il aperçoit trois jeunes filles, qui arrosent de beaux arbustes fleuris.

Cette vue éveille en lui des réflexions et le roi se dit, nous chercherions en vain dans nos gynécées des grâces comparables à celles que cache cet humble ermitage et pour quoi ne remplacerions-nous pas les plantes orgueilleuses de nos vastes parcs, par ces modestes lianes de la forêt, qui les surpassent par leur brillant coloris et par leurs suaves et odorants parfums.

Le roi se cache alors derrière un épais buisson, et contemple à loisir les belles filles qui jardinent.

L'une d'elles, dit à une de ses compagnes : « chère Çakuntalà, on croirait en vérité que ces jeunes arbustes, ornements de l'ermitage de notre père Kanva, te sont plus chers que ta propre vie, à voir la fatigue, que tu prends à remplir d'eau, les bassins creusés à leurs pieds : toi dont la délicatesse égale celle de la Malicà (1) nouvellement épanouie » (2).

Et l'interpellée répond : « Que veux-tu, ce n'est pas seulement pour faire plaisir à notre bon père que je prends tous ces soins : je t'assure que je ressens pour ces jeunes plantes toute l'amitié d'une sœur. »

Et la troisième jeune fille répliquant à Çakuntalà lui dit : « mais mon amie, les plantes que nous venons d'arroser sont sur le point de fleurir; arrosons donc aussi, celles qui ont déjà donné leurs fleurs, nos soins n'en seront que plus généreux et tout à fait exempts d'intérêts. »

(1) C'est pensons-nous le *Jasminum Sambac*.
(2) Tout ce qui suivra entre guillemets est tiré de la traduction de M. de Chézy, Paris, 1830.

Très bien dit ; riposte Çakuntalà.

Et, Duchamanta admirant la suave beauté et les gracieux mouvements de la jeune fille, se disait ; Est-ce bien une fille de Kanva, que cette merveilleuse beauté ?

Craignant alors que le buisson ne le dérobât d'une manière insuffisante aux regards des jeunes anachorètes, il cherche un abri plus sûr, il se cache derrière une épaisse frondaison de feuillages.

Çakuntalà court à un grand arbre, à un manguier, qu'elle enlace de ses bras, et l'une de ses compagnes Priyamvada s'écrie : « Çakuntalà reste ainsi quelques instants ; parce qu'en te voyant réunie à lui, comme s'il était uni à une belle liane, il en acquiert encore un plus bel éclat.

La jeune fille se prête quelques instants au caprice exprimé par son amie, puis quittant son arbre, elle continue avec ses compagnes son joyeux babil, quand tout à coup, la jeune fille, qui avait parlé la première; Anusuyà dit à Çakuntalà, sur un ton de doux reproche : « Chère Çakuntalà, vois tu oubliais cette charmante Màdhavi *(Gærtenera racemosa)* quoi qu'elle ait cru en même temps que toi, par les soins que notre père Kanva se plaît à vous donner à l'une et à l'autre. »

« Jamais s'écrie Çakuntalâ, je m'oublierai plutôt moi-même ! »

Et, rapide comme l'éclair, elle vole à l'arbuste et s'écrie en le voyant : « Miracle ! Miracle ! Priyamvadâ que tu vas être heureuse.

— Comment cela, douce amie ?

— Vois cette Madhâvi est couverte de fleurs, bien que ce ne soit pas la saison de sa floraison.

Et aussitôt les deux amies de Çakuntalâ félicitent leur compagne, car cette floraison hâtive n'annonçait rien moins, que le prochain mariage de Çakuntalâ.

Çakuntalâ reçoit d'un air assez dédaigneux les félicitations de ses compagnes, quand Anusuyà lui dit d'un petit air malin : « Oh ! voilà qui m'explique le zèle que mettait notre amie à arroser son cher arbuste. »

Et la charmante fille de Kanva lui répond : « méchante cet arbuste est pour moi comme un frère, ne cherche pas d'autres motifs aux soins que je lui donne.

Pendant ce temps, Duchamanta réfléchit et se dit : que toute union devient impossible entre un tchattriya et une fille des Brahmanes ; et il souffre déjà de voir ainsi s'anéantir un rêve qu'il avait quelque peu caressé !

Cependant, pourquoi se sent-il si fortement attiré vers la jeune fille ; si elle ne doit être pour lui qu'une étrangère ! Il ne peut croire qu'il en soit ainsi.

Tout à coup, il voit la jeune fille courir en agitant ses beaux bras, autour de sa tête ; c'est une abeille impertinente, qui a quitté le calice des fleurs pour se poser sur le front de notre jeune fille.

Tandis qu'elle supplie ses amies de la débarrasser de cet insecte importun, celles-ci se réjouissent fort de la lutte engagée entre l'abeille et Çakuntalà et lui disent : « mais appelle donc Duchamanta à ton secours ; n'est-ce pas au roi à protéger les habitants de notre ermitage ? »

Le roi ainsi interpellé, va faire un coup de théâtre et se montrer, il dit même... Ne crains rien,.. puis il se ravise, résolu à ne se présenter que sous les dehors d'un simple voyageur qui demande de l'hospitalité.

Il dit donc à Çakuntalà : Comment donc ? Quel est l'insolent qui ose poursuivre, sous le règne d'un descendant de Puru, de Duchamanta et insulter les filles innocentes de pieux ermites ?

Surprise par l'arrivée soudaine de cet étranger: « Seigneur personne ici n'est coupable ; notre amie se défend uniquement contre les poursuites d'une abeille ! »

Alors, Duchamanta s'approchant avec le plus grand respect de la fille de Kanva lui dit : « Jeune fille puisse votre vertu prospérer ! »

Mais Anusuyâ et Priyamvada prient Çakuntalâ d'aller chercher à l'ermitage des fruits, pour offrir à leur hôte, du temps qu'elles lui donneront de l'eau pour rafraîchir ses pieds fatigués.

« Point n'est besoin d'offrande dit Duchamanta, la plus agréable de toutes, pour moi est le charme de votre parole. »

Les jeunes filles n'insistent plus, et ses trois hôtesses s'asseoient auprès de lui, sur des siéges de verdure ; mais tandis que ses aimables compagnes conversent avec l'hôte, Çakuntalâ triste et mélancolique se sent profondément troublée.

Duchamanta contemplant les trois jeunes vierges, leur dit, non sans une certaine émotion : « Charmantes filles, combien cette douce intimité qui règne entre vous, s'accorde admirablement avec votre jeunesse et vos grâces. »

« Quel peut donc être cet étranger, dit à l'oreille d'Anusuyâ, Priyamdava, qui tant par ses traits profondément empreints d'une calme majesté que par ses discours où règne la politesse la plus exquise, se montre digne d'occuper le premier rang. »

Alors Anusuyâ dit à l'étranger : « Seigneur ! La douce familiarité qui règne dans votre conversation m'enhardit à vous faire quelques questions : pourrions-nous savoir de quelle noble famille vous faites l'ornement ; quelle contrée est actuellement dans le deuil, à cause de votre absence, et quel motif a pu vous déterminer à entreprendre un pénible voyage, pour visiter cette forêt consacrée aux plus rudes austérités? »

Duchamanta pour cacher son rang répondit aux jeunes filles qu'il était étudiant en théologie et qu'il avait reçu la mission d'étudier les bois consacrés.

Ici, se placent divers scènes pendant lesquelles les amis de Çakuntalâ, la plaisantent de diverses manières, quand tout à coup arrive la suite royale; grand brouhaha, excuse du roi qui entre dans l'ermitage en hôte, en sort comme époux; mais avant de partir il a soin de laisser à la jeune femme qu'il a épousée à la manière des Gandharvas, un anneau sur la pierre duquel était gravé son nom et qui servira plus tard à la reconnaissance de l'épouse, que l'époux volage avait oublié, car le drame de Kalidasâ se termine par les mêmes péripéties que nous avons déjà fait connaître au lecteur, d'après le Mahâbhârata. — Nous aurions bien désiré donner ces charmantes scènes finales, mais nous aurions par trop prolongé notre récit ; puis de pareils poëmes analysés brièvement ne sauraient être appréciés à leur juste valeur; aussi conseillons-nous aux personnes qui s'intéressent aux belles œuvres de la poésie hindoue, de lire la magnifique traduction que M. de Chézy a donnée de Çakuntalà (1).

Nous ne saurions terminer cette courte étude sur la littérature hindoue, sans parler du *Zend-Avesta* et des *lois de Manu*, ces œuvres forment pour ainsi dire le corollaire indispensable de notre étude.

(1) La légende de Çakuntalà a fourni à M. Ernest Reyer, l'auteur de Sigurd, de la Statue et de Salammbô, le motif d'un superbe Ballet.

CHAPITRE IX
LE ZEND-AVESTA

Sous le terme de *Zend-Avesta*, on désigne la collection des écritures sacrées des Parses (*Parsis* ou *Guèbres*).

Une partie de ces écritures, le *Vendidad* fut apportée en Europe, vers 1723 et déposée à la *Bibliothèque d'Oxford*, où du reste personne ne put le consulter, par l'excellente raison qu'aucun savant ne connaissait ce genre d'écriture.

La figure des lettres de l'alphabet Zend décèle comme forme scripturale une origine sémitique, bien que son système orthographique, soit tout à fait différent de celui de l'Hébreu ou même de l'Arabe, puisque le Zend possède une écriture rigoureusement alphabétique.

L'alphabet Zend se compose de quarante trois lettres, dont treize voyelles et trente consonnes.

Divers linguistes ont prétendu que le Zend avait de très grandes analogies avec le Sanskrit; il y a là quelque exagération.

Le Zend il est vrai possède comme le Sanskrit,

et le grec un *a* et un *e* privatifs, mais il n'admet pas la distinction des genres grammaticaux, pas plus que l'article défini, mais il possède les trois *?. neutre* nombres. Néanmoins, il faut reconnaître que le Zend a de curieuses analogies avec le dialecte du Sanskrit employé dans les Védas.

A qui devons-nous la connaissance du Zend ?

Nous la devons au savant linguiste Français, Anquetil-Duperron, qui entreprit le voyage de l'Inde dans l'unique but d'étudier cette langue et d'essayer de donner une traduction du *Vendidad*.

Le savant voyageur, eut la bonne fortune de traduire en Français, sous les yeux même des *Destours Parsis*, le Zend-Avesta et de rapporter en France d'autres livres de même langue.

La première traduction du Zend-Avesta parut seulement en 1771, ce n'est que grâce à elle que nous avons pu prendre connaissance du fameux livre attribué à Zoroastre, qui au dire de Pline est de mille ans antérieur à Moïse, tandis que Xanthos de Lydie a prétendu au contraire qu'entre sa mort et l'avènement de Darius, il s'est écoulé un espace de six cents ans, ce qui ne saurait s'expliquer que par l'existence de plusieurs Zoroastres.

Nous pensons que ce nom n'est qu'un nom générique désignant plusieurs législateurs.

Quoi qu'il en soit, l'ouvrage complet, l'Avesta se compose du Vendida-sadé et du Boudehech. Le Vendidad lui même écrit en Zend se subdivise en Vendidad (1) proprement dit, en Yaçna (sacrifices) et en Vispéred, (sacrifications) ; ajoutons que ces livres ont certainement vu le jour à des intervalles assez éloignées, les unes des autres.

Le Boudehech ouvrage de cosmogonie théologique est beaucoup plus récent que les autres, il est écrit en Pêlhvi, il a du être composé sous les Sassanides, restaurateurs du Parsisme, au troisième siècle de l'ère vulgaire ; mais d'après une tradition, il aurait été primitivement écrit en Zend ; l'édition Pêlhvi, ne serait donc qu'une traduction de l'original perdu.

L'Avesta forme, nous l'avons dit, la collection des livres sacrés des Parses ou Parsis, mais pour que cette collection soit complète, il faut y ajouter les Iechts et les Irouzé. Ces écritures sacrées nous donnent les dogmes et le culte dénommé *Mazdéisme* ou *Magisme*, or, il ne faut pas faire dériver ce dernier terme du mot sanskrit *(maya)* qui signifie illusion, mais de Mazda, nom Zend d'Ormuzd (*Ahura-Mazda*, qui signifie, *Intelligence suprême*).

1) Lois données contre les mauvais esprits.

Ormuzd est le premier être sorti de cette intelligence suprême, de ce principe éternel, il n'est donc pas comme trop de personnes sont disposées à le croire, l'être absolu ; il n'est pas non plus le soleil, et par suite le feu; comme on l'a cru aussi; Ormuzd est le premier des Amschaspands (Saints-Immortels), le Seigneur de toute science, le principe actif de tout bien, l'origine même de la vie. On l'a pris pour le soleil, parce que cet astre est effectivement son emblême, puisque de lui émane la lumière vivifiante, qui anime, fait vivre et prospérer tous les êtres; c'est pourquoi on nomme Ormuzd, *Seigneur de la lumière.* Il est né avant le ciel, avant la terre, avant l'eau, avant le feu, avant les animaux, avant l'homme, avant les esprits bons ou mauvais, (esprits purs et esprits impurs).

Ormuzd est le principe de tout bien (bien moral, bien physique) ; non seulement il est comme nous venons de le voir, le créateur de la lumière et par suite de la vie, mais il est le centre, d'où rayonne toute science, toute bonté, toute sagesse; il est la loi, la pureté, la vie éternelle.

Bordj ou *Albordj* est le nom persan de la montagne sainte ; œuvre et séjour d'Ormuzd, chef des Amschaspands ; c'est autour de cette montagne que gravitent les astres ; son nom Zend est *Bérézat*, elle fait partie de la chaîne de montagnes nommée *El-bourz*, à laquelle se rattache le Mérou et l'Himalaya, sur les hauts et purs sommets desquels, Mithra, Ized du soleil, offre chaque jour, l'éternel sacrifice. C'est de là, que sort la source sainte dénommée *Ardviçur*, origine des fleuves purificateurs. C'est sur ses sommets exempts des intempéries qui règnent dans notre monde, que le jour de la grande résurrection se réuniront sous la conduite des *Izeds*, tous les justes ; les méchants s'y rendront également, parce qu'ils auront été purifiés par la douleur et par le feu. Les Darvands et les Dévas y seront aussi avec Ahriman lui-même, qui devenu bon et juste offrira le sacrifice ; tous les êtres entoureront le trône d'or d'Ormuzd ayant à sa droite et à sa gauche les *Amschaspands* mêlés aux *Darvands* et du jour de cette résurrection, le monde entièrement purifié commencera une existence toute nouvelle, un véritable âge d'or, le Critâ-Yug des Hindous.

A Ormuzd principe du bien, on a opposé Ahriman principe du mal, établissant ainsi une dualité entre ces deux génies, c'est là une vieille erreur qu'il s'agit de dissiper.

Ahriman est bien né presque en même temps qu'Ormuzd, c'est bien son ennemi implacable; mais ce n'est pas son égal ; il n'y a donc pas dualité entre eux, puisque la lutte de ces deux principes n'est ni égale, ni éternelle. — Ainsi quand Ormuzd créa le Paradis, Ahriman fit l'hiver ; quand Ormuzd créa la Sogdiane et son fleuve purificateur le Çudga, Ahriman y fit naître les émanations pestilentielles, les insectes malfaisants, les animaux impurs et les plantes vénéneuses.

C'est afin que l'homme ne s'endorme pas dans une sécurité parfaite, que l'*Intelligence suprême* a créée chez les Iraniens, ces deux principes, cet antagonisme du bien et du mal ; mais ce qui prouve la supériorité d'Ormuzd, c'est qu'il a pu donner aux hommes, pour soutenir la lutte contre le mal, *les livres de la loi*, et lui a enseigné le sacrifice (*Yaçna* en Zend).

Pour le seconder dans sa tâche, Ormuzd a créé six autres *Amschaspands*, et leur a partagé entre eux, la terre et le temps ; c'est avec l'aide de ceux-ci, que les êtres obtiennent tous les biens de la terre ; ce sont les Amschaspands qui dirigent les grandes révolutions périodiques de la terre, du ciel, du mouvement des astres ;

ils distribuent enfin, la lumière et la chaleur dans l'espace, dans les années, les mois, les jours, les heures ; aussi chez les Parsis, les sept premiers jours du mois sont consacrés aux *Amschaspands*.

Mais de même qu'Ormuzd a ses collaborateurs, de même Ahriman a également les siens, ils se nomment les *Darvands* ; et chaque fois que les bons génies font une bonne œuvre, les mauvais génies ripostent en accomplissant une œuvre mauvaise. Les désordres de la nature, dont les purs esprits et les hommes sont les victimes : hiver, nuit, guerres impies, crimes et maux de toute sorte, tout cela est suscité par les Darvands inspirés par Ahriman, qui est lui-même un Darvand.

Et, de même qu'Ormuzd préside à toute une hiérarchie de purs esprits, Ahriman préside à son tour, à une hiérarchie de mauvais esprits.

Les ministres des bons esprits sont les *Izeds*, qui ont eux-mêmes sous leurs ordres, les *Férouers*, sorte d'anges, gardiens des êtres bons et intelligents. Mais en opposition des ces génies du bien, Ahriman a pour le seconder dans son œuvre malfaisante, la troupe des *Dews* ou *Dévas*. Tel est l'ensemble de la cosmogonie Iranienne, contenue dans le Zend-Avesta.

Le nom d'Ahriman (*Aghai-Mainyas*) signifie littéralement *esprit malin*, et n'a par conséquent aucune analogie avec le nom védique d'*Aryaman*.

On y trouve aussi exposé le culte rendu aux esprits de l'espace, culte qui consiste avant tout dans le sacrifice (*Yaçna*) enseigné et pratiqué par Ormuzd même, dans l'antique Djem-Schid (Yama), sacrifice qui consiste dans une offrande à la divinité et consommée par le prêtre et les assistants, et cela accompagné de prières liturgiques. Ce sacrifice n'a pas lieu dans un temple, mais les jours et les heures en sont fixés d'avance.

Les prêtres ont naturellement l'entretien du feu sacré, destiné à préparer le corps de l'offrande, ils entretiennent aussi les ustensiles du sacrifice et les vêtements sacerdotaux. C'est Ormuzd qui a créé le corps de l'offrande, qui représente une double source de vie : suc des plantes, chair des animaux.

C'est comme on voit, le culte védique dans toute son essence ; l'antique *Açwamêda*, sacrifice védique du cheval, nous montre l'origine de la chair chez les Iraniens, l'offrande du hôm (*hôma* en Zend), proscrit par l'Avesta est certainement l'offrande védique du *Soma*, ce suc de l'*Asclepias acida* ; du reste le nom, la préparation, le vase de l'élévation, les ustensiles du sacrifice et jusqu'aux vertus mystiques de cette liqueur, tout cela est identique dans les deux religions.

Disons enfin, en manière de conclusion, que dans l'Avesta, il y a bien deux parties fort distinctes;l'une purement religieuse,l'autre philosophique,qui est un code de morale et de socialisme ou du moins de sociologie, si le premier terme pouvait choquer le lecteur.

CHAPITRE X
L'OUPNEKHAT. — LES LOIS DE MANU

Malgré de grands contrastes, on reconnaît certainement une parenté entre la Cosmogonie et la Théogonie de l'Avesta et la cosmogonie et la théogonie de l'Oupnekhat, résumé des Brahmanas et les Upanishads. Ces derniers livres d'époques fort différentes, sont des compléments des Védas et rentrent en partie dans les Brahmanas même, mais plusieurs de ceux-ci ont une valeur indépendante et sont alors, l'écho de spéculations philosophiques, relevant de telle ou telle autre école brahmanique.

L'Oupnekhat a été traduit en français par M. de Lajunais, sur une traduction latine d'Anquetil Duperron, le traducteur de l'Avesta. L'ouvrage comporte quatre parties distinctes, qui traitent respectivement de Dieu, de sa nature et de ses attributs, de l'origine du monde, de l'existence d'un monde éthéré ou spirituel, supérieur au monde terrestre, enfin, de l'influence des astres sur la terre et sur les corps terrestres.

Dieu y est représenté comme une figure de feu ayant créé des génies gardiens du ciel, qui par la suite se divisèrent en bons et mauvais génies, et firent les anges (*Dévas*) et les démons *(Asuras)*, qui relégués dans les mondes intérieurs, sous forme d'hommes ou d'animaux (élémentaires et élémentals) y subissent une expiation de leur révolte envers le *Un*, l'Athma, ou Brahmâ, le verbe, la parole par excellence, duquel tout émane.

LOIS DE MANU

Qu'est-ce que Manu ? C'est le nom d'un être supérieur, dont il est question dans les *Védas*, où il passe pour le père commun des hommes ; dans toute la littérature hindoue ancienne, il est fait mention de Manu, qui pour nous étant un personnage symbolique, ne peut être l'auteur du code, qui porte son nom.

Les *Lois de Manu* ont été rédigées d'après la tradition, par les Brahmanes, puis par un saint personnage (rishi) nommé *Brighou*, personnage encore si élevé, si supérieur, si idéal, qu'il est certainement surhumain, et le rôle qu'il remplit, le place dans la mythologie symbolique des Aryas de l'Inde.

Aussi, pouvons-nous dire avec quelque raison que Brighou n'a pas plus existé que Manu. Quant à l'époque où son code a été rédigé ou fixé par l'écriture, il n'est guère possible de le dire : tout ce qu'on sait, c'est que sa primitive rédaction est fort ancienne, puisque le code cite les coutumes de l'Ariavarta, la terre sacrée des Aryas dans l'Inde, les Puranas et les six systèmes de philosophies orthodoxes.

Une des preuves de la haute antiquité des lois de Manu, d'une partie du moins, c'est qu'elles permettent l'usage du vin dans certaines cérémonies, ainsi que l'usage de la viande (1).

Le texte que nous possédons est beaucoup moins ancien, il a été composé par les Brahmanes, nous l'avons déjà dit, qui ayant beaucoup de science, une grande autorité et influence ont pu facilement faire attribuer la rédaction de ce code à Manu et à Brighou.

Ce code comprend douze livres, que nous allons analyser. Une édition publiée à Paris en 1830, comprend 5.370 vers, dans lesquels se trouvent exposés, comme un enseignement révélé, les préceptes de la loi.

Si nous nous en rapportons à une tradition

(1) III, 121 et 183 ; IV, 131.

hindoue, le code primitif (Mânava — Dharma-Çastra) écrit par Manu lui-même, ne comportait pas moins de 20.000 vers ; il fut réduit à 12.000 vers, par un sage du nom de Nârada, enfin, un fils de Brighou, Summaty ramena sa rédaction à 4,000 ; or, comme la version que nous possédons n'en contient, que 2.000, ce n'est donc pas celle de Summaty, que nous avons, mais une édition encore moins ancienne.

Mais, les Brahmanes pour donner plus d'autorité au code l'attribuèrent à Manu, le père du genre humain, ce Manu est certainement Minos, Monès ou Manès, le législateur Egyptien. Du reste, il y a eu un grand nombre de Manus, puisque non seulement, on donne dans les Puranas des périodes dites des *Manus*, mais encore le code lui-même mentionne sept Manus, *descendants du premier issu de l'être existant par lui-même* (1).

Passons à l'analyse de cette œuvre.

Le premier livre est une véritable genèse hindoue, puisqu'il expose la formation du monde, simple production des formes, sans création substantielle, car celle-ci est puisée dans l'aither;

---

(1) I, 6 et 62. — Cf. E. LAMAIRESSE, l'Inde avant le Bouddha, 1 volume in-8°, Paris 1892. — G. Carée éditeur. — Nous engageons vivement le lecteur désireux de connaître l'Inde antique de lire ce volume plein d'érudition.

c'est ensuite l'origine des *Védas*, celle de quatre sectes fondamentales de la société brahmanique: Brahmanes, Tchattriya, Vaiçya et Çoudra ; nous assistons ensuite à la naissance des Manus, puis à celle des Dieux, des astres, des animaux, des plantes et des hommes ; nous voyons enfin, les productions et les destructions successives des Univers, la division du temps, le jour et la nuit de Brahmâ, la théorie des âges, l'origine et les fondements de la Loi.

D'après cette cosmogonie, le monde était plongé dans l'obscurité, dans le *chaos* ; c'est-à-dire dissous dans *Prakriti* (la nature naturante) d'où sortit l'œuf du monde, où renaquit l'être suprême, sous la forme de Brahmâ. Après une année divine d'inaction, c'est-à-dire un temps incalculable, pour un cerveau humain, l'énergie ou volonté de Brahmâ fit que l'œuf se divisa de lui-même et forma par ses divisions le ciel, la terre, l'atmosphère, l'espace rempli d'aither qui les sépare, les huit régions, enfin, l'abîme éternel des eaux.

Le second livre, qui insiste encore sur les fondements de la Loi, fixe le privilège des brahmanes et la limite de la contrée brahmanique. Tout jeune brahmane né dans le Brahmavarta reçoit un nom, une sorte de consécration, de baptême; ce livre décrit toutes les cérémonies par lesquelles le jeune brahmane doit passer pour obtenir ses grades, pour arriver au rang de novice, obtenir la ceinture, le cordon et le *Pedum* ou bâton pastoral ; le même livre expose aussi l'obligation de l'ablution, de la purification spirituelle, ainsi que les égards et devoirs du novice envers ses supérieurs, son maître spirituel, et ses parents.

Le troisième livre mentionne la durée du noviciat, après lequel le jeune brahmane doit se marier, il indique le choix de la femme, les divers modes de mariages, le respect dû aux femmes, les cérémonies qui incombent au chef de famille ; devoir d'hospitalité, souvenir des morts et repas funèbres, la composition de l'assemblée du festin, enfin, la prière des morts.

Les quatrième et cinquième livres traitent des règles concernant l'alimentation, à laquelle le législateur attache une grande importance.

Le sixième livre trace les devoirs de l'anachorète *(vânaprastha)*; quand le chef de famille approche de sa fin, quand un petit-fils lui est né ; il doit se retirer du monde se rendre dans le désert pour y devenir anachorète et se livrer à la méditation et à l'austérité.

Le septième livre traite de l'organisation de la société civile, politique et militaire, les questions du droit des gens, de la guerre et de la victoire

Le huitième livre et le neuvième s'occupent des lois criminelles et civiles, de la composition des tribunaux, de la procédure, des témoins, du serment, des contrats, des dettes, de l'intérêt, des amendes, cautions, lois pénales pour les crimes et délits, du mariage, des enfants, des successions, enfin, de la subordination des castes envers celles des Brahmanes.

Le dixième livre correspond à une des vives préoccupations de l'Inde, qui, souvent frappée par la disette, avait besoin de sages lois et règlements administratifs, pour prévenir les désordres, pour remédier à ce fléau, le même livre édicte des mesures qui suspendent parfois l'exercice de la loi, afin d'éviter tout désordre.

Enfin, les deux derniers livres *onzième* et *douzième* sont pour ainsi dire le couronnement des lois de Manu, le *finis coronat opus* ; ils ne s'occupent en effet, que des questions morales et religieuses, qui ont une importance capitale et qui sont traitées avec une hauteur de vue tout à fait remarquable ; on y voit par exemple que le crime et le délit ne portent pas seulement atteinte à la société, mais qu'ils souillent surtout l'âme, que la punition du coupable n'est rien, que la société ne gagne absolument rien à cette expiation, si elle n'est pas suivie du repentir le plus sincère ; ce n'est qu'alors que le coupable réellement amnistié, peut parvenir au *Nirvâna*, qui est l'objet, on pourrait dire unique, de toute la législation brahmanique.

Tel est l'ensemble du livre célèbre que nous venons d'analyser très brièvement, mais dont nous citerons des passages dans la troisième partie, quand nous étudierons l'ésotérisme antique de l'Inde.

Nous terminerons donc ce chapitre, en donnant un aperçu des commentaires de Summaty Rittwidji sur Manu ; il nous dit que :

« A l'époque du *crita yug* (âge d'or), les hommes vivaient paisiblement entre eux, la terre produisait au-delà de leurs besoins et leur vie était exempte de querelles et de soucis ; elle s'écoulait donc, dans la contemplation du divin être suprême de Para-Purusha et dans l'attente de la vie future.

« L'âme humaine, émanation de l'Ame Suprême, était comme en exil sur cette terre et aspirait ardemment à la grande félicité, c'est-à-dire à son absorption dans le sein de Brahma.

« C'est alors, que furent composés les livres immortels sacrés *(Les Védas)* et le livre de Manu-Swayambhuva. Or, ces livres inspirés tous par la divinité furent considérés et devinrent la règle de la conduite des hommes.

« Plus tard, quand le travail devint fort pénible, la terre moins fertile, les agglomérations des hommes plus denses, les besoins plus grands, enfin quand les fils de Nayarana (un des noms de Dieu) ne se contentant plus de l'autorité du père de famille et des *Anciens*, se furent donnés des chefs, qui les conduisirent à la guerre, peu à peu les instincts mauvais se développèrent au point de contrebalancer le bien par le mal.

« Et, pendant ces deux époques du tétra-yug (âge d'argent) et du dwapara-yug (âge d'airain) qui suivirent, il est arrivé souvent que les Brahmes corrompus ont dans l'intérêt de la classe sacerdotale et des rajahs, intercalés dans le texte des livres saints, des passages des plus blâmables destinés à satisfaire l'amour des richesses et leur passion de domination sur leurs contemporains.

« Il est certain que nulle part la Sainte Écriture n'a dû établir une division de castes, c'était de toute injustice, aussi tous les prêtres disent qu'elle doit cesser lors de la prochaine incarnation de Krishna, qui reviendra sur la terre combattre le cheval-vampire.

« L'âge patriarcal fut l'époque des pures doctrines. Depuis un voile de sang et d'ombre s'est répandu sur la terre. »

DEUXIÈME PARTIE
*Mythes, Symboles
et Religions de l'Inde Antique* (1)

CHAPITRE XI
*TRIMOURTI: BRAHMA, VISHNU, ÇIVA,
LES TRINITÉS.*

La Trimourti hindoue, qui comprend Brahmá, Vishnu, Çiva, a une grande importance parce que les personnages qui la composent sont en relation directe avec un grand nombre d'autres personnages mythiques.

La Trinité hindoue a été certainement la génératrice des triades Egyptiennes ; Osiris, Isis Horus ; Ammon, Maut et Khons ; Ptah, Sekhet

(1) Nous avons donné un certain nombre de ces mythes dans les n°° 9, 10, et 11 de la REVUE THÉOSOPHIQUE, dirigée par la Comtesse Gaston d'Adhémar (année 1889).

et Nowré-Toum, etc., ainsi que d'autres triades ou trinités d'une grand nombre de religions.

Nous venons de dire que le mythe trinitaire a une grande importance, aussi nous devons commencer par l'étudier en premier lieu, de même que Bouddha dans la seconde partie de notre ouvrage.

En ce qui concerne les autres mythes ou symboles, nous les classerons par ordre alphabétique, afin que le lecteur puisse embrasser plus facilement le symbolisme hindou.

BRAHMA

La première personne de la Trinité Hindoue ou Trinité Brahmanique est moderne ; on ne trouve en effet ce nom de Brahmâ, ni dans les Brahmanas, ni dans les Védas.

Dans ces livres sacrés, le créateur se nomme Hiaranyagarbha *(Utérus d'or)* et Prajapati, noms appliqués plus tard à Brahmâ même, considéré comme l'âme Universelle, de qui tout émane et en qui tout doit se résorber un jour.

On confond quelquefois ou on assimile Brahmâ et Vishnu, parce que le premier est considéré comme une émanation du second.

L'épouse de Brahmâ est sa sœur Sarawasti,

nommée par divers auteurs Saraçouati, et qui est considérée comme *Déesse de la Science*.

Première émanation de Brahm, issu de sa parole divine, Brahmâ passe dans toutes les grandes traditions hindoues, comme le dieu créateur. Issu de Brahm par des transformations diverses; il resta pendant plusieurs milliers d'années, absorbé dans la contemplation des eaux couvertes par d'éternelles ténèbres ; il était assis sur le lotus qui l'avait vu naître et duquel il était sorti. Délivré, enfin, de sa longue léthargie, par une voix mystérieuse, voix qu'il entendit dans son être même, il implora Bhagavan (Vishnu et Çiva), qui lui apparut et lui fit voir tous les mondes en germe dans son être même ; Brahmâ ayant reçu de Bhagavan la faculté de tirer le monde de l'abîme de *l'Océan chaotique*, commença sa grande œuvre de créateur ; il fit d'abord les sept *Souargas*, cercles ou sphères qui se trouvent au-dessus de la terre et qui sont ainsi disposés ; le premier cercle, le plus rapproché de nous, sert de résidence à *Suria* ; au-dessus se trouve le cercle de *Tchandra*, qui parcourt les cieux dans un char traîné par deux antilopes; la troisième sphère ou Souarga est conduite par *Mangala*, général de l'armée céleste et commandant la foule des Dévatas ; la quatrième Souarga est gouvernée par *Boudha*, fils de Tchandra (qu'il ne faut pas confondre avec Bouddha-Çakya-Muni) ; la cinquième Souarga sert de résidence aux Munis et aux Richis, sous le gouvernement de *Vrischaspathi* ; la sixième est commandée par *Soukra* ; enfin la septième par *Sani* ; c'est la Souarga la plus élevée dite *Satioloka* (demeure de vérité).

Après avoir créé les Souargas, éclairées par les Dévatas ou génies lumineux, Brahmâ créa Mritolokâ ou la terre avec ses deux luminaires, puis les sept *Patalas* ou régions inférieures opposées aux Souargas ; les Patalas étaient éclairées par huit escarboucles placées sur la tête de huit Nangas ou Serpents.

Ceci fait, Brahmâ procéda à la création des êtres qui devaient peupler l'immensité, notamment une multitude d'esprits célestes, parmi lesquels nous mentionnerons les *Apsarasas*, les *Grandharvas*, les *Menus*, les *Munis*, les *Richis*, les *Vassous* et d'autres encore.

De son hymen avec sa sœur Saravasti, Brahmâ eut un grand nombre d'enfants, qui à leur tour donnèrent naissance aux Dévatas (génies bienfaisants) et aux Daïtias (mauvais génies). Enfin,

Brahmà n'avait plus qu'à peupler la terre ; dans ce but, il tira lui-même Menou Sowambhouva qu'il maria avec Sataroupa, la première femme créée par Brahmà.

Pour le peuplement de la terre, une autre tradition nous apprend que ce furent les quatre fils de Brahmà : Brahman, Kchatria, Vaïcia, Soudra, qui se chargèrent de cet office et devinrent les chefs des quatre castes principales.

Le *Manava-Dharma-Sastra* apporte divers changements à cette tradition.

Ainsi Brahm, le Dieu suprême se montre sous la forme d'eaux primordiales, sur lesquelles flotte l'œuf d'or, d'où sort Brahmà, ce qui lui fit donner nous l'avons déjà vu le nom de *Hira-nyo-Garbha* (l'Utérus d'or) et celui de *Nârâyana* (le flottant sur les eaux) ; alors, le nouveau Dieu créa le monde physique en faisant fructifier les semences de toutes choses contenues dans l'œuf symbolique ; il forma tous les êtres organisés en vivifiant *Mâhâtma* (la grande âme) par *Mânâ*, l'intelligence infinie, et par *Ahânkârâ*, l'intelligence déterminée.

Ces trois grandes émanations de Brahmà (*Mânâ*, *Mâhâtmâ* et *Ahânkârâ*) se combinant avec les cinq éléments (eau, terre, feu, chaleur, lumière), donnèrent naissance à la création toute entière, depuis les Dieux jusqu'à l'homme, qui parut le dernier, et naquit *Androgyne*.

Il y a encore d'autres traditions sur le Mythe de Brahmâ, mais nous sommes bien obligés de les passer sous silence, pour ne pas surcharger inutilement notre étude, que nous terminerons en citant l'opinion de Creuzer et en fournissant quelques descriptions figurées de Brahmâ.

D'après Creuzer (1) Brahmâ, « c'est Brahm déterminé, c'est l'énergie créatrice de Brahm, c'est l'être descendant dans la forme, la substance se révélant dans le phénomène, l'esprit venant animer la matière, le mois universel, le roi de la nature, la loi du Très-Haut gouvernant le Monde, qu'elle a fait d'après les lois invariables, qu'elle même s'est proscrite. Brahmâ, c'est l'âme du monde, c'est la matrice des êtres, le père, le générateur, le plus ancien des Dieux, le maître de toutes les créatures, le régulateur des éléments, le frère aîné du soleil, le type du temps et de l'année, l'oracle du destin, la couronne de l'Univers... Brahmâ, c'est l'intelligence incarnée dans le monde et dans l'homme, au

(1) Religions de l'antiquité, Tome I.

commencement des temps, s'incarnant de nouveau dans le cours de chaque âge, à chaque révolution de l'Univers. Il est la parole, par qui tout fut créé, tout vivifié, il est le chef invisible des Brahmanes, le premier ministre du Très-Haut, le prêtre, le législateur par excellence, la science, la doctrine, la loi, la forme des formes. »

Les représentations figurées de ce Dieu sont comme ses noms, fort diverses ; on le représente avec quatre têtes, il a aussi quatre bras et porte habituellement un sceptre, l'arc de Parvati et le livre des Védas. Sa monture est le cygne *Ha* ou bien l'oie *Hamsa*, on l'appelle le nom à quatre faces *(Tchatour Anâna)* à huit oreilles *(Astha-Karna.*

Par ses quatre faces, Brahmâ exerce la suprême et absolue souveraineté ; par ses huit oreilles, il sait tout, il entend les vœux et les gémissements de tous, et rien de ce qui a lieu sur la terre et au ciel ne saurait lui être caché.

Nous venons de voir que Brahmâ possède quatre têtes ; il devrait en avoir cinq, mais l'une d'elles fut brulée par le feu sorti de l'œil de Çiva, comme châtiment des paroles peu respectueuses prononcées par lui contre Çiva.

D'autres représentations montrent ce Dieu

toujours avec quatre têtes, mais tenant dans ses mains la chaîne qui soutient les Mondes, le livre de la Loi, le poinçon à écrire, enfin, le feu du sacrifice. Au-dessus de ses têtes, on voit souvent une conque surmontée d'une flamme ; porté parfois sur l'œuf du Monde, il est également couché sur des feuilles de Lotus *(Nelumbium speciosum)*; mais le plus souvent il est monté sur le grand volatile *Hamsa*, sa tête est alors ornée du Lotus (1).

Quelques monuments figurés nous montrent Brahmâ avec des attributs de Vishnu et réciproquement, c'est que quelquefois l'on confond et l'on assimile Brahmâ et Vishnu, parce que le premier est considéré comme une émanation du second ; nous l'avons dit en commençant.

Les surnoms de Brahmâ sont très nombreux ; nous donnons ici les plus usités : *Ananda* (sans commencement) ; *Achariri* (l'incorporel;) *Abaricedi* (l'illimité); *Adjavaia* (semblable à lui-même); *Astha-Karna* (à huit oreilles); *Hamsa-Vâhana* (monteur de l'oie); *Içouara* (le Seigneur); *Kamalasena* (assis sur le lotus); *Parama* (le bienfaiteur); *Parabara* (l'excellent) ; *Parabrahmâ* (le grand

---

(1) Presque toutes les représentations figurées que nous donnons des mythes hindous, se trouvent en grande partie au *Musée des Religions* de la place Iéna à Paris.

Brahmâ); *Paramiçoura* (le très-haut Seigneur); *Souada-çatta, Souadacal, Souaïambou* (qui est par lui-même); *Tchastava* (le vengeur); *Tchatour-Mukha* ou *Tchatour Anand* (aux quatre visages); *Sotchdava* (le créateur); etc., etc.

VISHNU

Vishnu est le second personnage de la Trimourti, c'est le conservateur de la création, c'est le Dieu conservateur par excellence.

Dans plusieurs Cosmogonies, Vishnu apparaît avant Brahmâ même, il se montre alors sous la forme d'un enfant porté sur les eaux ; de son nombril sort une fleur de lotus, *(Padma)* de laquelle naît Brahmâ.

Vishnu s'est déjà incarné neuf fois ; il se réincarnera une dixième pour détruire notre globe pendant le Kali-Yug, c'est-à-dire pendant l'âge actuel, le quatrième et dernier âge de notre monde (1).

Les quatre premières incarnations de Vishnu ont eu lieu dans le *Satia-Yug*, âge primitif du monde, âge de vertu et de justice, dans lequel

---

(1) La destruction est elle aussi, d'une certaine manière une condition d'activité ; il faut bien l'admettre ainsi, si l'on veut parfaitement interpréter et comprendre un grand nombre de passages de la Mythologie hindoue, qui parlent des « Dieux » présidant à la destruction.

les hommes étaient tous également bons et vertueux.

Dans sa première incarnation, le Dieu prit la forme d'un poisson (*Matsya*), sous laquelle il sauva du déluge *Vaivasvata*, le septième Manu et procréateur du genre humain. Ce n'est que sous cette forme, nous apprend le Bhâgavata-Purâna, que Vishnu put reconquérir les Védas qui avaient été enlevés aux hommes par le Démon *Haya-Griva*.

La deuxième incarnation du Dieu, fut une tortue (*Kourma*); sous cette forme, il se rendit à la *Mer de lait* (l'Océan de la Création) et de là, il fit avec son dos une solide base au mont *Mandara* ou *Méru*, autour duquel, les Dieux nouèrent le corps du grand serpent *Vasouki*, au moyen duquel, les Dieux purent baratter la mer, afin de ramener à sa surface les objets précieux (au nombre de quatorze) perdus pendant un déluge; c'étaient :

1° L'*Amrita*(eau-de-vie, ambroisie des Dieux);
2° *Dhanvantari* le médecin des Dieux, que quelques archéologues nomment aussi *Dhanou-Antari*, celui-ci était dépositaire de l'Amrita ;
3° la belle *Laskmi* ou *Gri*, l'épouse de Vishnu ;
4° *Soura*, déesse du vin ; 5° *Chandra* (la lune);

6° la nymphe *Bham-bhâ*, le type parfait, le modèle accompli de la femme aimable et gracieuse ; 7° *Ouchaih-Gravas* ou *Outchaisrava*, le cheval merveilleux ; 8° *Kaustoubha* (le précieux joyau),c'est-à-dire l'escarboucle que Vishnu porte sur sa poitrine et sur lequel viennent se refléter les choses divines et humaines ; 9° *Parijata*, l'arbre céleste, dénommé aussi *Kalpavrikcham*; 10° *Sourabhi*,la vache ailée,la vache féconde ou l'abondance ; 11° *Airavatha*, le modèle des éléphants, l'éléphant blanc à trois trompes ; 12° *Canhka*, la conque victorieuse ; 13° *Dhanous*, l'arc merveilleux ; 14° *Visha*, le poison.

Pour baratter l'océan, voici comment s'y prirent les Dieux.

Nous avons vu que le serpent s'était enlacé autour du mont *Méru*, mais la tête et le bout de la queue étaient libres ; les Dieux s'emparèrent de la tête, les démons de la queue, et chacuns tirant alternativement de leurs côtés, imprimèrent à la montagne un mouvement de rotation, qui baratta la mer. Quand l'opération fut terminée, le grand serpent rendit par la gueule un poison noir et terrible, que Vishnu s'empressa d'avaler pour sauver le genre humain ; mais cette absorption vénéneuse colora ses chairs en bleu.

La troisième incarnation de Vishnu fut le sanglier *Varaha*. Le Dieu prit cette forme pour tuer le démon *Hiranyakha*, qui avait plongé la terre au fond de l'abîme des eaux ; après une lutte qui dura mille ans, Varaha tua le géant, et sortit la terre des eaux, en la relevant sur l'extrémité de ses boutoirs.

La quatrième incarnation de Vishnu fut l'homme-lion (*Nara-Simha* ou *Nri-Simha*).

C'est sous cette forme que le Dieu délivra le monde du tyran *Hiranya-Kacipou*, roi des Daityas, qui avait obtenu de Brahmâ l'invulnérabilité contre les coups des hommes ; Vishnu déchira le tyran à coup de griffes.

Les quatre incarnations dont nous venons de parler, avaient eu lieu dans le premier âge du monde (*Satya-Yug*) ; dans le second âge (*Tetra-Yug*), Vishnu passa par ses cinquième, sixième et septième incarnations.

Dans sa cinquième, il se montra en nain (*Vâmana*). Sous cette forme, il se présenta à Bâli, roi des Daïtyas, qui par ses vertus et ses austérités avait acquis l'empire de l'Univers, et menaçait de dépouiller les Dieux eux-mêmes ; c'est pourquoi, ils dépêchèrent vers lui Vishnu-Vâmana, et celui-ci obtint de l'orgueilleux et puissant monarque Bâli la concession du terrain qu'il pourrait parcourir en trois pas ; le monarque se mit à rire et accorda au nain ce qu'il demandait.

Alors, Vishnu-Vâmana franchit du premier pas le monde terrestre, du second le monde céleste ; mais il ne fit pas le troisième pas, car, se souvenant des vertus et des qualités de Bâli, il lui laissa le monde inférieur ou les Enfers.

La sixième incarnation du Dieu fut Ramâ à la hache (*Paraçou-Râmâ*). Sous cette forme, il délivra les Brahmanes du joug odieux des Tchatryas, c'est-à-dire de la caste militaire.

Dans sa septième incarnation Vishnu fut le gentil Ramâ, Ramâ semblable à la Lune (*Ramâ-tchandra*) ; il revêtit cette nouvelle forme pour détruire le Rakshasa-Ravâna, tyran de l'île Lanka (Ceylan). Ramâ on le sait est le héros du *Ramâyana*; c'est le fils de *Daçartha*, roi d'Ayodhya ; le Ramâyana est l'œuvre du poète Valmicki, comme nous l'avons déjà vu.

Les huitième et neuvième incarnations de Vishnu se sont accomplies dans le troisième âge du monde *(Douapara-Yug).*

La huitième incarnation fut une manifestation complète de Vishnu, sous le nom de *Krishna* (le noir) ; dans cette incarnation il détruisit le tyran *Kamsa* et, il enseigna la loi.

La neuvième incarnation eut lieu sous la forme d'un sage, d'un illuminé *(Bouddha)* ; les brahmanes, charmés et captivés à un haut degré par la doctrine professée par Çakya-Muni, déifièrent le Bouddha en faisant de lui une incarnation de Vishnu, incarnation qui avait pour but de ruiner les infidèles et de détruire les castes. Nous parlerons plus loin de ces deux dernières incarnations.

Enfin, Vishnu doit s'incarner une dixième et dernière fois à la fin de l'époque actuelle (*Kali-Yug*, âge de fer) ; il viendra sous la forme d'un cheval blanc (*Kalki* ou *Kalkin*), cheval exterminateur. D'après une tradition fort répandue, un coup de pied du cheval, de Kalkin pulvérisera notre globe; d'après une autre tradition Vishnu-Kalkin, armé d'un glaive semblable à une comète, viendra détruire les méchants, rénover le monde et rétablir la pureté primitive et la vérité.

On nomme l'âge de fer *(Kali-Yug)*, l'âge noir, parce que dans celui-ci, le mal augmente proportionnellement à la décroissance de la vie humaine; la durée des âges suit également une progression semblable.

Disons ici, que les quatre yugs ou âges réunis forment un âge divin qui embrasse une période de 12,000 années divines, soit 4,320,000 années humaines, puisque celles-ci sont 36 fois plus courtes que celles des Dieux ; or, 1,000 âges divins ne font qu'un jour de Brahmâ ou un *calpa* c'est-à-dire 4,320,000,000 (quatre milliards, trois-cent-vingt millions) d'années humaines ; enfin, tout calpa se termine par un déluge, après lequel surgit une nouvelle création.

Dans les livres du Brahmanisme sectaire (les Puranas et le livre épique du Mâhabhârata) Vishnu occupe la première place d'une manière définitive ; on l'identifie alors avec Brahmâ ou *Prajapati*, le créateur.

D'après les croyances hindoues des Vishnuites, ce dieu né d'une fleur de lotus, sorti du nombril de Vishnu (nous l'avons vu antérieurement) alors qu'il flottait sur l'Océan chaotique, ce dieu, disons-nous, Brahmâ est venu pour assister Vishnu dans l'œuvre de la création. Pour ses sectateurs, il est l'Être Suprême de qui tout est sorti. Il est représenté comme un beau jeune homme au teint bleu foncé, vêtu à la façon des anciens rois de l'Inde. Il porte alors, un arc *(Carnya)* et un glaive *(Nandaka)*. Sur sa poitrine se voient des stigmates particuliers dénommés *Cri-Vatsa* et l'escarboucle ou joyau *(Kaustoubha)*, retiré comme nous l'avons vu de l'Océan chaotique, après son barattement, le joyau Syamantaka brille à son poignet.

Les représentations figurées de ce dieu sont nombreuses et fort diverses ; souvent Laskmi, sa femme est assise à ses pieds ; tantôt Vishnu repose sur une feuille de figuier ou sur un serpent *Çesha*, dont les cinq têtes se recourbant sur le Dieu forment comme une sorte de dais ; parfois, il est porté sur le merveilleux oiseau Garoudha.

Généralement, il a quatre bras dont l'un tient le *Panchajanya* ou *Canka* (conque victorieuse); le second bras tient la *Vajra-nabha-chankra*, disque, arme de jet, ou foudre); le troisième bras serre dans sa main le *Gada-kan-Moraki*, (massue) et le quatrième une fleur de lotus *(Padma)*.

Vishnu, qui dans le Brahmanisme sectaire occupe le premier rang, nous l'avons dit plus haut, n'a dans les Vèdas, où il est à peine mentionné qu'un rang secondaire ; il y figure seulement comme manifestation de l'énergie solaire.

On le fait traverser en trois pas les sept régions du Monde, c'est-à-dire la chaîne planétaire. Ces trois pas indiquent les trois manifestations de la lumière : le feu, l'éclair, le soleil : cependant quelques archéologues expliquent ces trois manifestations, par trois états du soleil : levant, zénith et couchant.

Vishnu a un très grand nombre de noms ou plutôt de surnoms, mille peut-être ; voici les plus usités : *Ananta*, éternel ; *Achyouta*, impérissable ; *Cayâna-Nangas*, qui dort sous le serpent ; *Chatour-Bouja*, à quatre bras ; *Govinda* ou *Gopâla*, le pasteur ou le bouvier ; *Hari Nara* l'homme ; *Krishna*, le noir ; *Narayana*, l'esprit qui flotte sur les eaux ; *Prajapati*, le créateur etc., etc.

Cette richesse de surnoms ne doit pas nous surprendre, car les œuvres hindoues, principalement les œuvres épiques débordent de poésie, aussi chaque fois que le poète a besoin d'une épithète pour qualifier son personnage, il la trouve sous sa main et s'il ne l'a pas, il l'invente; de là cette profusion des surnoms donnés à Vishnu.

ÇIVA.

Çiva, Chiva ou Siva est la troisième personne de la Trinité Hindoue (Trimourti).

C'est l'*Adonaï* des Hébreux ; on le confond quelquefois aussi avec Vishnu et même Brahmâ, comme chez les Hébreux Adonaï est confondu avec Jéveh *(Jéhovah)*.

Rénovateur et modificateur par excellence, il se présente par conséquent sous deux faces, tout à fait contraires : *Destruction* et *Reproduction*.

Çiva est moins adoré que Vishnu, sauf par ses propres sectateurs, les Çivaïtes ; c'est du reste une divinité du Brahmanisme sectaire, c'est-à-dire relativement moderne. Dans les Védas, il ne figure pas sous son nom de Çiva, mais on le retrouve sous divers autres noms, par exemple sous celui de *Roudra*, père des *Marouts* (vents), lequel est souvent imploré à la place du dieu du feu *(Agni)*.

Nous venons de dire que Çiva, se présente sous le double aspect de reproducteur et de destructeur ; aussi comme tel, il porte une longue, très longue série de noms, soit comme générateur et bienfaiteur, soit comme destructeur et terrible. Nous n'essaierons pas de donner une nomenclature de tous ces noms, mais nous en ferons connaître les principaux.

Comme Dieu de la Bonté, on le nomme *Maëcha*, le grand Seigneur ; *Mahédeva*, le grand

Dieu, il est alors au milieu d'un cercle de fleurs, le pied appuyé sur le démon *Tripourasoura*, c'est-à-dire vaincu ou terrassé ; *Içouora*, le grand maître ; *Iça*, Seigneur ; *Viomagêcha*, Seigneur du ciel ; *Bouldêcha*, Seigneur des sages, des illuminés ; *Pachoucati*, maître ; *Gangahara*, Gangophore, porteur du Gange ; *Baghi*, qui fait exister ; *Tchandradara*, Sélénéphore, porteur de la lune ; etc.

Comme Dieu du mal, on le nomme *Roudra*, qui fait pleurer ; *Ougra*, l'horrible ; *Hara*, le destructeur ; *Bhima*, le terrible (ce même terme sert également à désigner l'un des princes Pandovas) ; *Choulis*, armé du trident ; *Mirdha*, le guerrier ; *Ourchadraja*, qui produit la foudre et la tempête, etc., etc.

Sous le nom d'*Ourchadraja*, porte-foudre, il est considéré comme Dieu bienfaisant, parce que la foudre peut produire le feu (*Agni*) qui réchauffe, et que la tempête peut amener la pluie bienfaisante.

Dans ses représentations figurées, Çiva est ordinairement vêtu d'une peau de tigre ou même d'après quelques orientalistes, d'une peau d'éléphant ; parfois, il est aussi armé du trident (*Tricoula-Pinaka*), d'un arc (*Oragava*), d'un tambour, de la massue et d'une corde ou *lasso* (*Paça*).

Souvent il porte à son cou un collier fait de crânes humains et un daim sur sa main gauche. Le taureau *Mandi* l'accompagne presque toujours ; il est également assis sur sa croupe avec sa femme *Bhavani*, qui est aussi sa fille, sa mère et sa sœur.

De Bhavani, il eut Ganéça, le Dieu de la sagesse et *Shanda*, nommé aussi *Soubramahnya* et *Kartikeya* ; il eut ce dernier fils, après avoir tué Kama, le dieu de l'amour, qui l'avait embrasé de ses feux. Les autres enfants de Çiva sont : *Veirava, Virabhadra, Agni, Mondévi, Sana, Manarcouami, Içania.*

Çiva s'incarna deux fois sous les noms de *Markandeia* et de *Kandopa*.

On le représente également flottant comme *Brahma* au milieu de la fleur du lotus (*Padma*). Un des livres sacrés des Hindous nous dit : « Sur la montagne d'or *Kailassa*, habite Çiva. Là est une plate forme sur laquelle se trouve une table carrée, enrichie de neuf pierres précieuses et au milieu le lotus, portant dans son sein, le triangle, origine et source de toute chose. »

Ce triangle, c'est la *Yoni*, dont nous allons bientôt parler. De ce triangle sort le *lingam*, Dieu éternel, qui en fait son éternelle demeure.

Quand se furent formés les quatorze mondes avec l'axe qui les traverse au-dessus du mont Kailassa, alors parut celui-ci, le triangle *(yoni ou matrice)* et dans la yoni, le lingam. Celui-ci, arbre de vie avait trois écorces : la première, l'extérieure était Brahmâ ; celle du milieu Vishnu, la troisième la plus tendre, Çiva ; et quand les trois Dieux se furent détachés, il ne resta plus dans le triangle que la tige nue, placée désormais sous la garde de Çiva.

C'est pourquoi Çiva est aussi personnifié, par le *lingam*, figure symbolique, qui est certainement l'origine première du culte phallique, nous venons d'en dire quelques mots ci-dessus.

Le lingam et la yoni, en tant que formes matérielles représentent simplement le mortier en pierre dans lequel se broyait le *Somâ (asclepias acida)* avec son pilon dressé au milieu.

C'est avec le *Somâ* qu'on fabriquait une liqueur fermentée, qui servait à faire pendant le sacrifice, des libations au Dieu Çiva. Les prêtres et les fidèles buvaient le *somâ*, pour se procurer l'ivresse, puis l'extase, dans laquelle ils prophétisaient.

Dans sa forme symbolique, le lingam figure Mahâdéva dans la Yoni.

Dans les monuments figurés, on trouve des lingams de toutes dimensions, depuis les plus petits, jusqu'à des monuments qui ont parfois plusieurs mètres de hauteur ; ils sont faits avec toute sorte de matières : pierres noires, (basalte, basanite, ophite (1), obsidienne (2), jaïs (3), etc.) pierre de lard, jaspe, cuivre, or, etc.

Le Lingam dans la Yoni indique une idée de création : c'est le mariage, l'union de l'homme et de la femme. Voici ce que dit à ce sujet le Dr Joannhès (4) : « Au premier rang des symboles de l'Inde qui personnifient Çiva il faut placer le mystérieux *linga* ; mais c'est là un symbole que notre occident ne peut comprendre. Les hommes de l'occident ne savent pas voir dans cette figure, ce que l'Inde sait si bien y reconnaître, un symbole religieux dans l'ordre le plus saint, puisqu'il en fait la personnification de la troisième personne de la Trinité.

« A qui devons-nous donner raison ? Est-ce à l'Inde ? Mais alors il faut pénétrer les raisons qu'il y a pour conserver dans leurs sanctuaires

---

(1) Pline, XXXVI, xi ; (2) Pline, XXXVI, lxvi ; (3) Pline, XXXVI, xxviv.
(4) Dans la *Revue des hautes études*, n° 1, page 10, (21 sept. 1880).

les plus vénérés un symbole qui n'est aux yeux des hommes de l'occident qu'un symbole d'impureté. Hélas! c'est l'Inde qui va avoir raison, car elle a conservé en cela les vraies traditions primitives. . . . .
. . . .

« Il est très certain, et nul ne saurait le révoquer en doute que le Linga dans la Yonî est l'objet d'un culte dans l'Inde.

« Mais qu'entend l'Inde par ce culte ? C'est ce qu'il est nécessaire d'exposer; mais avant tout, il faut exclure toute idée d'immoralité pour un grand nombre de raisons décisives. En premier lieu ce culte est public, et nul ne saurait admettre que dans un sanctuaire, ou un culte public, une doctrine qui serait considérée comme immorale puisse être tolérée. Or ce culte remonte à la plus haute antiquité, il fait partie des traditions primitives ; ce serait dès lors une longue série de générations qu'il faudrait accuser. Une accusation de ce genre ne saurait être admissible, car tous les voyageurs sont unanimes à affirmer que, si ce culte est odieux aux Européens, il en est tout autrement aux yeux des habitants de l'Orient, car, loin de se présenter pour eux avec un caractère d'immoralité, il est un objet de piété et de dévotion.

« Mais comment on peut-il être ainsi ? le voici, car ce culte a son fondement sur des traditions et sur une doctrine de vérité.

« L'Inde croit, selon le récit de Moyse, que la première femme a fait sa chute par l'acte qui est représenté par le Linga dans la Yoni. Dans cette croyance l'Inde est dans la vérité, ainsi que le savent tous ceux qui savent entendre le récit figuré de Moyse dans la Genèse.

« Ils croient aussi que cet acte, qui a produit la déchéance de la nature humaine, n'a son remède que dans le même acte, opéré dans ce cas sous la Direction de la Divinité. Ils font profession que c'est Çiva qui correspond à notre Saint-Esprit, qui doit présider à cet acte pour le sanctifier.

« Il n'y a rien là qui ne soit très fondé et conforme à toutes les lois et les règles de la Sagesse divine.

« L'Inde n'a pas peur des symboles. Si telle est sa doctrine, il était logique qu'elle rendît un culte à l'objet qui devait faire rentrer la nature humaine dans les droits de la création ; c'est ce qu'elle a fait.

« Ses pères, les maîtres de la sagesse, lui ont confié cette tradition ; elle a gardé ce dépôt avec fidélité, et c'est la raison pour laquelle nous voyons l'Orient conserver, à travers la longue série des siècles, le culte sacré du Linga dans la Yoni.

« L'heure et venue, où l'Occident va admettre aussi la vérité de cette doctrine. »

Il faut bien l'espérer !

Du reste, le même symbole se retrouve en Égypte, il est identifié à Khem, Dieu Ithyphallique. Khem représente « la divinité dans son double rôle de père et de fils : comme père, il est appelé *Mari de sa mère*, les textes égyptiens emploient même un mot plus réaliste ; comme fils, il est assimilé à Horus.

Ce dieu Khem symbolise la force génératrice, principe des naissances et des renaissances, survivant à la mort, mais stationnant un certain temps dans un état d'engourdissement, qu'elle ne parvient à vaincre, que quand le dieu a retrouvé l'usage de son bras gauche ; car nous devons ajouter qu'on représente Khem ou *Ammon Générateur* debout, le bras droit élevé dans l'attitude du semeur, tandis que le bras gauche est enveloppé comme tout son corps dans des bandelettes, comme une momie. Seul le bras droit est dégagé, tandis que le gauche est censé serré sur le corps par des bandelettes, ce qui explique très bien le passage du chapitre CLVIII du *Livre des Morts*, dans lequel le défunt s'écrie :

« *O mon père, ma sœur, ma mère Isis ; je suis dégagé de mes bandelettes, je vois, il m'est accordé d'étendre le bras*, (le bras gauche). *Je vois Seb...* etc., etc. » *(1)*.

En résumé, nous trouvons dans la triade hindoue ou Trimourti : *Le Père*, Brahmà ; *le fils* Krishna, incarnation de Vishnu, et le *Saint-Esprit*, Çiva sous l'identification d'Agni. Il n'est pas jusqu'à la Vierge Marie qui ne puisse se reconnaître sous les noms de *Sarawasti*, de *Laskmi* ou *Crî*, de *Bhavani* ou même de *Maïa*, déesse de la Sagesse, car il ne faut pas oublier que, dans la mythologie hindoue, comme dans toutes les mythologies qui la suivront, les qualités et attributs divins sont diversifiés par des personnages divers, de là tous les noms donnés aux dieux principaux, aux dieux des triades ne formant en somme qu'un seul dieu. Mais il ne faut pas oublier que ces noms rappellent des rôles *(personæ)* représentés par ce dieu.

Arrivés à ce point de notre œuvre, nous

---

(1) E. Bosc, Isis Dévoilée, page 93, 1 vol. in-12. Paris Chamuel et Cⁱᵉ, éditeurs, 1892.

devons comme résumé des Trinités Hindoues essayer de pénétrer le mystère de la *Cause Première* ; nous le ferons à l'aide de l'*Esotéric Budhism* de Sinett.

A U M

Ce terme est le nom sacré de la Cause Première, il représente les trois Trinités Hindoues, savoir :

A. — Nari Nari Niradyi. — La trinité originale.
U. — Agni Voya et Surya. — La trinité manifestée.
M. — Brahma, Vishnu, Çiva. — La trinité créatrice.

Chacune de ces trinités devient de moins en moins métaphysique, au fur et à mesure qu'elle descend.

TRIADE ÉGYPTIENNE

En Égypte, nous voyons que le point de départ de la mythologie égyptienne est également la triade empruntée à la religion hindoue.

C'est d'abord : *Ammon* ou le père, *Maut*, la mère, et *Khons*, le fils. La manifestation de cette triade sur la terre se résout en *Osiris, Isis, Horus* ; mais dans cette triade, la parité n'est pas complète, puisque Osiris et Isis sont frère et sœur. A Calapché, au contraire, nous avons la triade finale, c'est-à-dire celle de trois membres se fondant exactement dans les trois membres de la triade initiale ; en effet Horus y porte le titre de mari de sa mère, et le fils qu'il a eu de celle-ci, se nomme *Malouli*. Ainsi la triade finale était formée de Horus, de sa mère Isis et de leur fils Malouli, personnages qui entrent exactement dans la triade initiale : Ammon, sa mère, Maut et leur fils Khons.

L'Egypte est du reste le pays par excellence de la triade, chaque *nome* ou province avait la sienne, et quelquefois deux, comme à Ombos par exemple.

Comme l'on connaît les fréquents rapports que l'Inde avait avec l'Egypte, surtout par ses navigateurs, et que, d'un autre côté, l'on sait que la civilisation hindoue est beaucoup plus ancienne que celle de l'Egypte, on peut bien conclure de ces deux faits que les triades égyptiennes sont une importation directe de l'Inde. Ceci admis, il nous sera facile de prouver que la Trinité chrétienne, à son tour, est également dérivée de l'Egypte et par suite de l'Inde.

TRIADE CHRÉTIENNE

Moské, Moses ou Moïse, législateur des Hébreux, avait fait ses études en Egypte, il avait même été initié aux *Mystères* de ce pays par les prêtres égyptiens. C'est là un fait historique, que personne n'a jamais mis en doute ; nous l'adopterons donc d'autant plus volontiers, que personnellement, nous pensons que Moïse n'était pas hébreu, mais égyptien, et qu'au lieu d'avoir été sauvé des eaux par la fille d'un pharaon, c'était tout simplement le fils de cette princesse, d'une de ses sœurs, ou bien d'une cousine quelconque. Ceci expliquerait pourquoi Moïse reçut une éducation brillante, une éducation princière; mais cela importe peu à notre sujet. Ce qu'il y a de certain, c'est qu'il avait reçu l'éducation et l'instruction intégrales, absolument comme un homme de la caste supérieure (royale et sacerdotale) ; il connaissait, dès lors, la religion égyptienne, et par conséquent les triades, de même que tout l'Esotérisme de l'antique Egypte.

LES TRIADES OU TRINITÉS

Or, toutes les connaissances qu'il avait acquises, il dut les transmettre certainement à ses successeurs, tout d'abord à Aaron, son frère, celui-ci les ayant transmises à ses successeurs, toutes ces connaissances furent conservées par la tradition dans la classe sacerdotale, chez les Lévites d'Israël.

Il ne faut donc pas un grand effort d'imagination pour supposer que les auteurs du Nouveau Testament, connaissant fort bien les triades égyptiennes, imaginèrent facilement la Trinité chrétienne telle que nous la connaissons de nos jours. En effet, si nous étudions cette triade, nous voyons fort bien que le Père, le Fils et le Saint-Esprit correspondent à Brahmâ, Sarawasti ou Maïa et Vishnu ou Çiva, sous leur forme de *Narayana*, esprit qui flotte sur l'eau, ou de *Agni*, feu ou souffle ; enfin à la triade : Osiris, Isis, Horus.

Osiris est le père, *pater*, Isis, la mère, *Marie* et Horus le fils ou le *Christ*. Marie est une Vierge ornée de toutes les qualités. Il en est de même d'Isis, la *Bonne Déesse*, *l'Alma Mater* des Egyptiens, qui elle aussi écrase la tête d'apophis *(apap)* le hideux serpent, c'est-à-dire de la vile matérialité, comme nous allons l'expliquer bientôt, cette mauvaise influence qui veut balancer le pouvoir qu'elle exerce en faveur des hommes, ses enfants au même titre que le Christ.

De même que Marie, les représentations figurées d'Isis nous la montrent sur un trône allaitant son divin enfant.

Dans la Trinité chrétienne, Dieu le père et

Dieu le fils ne font qu'un, il en est de même dans la triade Égyptienne, puisque, après la lutte d'Osiris avec Set, Isis, femme et sœur d'Osiris, rappelle par ses incantations celui-ci dans le propre corps qu'il venait de quitter. Osiris put donc ressusciter par la puissance créatrice d'Isis et devenir ainsi Horus.

Le culte d'Isis avait un caractère de pureté et de chasteté, identique au culte de la vierge Marie, qui avait conçu immaculée, c'est-à-dire pure, le Christ ayant été son premier enfant, de même qu'elle aussi était le premier enfant de sa mère Anne. C'est cette idée là qui a créé le mythe de l'Immaculée conception, dans lequel l'Église a voulu voir la naissance d'un enfant né d'une jeune fille, qui n'a jamais cessé d'être Vierge, c'est-à-dire qui aurait conservé la membrane hymen, ce qui est de toute impossibilité.

Le culte primitif d'Isis considérait le second membre de la triade comme la *Nature primordiale*, emblème de l'esprit actif ayant écrasé la tête du serpent Apophis, qui symbolisait, nous venons de le dire, la matière passive, inerte, c'est-à-dire, la paresse, les vices, les passions, les mauvais instincts qui empêchent le progrès de l'humanité ; en d'autres termes, c'est « la semence de la femme ou le principe féminin dans l'homme qui est destiné à écraser la tête du serpent. » (1) C'est-à-dire à surmonter la plus basse matérialité par la spiritualité, car la tête du serpent est le principe inférieur de la matérialité.

On voit par ce qui précède que la religion chrétienne a fait de nombreux emprunts ou plutôt est dérivée de la théodicée Isiaque, de l'Isianisme dérivée elle-même du Védisme.

Disons en passant que le Gaulois avait aussi un culte pour la triade ou Trinité : Esus, Bel et Teutatès ou Gwion ne formaient qu'une seule divinité créatrice de l'Univers.

Comme Jésus, Marzin, le génie protecteur et tout puissant de la Gaule était né d'une Vierge, qui était issue comme Marie d'une race royale et qu'un esprit caché sous la forme d'une colombe visita au fond d'un bois. Comme le Christ, Marzin était d'un blond ardent, presque rouge, et comme lui, il faisait des miracles. Entre le Christ qui chasse les démons et Marzin qui dompte des serpents la différence n'est pas grande (2).

(1) LADY CAITHNESS DUCHESSE DE POMAR. — *Théosophie Bouddhiste*, page 41.
(2) Cf. E. Bosc et L. BONNEMÈRE, *Histoire nationale des Gaulois*, p. 12 et 13.

Mais nous n'insisterons pas davantage sur les similitudes et les rapprochements qu'on pourrait établir entre certains mythes Gaulois et quelques mythes du Christianisme, et nous terminerons cette courte étude des Triades, en citant un passage de deux ouvrages également remarquables ; l'un d'Emile Burnouf, qui dépeint le sacrifice védique comme le prototype du sacrifice chrétien, ce que tout le monde savant sait du reste, depuis longtemps ; l'autre ouvrage est de Mme la Duchesse de Pomar.

Ces travaux résument parfaitement ce que nous avons voulu démontrer, à savoir que la Trinité chrétienne tire son origine de la Triade Védique après avoir passé par l'Egypte ; ces courtes citations fourniront sous une forme succincte, la meilleure et la plus solide conclusion à notre étude

Voici ce que nous dit, dans son *Histoire des religions*, le premier de ces éminents auteurs : « Dans l'enceinte formée d'une palissade en plein air, le feu sacré a pour père *Twastri*, le charpentier qui prépare le bûcher et les deux pièces de bois dont le frottement fait jaillir l'étincelle qu'on appelle le *Petit Enfant*, sur lequel il y a des hymnes ravissantes dans les Védas. Maya est la puissance productrice du principe féminin ; chaque être divin a sa Maya (1).

« Lorsque l'étoile Savanagastra apparaît au ciel, le poète astronome appelle le peuple au sacrifice. Lorsque l'enfant est né, ses parents le déposent sur la paille à côté de la vache mystique, représentée par le lait et le beurre ; il est porté de là sur l'autel, par un assistant qui l'évente pour activer sa vie. Un autre assistant verse sur lui le spiritueux Sôma, la liqueur sacrée, puis le lait clarifié. La flamme s'élève dans une colonne de fumée : tout s'illumine autour du Dieu, les déités brillantes et les hommes chantent un hymne en son honneur. A sa gauche, le soleil levant ; à sa droite, la pleine lune sont à l'horizon et semblent lui rendre hommage. « Le Dieu aux belles clartés découvre aux hommes ce qui était caché » ; de l'autel où il trône, il enseigne les docteurs ; il est le Guru des Gurus et s'appelle

---

(1) C'est sans doute pour cela que la légende bouddhique donne le nom de Maya à la mère de Bouddha. Mais ce sens n'est pas celui le plus généralement attribué à ce nom par le Rig-Vêda qui est celui de tromperie, d'où vient celui qui lui est donné par le Vêdanta et toute la philosophie indienne : l'Illusion, ce qui nous fait prendre pour des réalités substantielles les phénomènes naturels qui ne sont que des apparences, comme l'existence du monde matériel. Peut-être les deux sens ont-ils été déduits l'un de l'autre par un raisonnement subtil. On a pu considérer que l'*Illusion*, source de nos perceptions, est la force productrice de nos idées (images) et de nos actes.

Jataredas, celui en qui la science est innée (qui sait par lui-même).

« On présente au feu sacré sur l'autel les deux offrandes : la liqueur sacrée (Sôma dans l'Inde et Homa chez les Médo-Perses) et le gâteau composé de farine et de beurre. Agni réside dans tous les deux ; le calice contient aussi la mère d'Agni-Maya, puisque Maya peut sortir du liquide.

« Le feu consume les offrandes. Agni devient ainsi le *médiateur*, l'offrande et le sacrificateur; et, comme l'offrande le contient sous les apparences matérielles, c'est le sacrificateur qui s'offre comme victime. »

Après quoi, a lieu le banquet (la communion) dans lequel, chaque convive reçoit sa part de l'hostie, et la mange comme un aliment sacré dans lequel Agni est enfermé.

On peut bien voir dans cette communion védique l'origine de la communion krishnaïque, puis chrétienne, l'union mystique, la confusion de l'âme avec le dieu, objet de sa dévotion.

L'Agni du Véda étant le souffle, la vie dans l'individu, est le principe masculin, c'est le mari des femmes et le fiancé des vierges. Il réside dans le père de famille et dans le prêtre.

Et le Védas (X, 16) nous dit que quand l'homme meurt, son souffle va à Vayu, sa vue au soleil, mais il est une partie immortelle ; c'est elle, ô Agni, qu'il faut échauffer de tes rayons, enflammer de tes feux ! ô Jatavedas ! Dans un *corps glorieux* formé par toi transporte-là au monde des pieux ».

Est-ce que, d'après saint Paul, les élus ne doivent pas aussi ressusciter dans des corps glorieux ?

Mentionnons enfin du second auteur, la *Théosophie Bouddhiste* (1) qui résume pour ainsi dire ce qui précède.

« Selon les Pythagoriciens, qui se plaisaient dans la science des nombres, la Monade était mâle, parce que son action ne produit pas de changement en elle-même, mais seulement en dehors d'elle-même. Elle représente le principe créateur. Pour la raison contraire, la Duade était femelle parce qu'elle change constamment par l'addition, la soustraction et la multiplication. Elle représente la matière capable de revêtir la forme. L'Union de la Monade et de la Duade produit la Triade, qui signifie le Monde formé

---

(1) *Théosophie Bouddhiste*, par Lady Caithness, Duchesse de Pomar, p. 90 et 91, 1 vol. In-8°, Paris et Bruxelles, 1886.
Cf. également du même auteur, *The mystery of the ages*, 1 vol. In-8°, Londres, C. L. H. Wallace, 1887, ch. v. *Oriental Theosophy*, p. 91 et suiv.

de la matière par le principe créateur. C'est pour cela que les nombres pairs sont appelés femelles et les nombres impairs mâles, parce que les nombres pairs admettent une division ou une génération que les nombres impairs n'admettent pas. L'Union de un et de deux produit le trois $1 + 2 = 3$. Or, trois était considéré comme un nombre très sacré. Les nations payennes le tenaient pour le premier des nombres mystiques, parce que, comme le fait remarquer Aristote, il contient en lui-même un commencement, un milieu et une fin (1). Par conséquent, quoique la grande cause première que nous appelons DIEU soit une dans son essence divine en *esse* (être), elle est triple en *existere* (exister). L'amour divin duquel procèdent toutes choses est le Père ; la Sagesse Divine qui en découle, la Mère, est la Vérité Divine en sa manifestation dans l'humanité, le Fils ; l'Humanité est appelée le Fils. Cette première Trinité sacrée, l'Amour divin, la Sagesse et la Vérité, ou Père, Mère et Fils (fils-fille) est connu dans le monde chrétien sous les termes de Père, Fils et Saint-Esprit ; dans l'ancienne

---

(1) ELIPHAS LÉVI dit : « La grammaire elle-même attribue trois personnes au Verbe :

« La première est celle qui parle, la seconde est celle à qui l'on parle, la troisième est celle de qui l'on parle.

« L'Infini en *créant* parle de lui-même à lui-même. »

Egypte: Osiris, Isis et Horus; dans l'Inde : Brahma, Vishnu et Siva ; et dans l'humanité en général : Esprit, Ame et Corps. »

C'est absolument ce que nous avons voulu prouver dans ce chapitre.

TRINITÉ ÉSOTÉRIQUE

Qu'est-ce que la Trinité dans la doctrine Esotérique ?

M. A. Jhouney va nous le dire (1) :

« C'est la forme que Dieu revêt pour créer.

« Quelle est cette forme ?

C'est l'alliance du principe masculin et du principe féminin mis en action par un principe central, qui les détermine tous les deux.

« Dieu voulant créer ne peut le faire d'après la doctrine ésotérique qu'en devenant masculin et féminin; il ne peut devenir tel qu'en déterminant dans son sein l'apparition de ces deux principes. L'acte par lequel Dieu détermine cette apparition, constitue le principe central de la Trinité Ésotérique. Cet acte, ce principe ne doivent pas se confondre avec l'absolu, avec Dieu non manifesté. Pour éclaircir tout cela par une

(1) Conférence au cercle Saint-Simon dans l'Aurore n° 1 (janvier 1891) page 21 et 23.

nouvelle image, voyez ce qui arrive dans l'enfantement d'une œuvre humaine, infinie, symbole de la création. L'homme qui songe à l'œuvre, artiste ou poète, ne la réaliserait pas sans l'alliance d'un principe masculin et d'un principe féminin. En effet la doctrine ésotérique rapporte au principe masculin, tout ce qui dans l'ordre spirituel aussi bien que le matériel donne le germe, et elle rapporte au principe féminin tout ce qui fixe, nourrit et développe ce germe.

Dans la pensée de l'homme, qui veut créer une œuvre, le principe masculin, sera l'impulsion, le courant de sentiments et d'idées, qui cherche à se réaliser, et le principe féminin sera le sujet de l'œuvre enfin choisie, la forme qui fixe les pensées flottantes et qui leur permet de se développer et de se nourrir. Tout cela peut se passer dans l'esprit avant que l'écrivain ait touché la plume ou que le sculpteur ait modelé l'argile. Voilà donc dans la pensée de l'homme qui songe à une œuvre, deux principes : le masculin et le féminin. Mais outre ces deux principes, il y a eu l'acte de la volonté qui a déterminé leur existence dans l'esprit et qui les fait concourir au même but ; cet acte déterminant et dirigeant correspond au principe central de la Trinité

Esotérique. Enfin au fond de cet acte même, il y a la personnalité de l'écrivain, l'âme de l'artiste qui se manifestera par l'œuvre et que nous connaîtrons à travers elle. Cette personnalité, cette âme sont l'image naturellement très imparfaite de l'Absolu divin, qui agit par la Trinité, comme l'âme agit par la Trinité de facultés et d'opérations que je viens de décrire. Vous vous souvenez qu'il y a deux ordres de création, la grande création éternelle, renfermée dans la pensée de Dieu et les créations successives bornées, mais renouvelées sans fin, qui constituent les Univers. La trinité divine agit à la fois dans ces deux ordres.

CHAPITRE XII
BOUDDHA

Ce mot signifie littéralement *Illuminé*, c'est-à-dire celui qui possède la sagesse parfaite. Le vrai nom du personnage dont on fait la neuvième incarnation de Vishnu, ce vrai nom est *Siddhartha*, nom royal ; son nom de famille était *Gautama* ou *Gotama* ; il était prince de Kapilawstu, riche province de l'Inde, située à environ cent milles au Nord de Bénarès et à quarante milles des Monts Himalaya.

Bouddha était né 462 ou 446 ans avant l'ère vulgaire.

A l'âge de seize ans, il épousa la princesse Yasodhara, fille du roi Suprabuddha. Le père de Bouddha se nommait Suddhodhana et sa mère, la reine Maya. Il régna sur la tribu Aryenne des *Sakyas*, ce qui est sans doute, cause qu'on nomme Gautama *Çakya-Muni*. Le père de Bouddha lui fit bâtir trois palais magnifiques, afin qu'il put habiter l'un d'eux à chaque changement de saison, qui, dans l'Inde, sont au nombre de trois seulement, l'hiver étant inconnu.

L'un de ces palais avait neuf étages ; le second cinq et le dernier trois étages seulement ; mais tous étaient entourés de jardins remplis de fleurs, possédaient de belles fontaines jaillissantes. Suddhodana adorait son fils ; aussi dans la crainte de le perdre, suivant que l'avait prédit un astrologue, comme nous allons le voir bientôt, le père avait défendu à tous ceux qui approchaient son fils de lui parler des misères de ce monde et de la mort.

Cependant une nuit, quand tous les habitants du palais dormaient, Gautama se leva et trouva le moyen de fuir sans être aperçu ; il était alors âgé de vingt-neuf ans. On dit qu'il prit cette détermination à la suite de l'apparition d'un déva, qui se présenta à lui sous quatre formes différentes : celle d'un vieillard, celle d'un homme malade, celle d'un cadavre, enfin, sous la forme d'un ermite.

Ainsi s'accomplit la prédiction qu'avait faite à sa naissance un astrologue, qui avait annoncé qu'il abandonnerait un jour son royaume et tous ses biens pour devenir Bouddha. Une nuit donc, il se leva, jeta un dernier regard sur sa femme et sur son fils endormis, puis il appela son fidèle serviteur Chauna, monta sur son cheval blanc favori *Kantaka* et sortit enfin du palais de ses pères sans avoir été aperçu par qui que ce fut, pas même des gardes qui, pour la circonstance, avaient été plongés dans un profond sommeil par les Dévas.

Il quitta sa femme, son fils et toutes ses richesses sans trop de douleur, car, il se croyait appelé à remplir une mission, et il s'enfuit dans la jungle, afin d'y méditer et y découvrir la cause des souffrances humaines. Arrivé à la rivière *Anoma*, située fort loin de Kapilawastu, il mit enfin pied à terre, et coupa avec son glaive sa luxuriante chevelure, qu'il donna à son fidèle Chauna avec tous ses ornements et sa monture, lui commandant de remettre le tout au roi son père. Son fidèle serviteur l'ayant quitté, il se rendit à pied à Rajagriha, capitale de Magahda et là, dans la jungle d'Uruwela, il se fit le disciple d'Ermites-Mages (hommes sages); afin d'acquérir les connaissances qu'il recherchait; ces ermites étaient brahmanes. Ils enseignaient que par de sévères austérités et une excessive fatigue du corps, l'homme peut acquérir la parfaite sagesse.

Après avoir longtemps pratiqué les mêmes mortifications que les sages ermites et pris connaissance de leurs profondes études, Gautama ne put cependant découvrir le motif des souffrances humaines ; il se rendit alors dans une forêt située près d'un lieu dit *Buddha-Gaya*. Il y passa plusieurs années dans le jeûne et la méditation.

Il avait avec lui cinq compagnons nommés Koudanya, Baddaji, Wappa, Mahanama et Assaji.

Voici la sévère discipline que Gautama suivit pour rendre son esprit accessible à l'entière vérité. Il avait l'habitude de se tenir assis et de méditer en fermant les yeux et les oreilles à tous les bruits extérieurs pouvant troubler sa méditation. Il jeûnait aussi, et, chaque jour, il diminuait de plus en plus la quantité de nourriture et d'eau employées à son alimentation; enfin, il arriva à ne manger par jour, qu'un grain de riz ou de sésame; aussi s'étant affaibli de plus en plus, un jour comme il marchait très lentement, ses forces l'abandonnèrent tout à coup et il perdit connaissance. Ses compagnons le crurent mort, mais ce n'était qu'une syncope et Gautama revint bientôt à lui. Il pensa alors que le but de ses recherches ne pouvait être atteint par le simple jeûne et les souffrances corporelles, mais par un agrandissement, une amplification de l'intelligence. Il résolut donc de manger, afin de pouvoir vivre assez longtemps pour acquérir la sagesse. Une jeune fille l'avait trouvé dans l'état de faiblesse que nous venons de décrire ; elle lui offrit donc quelque nourriture, qu'il accepta.

Les forces lui revinrent peu à peu ; il se leva prit sa sébille se baigna dans la rivière Niranja, et rentra quelques jours après dans la jungle ; et, sur le soir, Gautama se dirigea vers un arbre appelé *Boddhi* ou *Asvaltha*. Arrivé au pied de celui-ci, il prit la ferme résolution de ne plus quitter cet endroit qu'après avoir acquis la sagesse, c'est-à-dire avoir atteint l'état de Bouddha. Il avait la face tournée vers l'Est, c'est-à-dire tournée du côté de la meilleure influence. Dans la méditation de la première nuit passée au pied du Boddhi, il eut connaissance de ses naissances antérieures, des causes de la renaissance et des moyens d'éteindre tout désir. Vers l'aube son intelligence s'ouvrit comme la fleur du lotus et il obtint la connaissance suprême, c'est-à-dire celle des *quatre vérités* ; la lumière se fit en lui ; il était devenu Bouddha, c'est-à-dire *Omniscient, Illuminé*.

Dès lors, il vit les causes des souffrances

humaines et le moyen d'y échapper. Il dut faire de grands efforts pour arriver à cette parfaite sagesse. Il eut à se débarrasser de tous ses défauts naturels, des appétits et des faiblesses de l'humaine nature ; il dut prendre le dessus sur les mauvaises influences du monde qui l'enveloppaient de toute part et qui empêchent de voir la *vérité*.

Le secret de la misère humaine lui fut dévoilé; ce secret, c'est l'*ignorance*, qui nous fait estimer ce qui n'est pas digne d'estime, priser ce qui n'est d'aucun prix, croire réel ce qui n'est qu'imaginaire, et négliger ce qui a le plus de valeur, c'est-à-dire connaître tout le monde secret de l'existence et de la destinée de l'homme avant d'arriver au Nirvâna.

Voici les quatre vérités découvertes par Bouddha :

1° Les misères de l'existence ;

2° La cause de la misère qui est le désir de se satisfaire, toujours renouvelé, jamais satisfait ;

3° La destruction de ce désir ;

4° Le moyen d'obtenir cette destruction du désir.

Dans sa doctrine, Bouddha énumère quelques-unes des choses qui produisent la tristesse ; ce sont : la naissance, la croissance, la ruine, la maladie, la mort, la séparation de ce que nous aimons, la haine de ce que nous ne pouvons pas éviter, le désir de ce que nous ne pouvons obtenir.

Parmi les moyens que donne Bouddha pour éviter les souffrances qui résultent de désirs inassouvis et de convoitises ignorantes, nous mentionnerons celui qui consiste à surmonter et détruire la soif intense de la vie et de ses plaisirs, qui est la cause de toute souffrance ; et, pour cela, il faut, ajoute-t-il, suivre le noble chemin des huit sentiers, lesquels se nomment *Angas* et qui sont : le premier la croyance correcte ; le second, la pensée correcte ; le troisième, la parole correcte ; le quatrième, la doctrine correcte ; le cinquième, les moyens d'existence corrects ; le sixième, l'effort correct ; le septième, la mémoire correcte ; le huitième, la méditation correcte.

L'homme qui comprend ces *Angas*, et qui les suit, est affranchi de la peine et arrive au salut, c'est-à-dire qu'il est sauvé des misères de la vie et des renaissances, et qu'il arrive au Nirvâna, qui n'est pas comme beaucoup affectent de le croire, et comme nous le verrons plus loin, un état d'anéantissement complet.

D'après la doctrine de Bouddha, ce qui est

cause de nos renaissances, c'est le désir inassouvi que nous avons pour les choses terrestres. Cette soif inassouvie d'existence physique, de besoins matériels, est une force qui possède en elle-même le pouvoir créateur, qui nous replonge dans l'existence terrestre.

Bouddha était né sous la constellation de Wissa, un vendredi de Mai, de l'an 2478, de Kali-Yug ; il entra dans la jungle en l'an 2506 devint Bouddha à la pointe du jour d'un mercredi l'an 2513. Ayant accompli la tâche qu'il s'était donnée, perfectionné sa doctrine et montré la la route du Nirvâna à des milliers de fidèles, Bouddha quitta la terre la 45e saison, après qu'il eut atteint l'état de Bouddha, un mardi de la pleine lune de mai de l'an 2558 ; il se rendit un soir à Kusi-Nagora, situé à 120 milles de Bénarès et, sentant venir sa fin, il s'étendit sur une natte entre deux arbres de *Sâl*, la tête tournée vers le Nord. La première partie de la nuit, il prêcha aux princes Maliya ; dans la seconde partie, il convertit un Pundit Brahmane, nommé *Subhadra* ; enfin au point du jour il passa dans l'état intérieur de *Samadhi* (mort apparente quant au corps) ; enfin, il quitta définitivement son corps, comme nous venons de le voir, un mardi de la pleine lune de mai de l'an 2558 de Kali-Yug, il avait alors quatre-vingts ans.

Il ne faut pas confondre Boudha avec un seul *d* et Bouddha avec deux *d* ; celui-ci dont nous venons de donner une courte biographie et qui passe pour la neuvième incarnation de Vishnu, est le fondateur du Bouddhisme.

Boudha avec un seul *d* sert à désigner le régent de la planète Mercure ; c'est le fils de Soma et de Tara qui passe pour le premier roi de la dynastie lunaire.

CHAPITRE XIII
MYTHES ET SYMBOLES HINDOUS

ADDHA-NARI OU ADHANARI

Symbole hindou, analogue à l'Adonaï de Jekeskiel (Ezéchiel) ; c'est le grand pantacle hindou et un symbole panthéistique ; on le représente par une jeune fille (la Religion ou la Vérité), terrible pour les profanes et douce pour les initiés ou adeptes. — La figure de Addha-Nari est placée entre un veau bridé et un tigre, ce qui forme le triangle de Kéther, de Géburah et de Gédulah ou Chesed.

On trouve dans ce symbole les quatre signes du tarot, dans les quatre mains d'Addha-Nari ; du côté droit (côté de l'initié et de la miséricorde) le sceptre et la coupe ; du côté gauche (côté du profane) représenté par le tigre, l'épée et le cercle. Cette jeune fille est vêtue du côté de l'initié, des dépouilles du tigre ; du côté des profanes, elle porte une longue robe étoilée et sa chevelure est recouverte d'un long voile. Du front d'Addha-Nari jaillit une source de lait qui coule du côté de

ADDHA-NARI

l'initié et forme autour de la déesse et des deux animaux qui sont à ses côtés, un cercle magique qui les enferme dans une île (représentation du monde) ; elle porte à son cou, une chaîne magique formée de chaînons rectangulaires, pareils à ceux de nos chaînes de suspensions des lustres modernes, cette partie de chaîne est du côté des profanes ; du côté des initiés, cette chaîne est formée par des têtes pensantes, enfin à son front se voit le lingham ; de chaque côté de celui-ci trois lignes superposées représentent l'équilibre du ternaire et rappellent le trigramme du Fo-Hi, empereur mythologique, à qui on attribue la civilisation de la Chine, l'invention de l'architecture et de l'agriculture, la découverte et la fabrication des métaux, l'élaboration des lois, enfin, la composition du livre sacré Yi-King ou *Livre des Transformations.*

C'est un essai de philosophie empreint de grandes idées cosmogoniques, qui offre certaines analogies, avec la doctrine pythagoricienne, tant par la prédominance du système binaire que par les oppositions qui le manifestent dans ses transformations successives.

AMRITA

C'est l'ambroisie des Dieux Hindous, obtenue par le barattement de la mer de lait comme nous l'avons vu en parlant de la deuxième incarnation de Vishnu. Ce breuvage était ainsi nommé (*a* privatif *mrita* mort) parce qu'il procurait l'immortalité. Le déva Danavandri, médecin des Dieux parut un jour au milieu d'eux, portant le vase contenant ce précieux breuvage ; les Dieux et les Asuras s'en disputèrent la possession. Ces derniers réussirent même à se l'approprier, mais Vishnu sous les traits de *Mohini-Maïa* put leur ravir l'Amrita et la livrer aux Dieux par l'entremise de Danavandri.

GANÉÇA

Ganéça est le dieu de la Sagesse, du Destin et du Mariage. Comme tel, il préside au nœud de l'Hyménée ; mais par contre il est aussi le Destructeur des obstacles de l'Intelligence, qui s'opposent au libre exercice des facultés de l'esprit.

Ganéça est fils de Çiva et de Pàrvatî, ou même de Pàrvatî seule, suivant une tradition fort répandue, qui nous apprend que cette déesse donna naissance à ce fils, à la suite d'une transpiration abondante, et sans aucun concours de son époux.

Honteuse après son accouchement, elle déposa

Ganéça dans un lieu solitaire ; Sani le Dieu de la planète Saturne aperçut le pauvre petit abandonné, et d'un coup d'œil réduisit en cendres sa tête ; mais il la remplaça par celle d'un bel éléphant

qu'il venait d'abattre ; voilà pourquoi Ganéça porte sur son cou une tête d'éléphant. Du reste, les légendes hindoues varient beaucoup au sujet de cette singulière conformation, car d'aucuns prétendent que Pârvatî ayant aperçu, avant de concevoir, un couple d'éléphants, qui s'ébattaient joyeusement dans une forêt, en eût l'imagination si fortement impressionnée, qu'elle engendra Ganéça avec une tête d'éléphant.

Une troisième version nous apprend que Ganéça ayant perdu sa tête, soit pour avoir désobéi à Çiva, soit en punition du meurtre d'Adyta (le Soleil) tué par Çiva, père de Ganéça, Pârvatî supplia Brahmâ de rendre la vie à son fils ; celui-ci accorda bien la faveur demandée, mais à la condition de prendre la première tête qu'elle rencontrerait sur sa route ; ce fut celle de l'éléphant Indra.

Suivant le Çiva-Purana, Ganéça périt en combattant Çiva, lequel d'un coup de sa chakra abattit la tête de Ganéça. La mère éplorée et furieuse demanda vengeance aux Dieux ; ils intervinrent en sa faveur et ressuscitèrent le fils de Pârvatî, mais ne pouvant lui rendre sa tête, ils la remplacèrent par celle d'un éléphant.

Enfin, une quatrième tradition prétend que Çiva et Pârvati empruntèrent pour quelques heures la forme d'éléphants et qu'en mémoire de cette métamorphose, Ganéça naquit avec la tête de l'un de ces gigantesques pachydermes.

Quoiqu'il en soit de ces diverses légendes, il est un fait certain, c'est que Ganéça est éléphantocéphale, et que dans les traditions hindoues, il apparaît comme étant également en lutte avec Vishnu et Çiva ; qu'il empêcha ce dernier de se réconcilier avec Bhavani (Pârvati), qu'enfin, il soutint une guerre longue et acharnée contre les alliés Çivaïtes et brisa la *Tricoula* de son ennemi. Ganéça eut à soutenir bien d'autres luttes contre Skanda par exemple. Celui-ci était sur le point d'être déclaré souverain des Dieux, après sa victoire sur le géant Taraka ; or, Ganéça lui disputa ouvertement ce titre et il obtint de l'assemblée des Dieux que ce titre serait décerné au plus agile coureur, à celui qui aurait plus rapidement accompli le tour de la terre et des cieux.

Skanda y consentit et partit sur le champ avec sa monture habituelle, le paon, tandis que Ganêça enfourcha son coursier, un rat, et se rendit auprès de la Trimourti ; et comme il l'enveloppa en quelques minutes dans sa course, il remporta aisément la victoire.

Une tradition prétend que la lutte entre les deux adversaires était relative à la période du mariage ; or, quand Skanda revint de ses pérégrinations, il put se convaincre que Ganêça, qui avait tourné autour de Pârvati et de Çiva, était père de deux enfants.

Un troisième mythe nous apprend que le prix de la course fut une figue offerte par Çiva, qui proposa aux lutteurs de faire le tour de Kaliaça; or, Ganêça obtint le prix, en se contentant de tourner autour de Çiva ; il devint donc aussi son allié et plus tard son fanatique sectateur, puisqu'il se mit à la tête des *Ganas*, adorateurs de Çiva ; de là son nom de Ganêça (Gana-sça c'est-à-dire *Seigneur des Ganas*).

Ganêça eut deux femmes, Sidhi et Rowdhi, dont il eut deux enfants : Lakcha et Labha.

Les Hindous attribuent à ce dieu une part très active de collaboration dans la composition du Mâhabhârata ; c'est pour cela peut-être qu'on l'invoque toujours au commencement des livres, comme dans Çakuntalà par exemple; on l'invoque de même avant d'entreprendre une action importante.

Les Hindous attribuent aussi au dieu éléphantocéphale l'invention de l'astronomie, des mathématiques et d'autres sciences, et de même qu'il ouvre la carrière de l'année, de même il ouvre celle des sciences.

D'après les Hindous, c'est Ganéça, qui inspire les résolutions utiles et les grandes et nobles pensées ; c'est pourquoi on le considère comme un dieu supérieur immédiatement placé au-dessus de la Trimourti, et que son nom de Ganéça figure en tête de toutes les prières.

Ce dieu a beaucoup de surnoms ; voici les principaux : *Polléar*, comme gardien des portes de ville dans l'Inde méridionale ; il ne faut pas confondre ce terme avec celui de *Poulear*, dérivé du Tamoul, qui signifie : *Qu'est ceci?* Exclamation de Çiva en apercevant Ganéça né sans son concours de la sueur de Pàrvatî.

Ses autres surnoms sont : *Douaïmatra* (aux

deux mères) ; *Ekadanta* (à une seule dent ou défense) ; *Gainavadi* ou *Gainadhiba* (Seigneur de la Réunion) *Gadjmana* (à tête d'éléphant) *Gurou* (l'instituteur) ; *Héramba* (au grand corps) ; *Lambodara* (au ventre énorme) ; *Vighnaradja*, (le roi des empêchements) ; *Vinaraga* (le grand maître) ; etc.

On le représente avec quatre bras, coiffé de la tiare, tenant une massue, une hache, un lasso et une boule ; il a un ventre énorme et des jambes grosses et courtes ; sa tête d'éléphant, ne porte qu'une seule défense, l'autre lui ayant été coupée par un coup de hache de Paraçou-Râma, contre lequel il eut à soutenir une grande lutte. Souvent, on le voit représenté porté sur un rat ou un crocodile, parce que ces animaux lui sont consacrés.

GAROUDHA

Garoudha est un oiseau merveilleux, on le nomme également Garodhu et Garédu, Garouda et Gardichabouhu.

Divers archéologues nous disent, que les lamas du Thibet prétendent que cet oiseau a établi son nid, dans une caverne marine immense, dénommée Paoucongi, et que, presque chaque nuit, pour assouvir sa faim, cet oiseau gigantesque enlève dans ses serres soit un tigre, soit un éléphant ou bien un rhinocéros ; c'est ce grand appétit, qui le fait surnommer *Chirdd*, c'est-à-dire *qui mange longtemps* ; il a du reste beaucoup d'autres surnoms, comme nous allons le voir bientôt.

Voici quelle est la conformation de Garoudha, l'oiseau gigantesque qui sert de monture à Vishnu. Il a le corps d'un homme avec la tête, le bec et les serres d'un aigle ; sa tête est blanche, ses ailes rouges et son corps jaune ; c'est une sorte de sphinx.

Il est le roi des oiseaux, fils de Kaçyapa et de Vinata, ou selon d'autres d'Aditi ; il protégea même celle-ci, contre les Rakchasas, et il lui apporta l'*amrita*, si convoitée par les esprits malfaisants ou génies du mal.

L'Amrita est l'ambroisie des dieux hindous ; nous savons qu'elle procurait l'immortalité, d'où son nom.

Les Dévas associés aux Asuras, se procurèrent, à l'origine du monde, l'*amrita*, au moyen du barattement de la *mer de lait* (l'océan de la création) ; mais ils ne purent obtenir ce résultat qu'avec l'aide de Narayana (Vishnu) ; nous l'avons déjà vu.

Nous venons de dire que Garoudha était fils de Kaçyapa, c'est-à-dire de l'espace personnifiée; Kaçyapa était lui-même petit-fils de Brâhma, fils de Maritchi et de Dakcha ; Kaçyapa avait douze femmes, parmi lesquelles figure Diti *la noire*, qui donna naissance aux Daïtas.

De son union avec Aditi, Kaçyapa eut, outre Garoudha, les douze adytyas qui représentent les douze soleils mensuels, dont voici les noms : Varouna, Suria, Védani, Bhanou, Indra, Ravi, Gabasti, Jama, Souarnareta, Divakara, Mitra, Vishnu.

Quelques archéologues prétendent que Kaçyapa eut Garoudha de Vinata ; celle-ci aurait accouché d'un œuf, d'où sortit notre merveilleux oiseau ; il est bien difficile de se prononcer à ce sujet ; les preuves faisant défaut.

Quoiqu'il en soit, voici les autres surnoms de Garoudha ; on le nomme encore : *Sitânana,* c'est-à-dire (à visage blanc) ; *Rakta-Paksha* (aux ailes rouges) ; *Suvarna-Kaya* (au corps d'or) ; *Gaganesvara* (seigneur du ciel) ; *Sveta-Rohita* (blanc et rouge) ; *Khagesvara* (roi des oiseaux) ; *Khâma-Chârin* (qui va où il lui plaît); *Kamayas* (qui vit avec plaisir) ; *Nâghântaka* et *Pannaga-Nasana* (destructeur des *Nagas,* serpents) ;

Sudhâhara et *Amritaharana* (ravisseur de l'amrita) ; *Surindra-jit* (vainqueur d'Indra) ; *Vajrajit* (dominateur de la foudre) ; *Vishnu-ratha* (monture de Vishnu) ; quant aux représentations figurées de Garoudha, elles sont fort diverses.

KRISHNA

Krishnâ *(le noir)*, est le nom de Vishnu dans sa huitième incarnation, celle qui passe pour la plus belle et la plus pure. Suivant une légende, Krishna naquit à Mathoura, de Vaçoudeva et de Devaki ou Devanaghi.

Vaçoudeva est un rajah de la race lunaire, fils de Souracena ; Devaki était sœur de Kamsa. Celui-ci menacé par une prophétie du sage Nârada, prophétie qui annonçait qu'un des neveux de Kamsa devait le tuer, voulut d'abord empêcher le mariage de sa sœur. N'ayant pu réussir et le mariage de sa sœur s'étant accompli, il fit massacrer les six premiers enfants mâles que sa sœur eut de son union, mais le septième, Bala-Rama et le huitième Krishnâ, échappèrent à la mort, grâce à l'intervention des Kinnaras (1) qui empêchèrent l'ordre d'exécution donné par

(1) Génies Hindous qui forment avec les Sackschas, la Cour de Vaçou Paoulastia. Les Kinnaras chantent les louanges de ce roi et habitent la forêt de Laka.

Kamsa, en étourdissant les gardes par un tintamarre infernal.

Krishnâ vint au monde à minuit, avec le lever de la lune ; il avait tous les attributs de la divinité. Immédiatement il ordonna à son père de le transporter au-delà de la rivière d'Yamuna. Arrivé là, il fut confié à Nanda et à sa femme *Jachoda*, habitant Gokoulam, la ville des pasteurs.

Dès son plus bas âge, Krishnâ se signala par des prodiges ; un jour que sa nourrice lui reprochait sa gourmandise, l'enfant lui montra l'intérieur de sa bouche dans lequel, elle vit l'Univers entier.

Le Dieu vécut dans le pays situé au-delà de la rivière d'Yamouna, au milieu des bergers et des bergères, et partageait volontiers leurs jeux. Kamsa, qui songeait toujours à se défaire de lui envoya successivement vers le divin enfant le monstrueux serpent *Kalinaga* (serpent noir) ; mais le dieu l'étouffa (Hercule fit de même dans la mythologie Grecque) des monstres l'attaquèrent aussi, mais il s'en défit pareillement.

Ainsi les démons alliés à Kamsa, lui envoyèrent comme nourrice un démon femelle Putanash, dont le lait devait l'empoisonner ; mais Krishnâ se débarrassa de cette mégère, en lui épuisant la vie avec son lait.

On dirigea sur lui, un vautour qui devait le mettre en pièces ; c'est le contraire qui arriva, l'enfant déchira le vautour.

Par ce qui précède, on voit que l'enfance de Krishnâ fut très orageuse ; elle rappelle beaucoup celle de l'Hercule grec.

Plus tard ayant grandi, devenu adolescent, il garda les troupeaux de son père nourricier *Nanda*, et, par sa beauté et le son de sa flûte, il séduisit et ravit sept bergères *(Gopis)* des environs, mais il aima surtout la belle *Radha*.

Son amour pour les belles, ne l'empêcha pas cependant de guerroyer avec des jeunes gens, des guerriers de son âge, il se rendit auprès de son oncle pour le châtier.

Celui-ci apprenant son arrivée, fut au devant de lui, en feignant d'avoir pour son neveu toutes sortes d'égards et de bontés ; il lui proposa même des épreuves diverses au moyen desquelles il devait se couvrir de gloire. Il lui enjoignit par exemple, de bander son arc *(Dharoudj)*, qui donnait la mort à quiconque le maniait. Krishnâ brisa l'arme et soutint victorieusement diverses autres épreuves, qui devaient lui assurer le trône ;

mais ces épreuves accomplies, Kamsa refusa de tenir ses promesses.

Le courage, l'adresse et la vigueur de Krishnâ furent bientôt célèbres dans toute la contrée ; aussi fut-il chargé de la purger, des monstres et des brigands qui l'infestaient. Kamsa était fort contrarié de cette popularité, aussi voulut-il en finir une bonne fois, et attirer son neveu dans un piège ; il l'invita pour cela à des jeux du cirque. Mais Krishnâ, aidé de son frère Bala-Râmâ et de ses amis, massacra les envoyés de Kamsa et le tua lui-même de sa propre main ; ainsi s'accomplit la prophétie du sage Naradâ (1).

Une autre légende nous dépeint Krishnâ très amoureux de la belle Roukmini, fille ou sœur de Bishmakâ, roi de Vidarbha.

Pour posséder Roukmini, Krishnâ combattit et défit Bishmakâ et tua Dandavaktra (2) tandis qu'un des compagnons de Krishnâ, Bhima, fit périr Djaraçanda (3).

Exerçant ses droits de vainqueur, Krishnâ s'empara du Zénanah de Bishmaka et des seize

---

(1) Naradâ était fils de Brahmâ et l'un des dix richis ; il passe pour l'inventeur du luth hindou.
(2) Nom du géant Knciapa.
(3) Prince de la dynastie lunaire, beau-père de Kamsa et qui régnait dans le Sicats.

mille vierges, qu'il renfermait et prit pour favorite Roukmini, dont il eut Radiumna.

Arrivé à ce point de notre récit, la légende bifurque ; d'après les uns, Krishnâ se serait établi à Mathoura et aurait passé sa vie à faire des conquêtes, enfin à débarrasser son royaume des bandits, des Rakschasas et des démons.

D'après une autre version, pendant que Krishnâ combattait Bishmakâ, de cruelles dissensions se seraient élevées au sein de la famille de Bhârata, dans laquelle notre héros avait pris naissance. Duriodhana, chef des *Kurous* branche aînée des enfants d'Iadou, persécutait la branche cadette, les *Pandous* ; Krishnâ vint au secours de celle-ci, et marcha contre les oppresseurs, avec le Pandou Ardjuna, dont il fit son compagnon favori. Après une bataille qui dura dix-huit jours, les Kurous sont défaits, leur chef tué, ce fut la dernière victoire de Krishnâ.

Ici encore nous avons une bifurcation dans la légende ; d'après les uns, Krishnâ remonte dans le Vaïkounta (palais du vin) après avoir adressé à son ami Ardjuna ses dernières exhortations et après lui avoir donné les meilleurs conseils.

D'après d'autres, Krishnâ aurait péri sur un

sandal, sur lequel il aurait été cloué d'un coup de flèche, et de là, dans cette position, il aurait prédit les maux qui allaient fondre sur le monde dans l'âge noir *(le Kali-Yug)* qui commença en effet, trente-six ans après les faits, que nous venons de raconter.

Cette dernière tradition a une variante que voici : Krishnâ, l'homme dieu, fut changé en un tronc de sandal *(Echandaua)* ; c'est depuis que ce bois est rouge et parfumé ; il fut porté par les eaux sur la côte d'Orissa.

Ce mythe de Krishnâ, présente des analogies frappantes avec les mythologies grecques et romaines, et avec certains récits de l'Evangile sur le Christ ; mais il faut surtout y voir une symbolisation poétique de la lutte des Vishnuïtes et des Çivaïtes.

Les représentations figurées de ce mythe, nous montrent Krishnâ tantôt enfant, tantôt adolescent, mais toujours avec le visage bleu foncé, d'où son nom de Krishnâ *(le noir)*. Souvent, il a une attitude méditative ; mais quand il est assis, les jambes croisées, il fait avec les mains, le geste d'enseignement ; sa coiffure est fort inclinée à gauche, mais aussi quelquefois à droite.

Quand il est debout sur un serpent, il tient une

boule dans sa main droite et dans la main gauche la queue du serpent.

Quand il est représenté en enfant, il est souriant, coiffé d'une sorte de diadème ; ses oreilles ornées de pendants en forme de clochettes, il a un anneau passé dans le nez. Son cou est orné d'un collier de pierreries, qui descend jusque sur le ventre ; il porte aux bras et aux poignets des bracelets ; autour des reins une ceinture dorée, autour des chevilles, des ornements en forme de manchettes.

De la main droite, il tient une flûte, de la gauche, il joue avec une longue tresse de cheveux, ornée de disques d'or et de pierreries ; cette tresse est terminée par trois glands d'or. Il est assis sur un coussin formé par les replis du serpent *Cesha*, dont les cinq têtes se recourbent en forme de dais, au-dessus de celle du jeune dieu ; quelquefois le serpent est Heptacéphale (à sept têtes).

LAKSHMI OU CRI

Cette déesse de la beauté femme de Vishnu est aussi la mère de *Kama*, le Dieu de l'amour (Eros, Cupido) ; d'après certaines légendes hindoues *Kama* serait le premier né des Dieux.

Lakshmi est donc la Vénus Hindoue ; du reste

comme l'Aphrodité des Grecs, elle naquit de l'écume de la mer, de l'océan agité, quand les Dieux et les Asuras barattèrent la *Mer de lait*. Crî est non seulement la déesse de la beauté, mais encore celle de la Fortune, la Tyché des Grecs ; on l'a surnommée *Kshrabdhitanafiá*, c'est-à-dire fille de la mer de lait, parce que, d'après une légende, on la représente au moment de la création du monde, flottant sur les eaux, sur une feuille de lotus *(Padma)*, aussi les sectateurs de Vishnu considèrent cette déesse comme la mère du monde *(Lokamâtâ)*.

Pour suivre les diverses phases de la fortune de son époux, Crî s'est réincarnée à chaque avatar de Vishnu ; elle est devenue successivement *Dhanari*, épouse de *Ramâ* ; *Sita*, épouse de *Bhagava (Ramâ-Shandra)*; *Rukmini*, épouse de *Krishna* (le noir). Cette déesse ne possède pas de temple en propre ; elle reçoit les hommages de ses adorateurs dans les temples de Vishnu et dans ceux de Çiva, qu'on lui donne également comme époux.

Dans plusieurs pagodes, un feu brûle perpétuellement en son honneur ; le manglier et le lotus lui sont consacrés.

Les représentations figurées de cette déesse la

montrent la tête surmontée d'une mitre, tenant dans son bras droit un enfant *Satyavana* (l'unique enfanté) qu'elle allaite ou une fleur de lotus à la main droite ; on voit par là, le rapprochement qui existe entre Crî, l'Isis des Égyptiens et la Vierge Marie des chrétiens.

D'autres représentations nous montrent Laskmi debout sur un lotus, coiffée de la tiare ; de ses oreilles partent deux ornements qui suivent les deux bras de la déesse jusqu'aux coudes ; un collier à cinq rangs orne son cou ; la partie supérieure de son corps est nue, tandis que la partie inférieure est couverte par une draperie transparente, une sorte de gaze ; elle a une ceinture formée de plusieurs guirlandes, laquelle ceinture retient sa jupe et couvre les hanches de la déesse.

D'après les Puranas, Crî serait la fille de Brigu et de Kyali, d'après le *Taittirya-Sanhitâ*, Lakshmi et Crî seraient deux personnalités distinctes, femmes d'*Adytia*, et, d'après le *Satapatha-Brâhmana*, cette déesse serait la fille de Prajapati *(Brahmâ)*.

Selon le poème du *Râmâyana*, Crî serait sortie (née), par l'effet de sa propre volonté, d'un sillon ouvert par la charrue *Janaka* qui lui donna le nom de *Sîtâ* (sillon).

Voici quelques autres noms de cette déesse : *Hirâ, Jâdirâ, Jadhi-ja* (née de l'océan) *Chauchalâ* ou *Loka* (inconstante), elle porte ce dernier qualificatif comme déesse de la Fortune.

Quand elle sortit de la corole d'un lotus, elle prit le nom de *Padma* ou *Kamala* et devint l'épouse de Vishnu *(Hari)* incarné sous la forme d'un nain *(Vâmana)*; d'où le nom de *Vâmana-va-Tara* donné à cette cinquième incarnation de Vishnu.

MULAPRAKRITI

Vierge céleste, immaculée et incréée *(Anupadaka)* d'au delà de laquelle et à travers laquelle se manifeste le Verbe ou l'Esprit Universel ; Mulaprakriti est la reine primordiale de l'activité, on l'appelle aussi racine sans racine *(amulam-mulam)*, ou cause incausée ; elle représente la face visible, le côté Être ou Tout de ce dont Parabrahm est la face invisible, le côté non être ou rien : l'absolu, que notre conscience ne peut concevoir que comme Inconscient et Immuable, c'est le *Grand Souffle*, d'une part et l'*Espace-Mère* d'autre part, que l'esprit humain ne peut abstraire d'aucune conception, ni concevoir en lui-même autrement que comme Vide absolu.

Mulaprakriti est omnipotente et éternelle, elle est l'immuable même. (A-laya).

PRITHIVI OU PARVATI

Prithivi est la déesse de la terre, l'épouse de Çiva et fille de Prithou ; suivant ses diverses personnifications, elle porte des noms divers.

Comme déesse bienfaisante, on la nomme *Oumâ* (type de beauté) ou *Gaurî* (jaune brillante) ou bien encore *Jagan-Mâtâ* (mère du monde) enfin *Bhâvani* (qui donne la vie) ; sous ce nom, elle préside aux enfantements, à toutes sortes de productions et même à des opérations magiques qui lient les dieux à des mortelles par une union illégitime.

Les légendes hindoues distinguent deux Bhavâni ; l'une créée par Brahm, supérieure et primordiale, aurait donné naissance à la Trimourti, en laissant échapper de son sein trois œufs ou plutôt un œuf unique, duquel serait sorti la Trinité hindoue : Brahmà, Vishnu, Çiva. La seconde Bhâvani est femme de Çiva, c'est celle qui nous occupe, et qui est tour à tour déesse conservatrice, créatrice ou guerrière. Bhâvani est la mère de Ganéça, de Skanda, de Soubramahnya.

Comme déesse de la destruction, c'est-à-dire sous sa forme terrible, elle a diverses personnifications, c'est *Kali* ou *Cyâmâ* (la noire) *Mahakali* (la grande noire), *Chandi* ou *Chandica* (l'orgueilleuse, la violente) *Dourgâ* (celle qui est difficile à fléchir), enfin *Bhaïravi* (la terrible) ; mais plus généralement, on la désigne sous le nom de *Dévi* (déesse) ou *Mahâ-Dévi* (la grande déesse).

Suivant ses personnifications diverses, elle est diversement représentée ; ainsi quand elle est *Dévi-Simharathi* (Dévi chevauchant sur un lion) elle est assise sur un lion blanc ; ses quatre bras tiennent dans leur main un arc, une flèche, une conque et une chakra ; quand elle est *Dourgâ*, elle a dix bras tous armés d'un crochet ou harpon, de la chakra, d'une lance, d'un trident, d'une flèche, d'un glaive, d'un bouclier, d'un lasso, d'une sonnette, et d'un poignard. Elle porte comme coiffure une couronne de plumes, elle pose son pied droit sur un tigre qui enfonce ses griffes dans le *Col d'un buffle décapité*. Du corps de cet animal, sort le géant *Mahishâsoura*, que *Dourgâ* perce de son trident ; le géant est menaçant et porte un sabre à la main. Parfois, on voit à la droite de *Dourgâ*, *Skanda* coiffé d'une sorte de chapeau plat ; ce personnage est monté sur son paon, à la gauche de la déesse, figure *Ganéça* dont les quatres bras sont armés de la chakra, de la conque, de la massue et d'un lotus ; elle est parfois accompagnée de sa suivante, *Viajaïa*.

Considérée comme *Bhâvani* femme de Çiva, on représente cette déesse avec huit ou dix bras, elle tient dans ses mains comme attributs, le couteau, les deux lances, le trident, le bouclier, la roue etc.

Quand elle est *Dévî*, elle a deux ou quatre bras, est coiffée de la tiare et assise sur un lotus dans une sorte de fauteuil en forme de *Lingam* ; enfin quand elle est *Mahâ-Dévî*, on la représente aussi assise sur un tigre, armée d'un glaive et d'un bouclier, de la boule et de la massue.

SUBRAHMANYA

Subrahmanya est fils de Çiva, qui le fit naître de son œil, situé au milieu du front. Il éprouva le besoin d'avoir ce fils pour détruire un géant *Soura-Parama* ; et dans ce but son père lui donna le *Velle* c'est-à-dire une arme redoutable qu'il porte presque toujours dans sa main droite dans ses représentations figurées.

Soubrahmanya coupa en deux le corps du géant, une de ces parties se changea en coq, qui se tient dans le pavillon de son char ; quant à l'autre partie, elle fut transformée en paon, qui devint la monture du dieu ; aussi le représente-t-on avec celle-ci et accompagné de ses deux femmes ; souvent le paon tient un serpent dans ses pattes.

Soubrahmanya porte ordinairement dix têtes et vingt bras, lesquels tiennent le glaive que nous venons de nommer *Velle* et le *Chakra* disque (arme de jet) sous la forme de la *Vajra* (foudre).

Le char du dieu figure le mythe solaire de la séparation du jour et de la nuit.

Divinité de l'Inde méridionale Soubrahmanya, qui paraît beaucoup moins connue du Brahmanisme du Nord appartient très-certainement à une très-ancienne religion, de beaucoup antérieure au Brahmanisme.

SURYA

Sûrya est le Dieu du soleil ou simplement le *Soleil*; c'est une des trois grandes divinités védiques, il est fils de Kaçiapa et d'Aditi (l'espace). Sûria a plusieurs femmes, comme nous allons voir, l'une d'elles Sandjna, fille de Viçva-Karma lui donna trois enfants: Manu-Vaivarta procréateur du genre humain, Yami ou Yamuna, déesse qui personnifie la rivière de ce nom, enfin Yama roi et juge des Enfers.

Sûrya, Dieu des astres vivifie les âmes, aussi bien que les éléments, il se confond quelquefois avec Savitar et avec Aditya.

D'après les Védas, il est aussi le fils de Dyaus (le ciel) alors sa femme est Oushas (l'aurore), de laquelle il eut deux fils jumeaux les Açvins (les deux crépuscules); il eut deux autres femmes; l'une nommée Svarna-Sváti et l'autre Mahâ-Viryâ.

Le dieu *Sûria* qu'on nomme aussi *Lokachakshoush* (œil du monde) est souvent représenté, monté sur un char traîné par sept coursiers verts ou blancs, ou par un cheval à sept têtes; les chevaux sont conduits par *Aruna* ou bien par un cocher du nom de *Vicaçvant*; il dirige le mouvement (la danse) des astres, des sphères, des ans, des saisons, des mois, qui tournent harmoniquement autour de lui. Généralement les *Kinnaras*, les *Gandharvas* et les *Raghinis* l'accompagnent en chantant, et en s'accompagnant de la lyre.

Sûrya qui a quatre bras, porte dans ses mains

un chapelet, deux serpents et une petite boule de bronze, d'argent ou d'or, dans laquelle, on peut voir la *Vidya*, c'est-à-dire une petite boule de cristal, qui communique certains pouvoirs à ceux qui la placent dans leur bouche. Elle leur donne par exemple, la faculté de s'élever dans l'air ou de faire paraître devant eux dans sa personnalité astrale, une personne qu'on désire voir. Quand de saints personnages fixent leurs yeux avec une attention soutenue sur cette boule de cristal, ils y voient apparaître, des formes, des signes et des objets, qui leur permettent de lire dans le passé, ou de prédire l'avenir.

Voyons maintenant, ce que sont les *Gandharvas*, les *Raghinis*, les *Kinnaras*, et les *Apsaras* que nous venons de mentionner.

Les *Gandharvas* sont les musiciens célestes, les *Raghinis* les nymphes de la musique ; nous aurons occasion d'en parler, quand nous nous occuperons de la musique et des instruments de musique hindous; les *Kinnaras* étaient des génies chanteurs qui habitaient au centre de la forêt de Laka, lesquels génies chantent les louanges de Sûrya ; parfois les *Apsaras* figurent dans les chœurs. Celles-ci sont des danseuses célestes qui par leurs danses voluptueuses charment aussi le paradis d'Indra *(Svarga).*

D'après la mythologie hindoue, les *Apsaras* naquirent de l'écume de la mer de lait, quand les *Dévas* et les *Asuras* l'agitèrent pour obtenir *l'Amrita* comme nous l'avons dit précédemment, deuxième partie, chapitre XI, pages 124 et 125.

CHAPITRE XIV
A PROPOS DES RELIGIONS DE L'INDE

Après avoir brièvement parlé de la mythologie hindoue, nous devons dire quelques mots des religions de l'Inde, qu'on ne saurait étudier, même superficiellement qu'en plusieurs volumes.

Nous ne fournirons donc ici, que quelques généralités à ajouter à celles que nous avons déjà données dans les deux premiers chapitres de la première partie de cet ouvrage, en parlant de la doctrine védique.

Cette ancienne doctrine ne reconnaît qu'un Dieu unique.

Les védas le définissent ainsi : « celui qui existe par lui-même et qui est dans tout, parce que tout est dans lui. »

Le Mahâbharata en donne à son tour la définition suivante :

« Dieu est un, fixe et immuable, infini, sans formes, omniscient, omniprésent, omnipotent ; il a fait sortir les cieux et les mondes de l'abîme du néant (chaos) et les a lancés dans les espaces infinis ; il est le divin moteur, l'aither (ou akasa) ou essence divine, la grande essence) la cause efficiente et matérielle de tout. Et Manou commentant les Védas, dit en parlant de l'Être suprême : « c'est celui qui existe par lui-même que seul l'esprit peut percevoir, car il échappe aux organes des sens, qui est sans parties visibles, éternel, l'âme de tout ce qui est, a été et sera, et nul ne peut le comprendre. »

Le Védisme la primitive religion des Hindous est certainement la plus ancienne religion du monde. L'Orient ayant été, c'est là un fait aujourd'hui indiscutable, le berceau des religions historiques, a été également la patrie originelle, classique, des idées mystiques, la suite de notre travail prouvera hautement tout ce qui précède.

Qu'enseigne la plus ancienne morale des Hindous : le Védisme, le devoir de l'homme envers l'humanité, envers la patrie, envers la famille, enfin, la charité envers les pauvres.

Brahmâ n'a-t-il pas dit : « Un homme qui a quelque religion, doit avant de manger, sortir de sa maison pour voir si au dehors, quelqu'un n'éprouve pas le besoin de manger aussi. »

Nous avons vu antérieurement, que l'Inde

ancienne a eu quatre religions, dérivant l'une de l'autre, et qui correspondent chacune à un état différent de civilisation. Après le Védisme, nous devons parler du Brahmanisme, du Bouddhisme et du Jaïnisme.

BRAHMANISME

Pas plus que pour le Védisme, on ne saurait préciser l'apparition du Brahmanisme dans l'Inde. Il s'est développé progressivement, mais en s'écartant de plus en plus du védisme, dont il n'a été tout d'abord qu'une modification, tandis que le Védisme primitif n'avait pour ainsi dire pas de clergé, puisque c'était le chef de la famille qui était le prêtre, le Brahmanisme au contraire, s'est caractérisé du Védisme par deux faits importants : la constitution d'un clergé et la division du peuple en castes.

Dans la primitive religion le prêtre *l'angiras* était encore un bardit ou barde, c'est-à-dire un improvisateur d'hymnes, qui suivant les circonstances et son imagination variait ses compositions.

Dans le brahmanisme, les dogmes, les rites et les cérémonies sont pour ainsi dire établis d'une manière immuable, et personne n'a le droit de s'en écarter en quoi que ce soit ; d'où la nécessité de créer la caste des prêtres, *la caste des Brâhmanes*, qui amène bientôt la création de la caste des guerriers pour appuyer l'autorité du clergé. Et tandis que le prêtre appelle par ses prières et ses invocations la protection des dieux sur la foule, la caste guerrière défend le clergé contre l'ennemi extérieur et contre les révoltes de la foule. De là, une seconde caste celle des *Tchatriyas*, composée des familles les plus vaillantes et les plus influentes, qui partagent le pouvoir souverain avec les Brahmes. Enfin, le peuple comme toujours est obligé de travailler pour nourrir ces deux castes ; mais dans le peuple, il existe des inégalités qui créent encore les castes inférieures ; le riche marchand constitue la troisième caste dite des *Vaïsyas* ; les artisans de tous les métiers forment la quatrième caste dite des *Coudras*.

Les trois premières castes ont seules le droit d'être initiées aux dogmes de la religion. Pour expliquer cette inégalité entre les hommes, les Brahmes racontèrent ainsi l'origine des diverses castes :

« Brahmâ, de sa bouche fit sortir le Brahme, le prêtre.

« De ses bras, le Tchatriya, roi ou guerrier.

« De sa cuisse sortit le Vaïsyas ou marchand, l'agriculteur ;

« De son pied naquit les Coudras c'est-à-dire l'artisan, le domestique, en un mot l'esclave des autres castes, le prolétaire. »

Rien au monde ne pouvait faire passer un individu d'une classe inférieure à une classe supérieure, il naissait et mourrait dans sa caste. Bien plus, il n'avait pas le droit de faire un autre travail que celui de sa condition. Le *Mânava-Dharma Sastra* le lui interdisait formellement (1) :

« Que l'homme de basse naissance qui vit en se livrant aux occupations des castes supérieures, soit à l'instant privé par le roi de tout ce qu'il possède et banni. »

Il ajoute :

« Il vaut mieux s'acquitter de ses propres fonctions d'une manière défectueuse, que de remplir parfaitement celle d'un autre, car celui qui vit en accomplissant les devoirs d'une autre caste, perd sur le champ la sienne. »

Aussi qu'arriva-t-il ? C'est qu'à partir du moment où ces principes furent appliqués, la bril-

---

(1) Livre X çlocas 96 et 97.

tante civilisation fut arrêtée, l'ignorance s'empara des masses et les Brahmanes gardant pour eux seuls, les antiques traditions religieuses, finirent par substituer au dieu Unique une foule de Dieux, Dêvas ou Saints qui se firent les agents intermédiaires entre la divinité et l'homme. Ils érigèrent même certains Brahmes, à l'état de divinité, parce que pendant leur vie, ils avaient pratiqué toutes les vertus et avaient fini par aller s'absorber dans le sein de la divinité.

Aussi le Brahmanisme dégénéra bien vite, il y eut le brahmanisme orthodoxe, et le Brahmanisme sectaire.

Avant de quitter le Brahmanisme, parlons de l'édifice de ce culte, du *Mulasthanum* et des mystères qui se pratiquent dans son enceinte.

Le Mulasthanum est le temple inviolable dans lequel s'accomplissent les rites secrets du Brahmanisme.

Du parvis, on aperçoit une nef plus ou moins ténébreuse, au fond de laquelle, on voit une idole noircie par l'épaisse fumée de l'encens et des cierges qui brûlent autour d'elle en son honneur.

Cette idole se nomme *Le Suomi*, mais elle ne possède ce titre, qu'après qu'elle a reçu l'infusion de l'essence divine, accomplie par les consécrations canoniques.

Le Mulasthanum est entouré de plusieurs enceintes, que les profanes ne peuvent franchir. Aussi ce n'est guère que lorsque l'un de ces temples a été souillé, soit par l'égorgement d'une vache, l'intrusion d'un chrétien ou d'un mahométan, qu'il reste ouvert à tout venant.

C'est grâce à des accidents de ce genre, que des européens ont pu voir et décrire l'intérieur d'un de ces sanctuaires, dont voici une description exacte.

Autour du dieu principal, viennent se grouper les tabernacles des dieux secondaires.

La statue de l'idole est généralement plus petite que grandeur naturelle, elle est faite en un alliage composé de cinq métaux : Or, Argent, Airain, Cuivre et Plomb.

Elle est consacrée, nous venons de le voir, par les Brahmanes qui ont le pouvoir de diviniser tout objet animé ou inanimé. Une fois qu'elle a été consacrée, on la porte solennellement autour du temple, puis elle est placée sous un riche baldaquin. La procession est précédée par un véritable essaim de jeunes et belles Bayadères, dont un brillant costume de soie, brodé d'or relève encore le charme et l'éclat.

Seuls *les deux fois nés* ou *régénérés (adwiti)* peuvent assister au culte brahmanique célébré dans l'intérieur du Mulasthanum. (1)

Après le brahmanisme, le Bouddhisme fit son apparition il se subdivisa bientôt en une infinité de sectes, si nombreuses aujourd'hui, que nous pensons qu'il serait absolument impossible à qui que ce soit d'en indiquer le nombre. Nous donnerons une idée de leur variété par la nomenclature des diverses sectes Japonaises et tibétaines.

Parmi les premières, mentionnons les sectes Sin-Gon, de Hokké-Siou, de Ten-daï, de Gio-Do, de Sin-Siou. — Parmi les sectes tibétaines celles de Manjouçri, d'Amitâbha, de Çakia-Muni, de Vayrad-hara, Yabym-chud-da, de Padmapani, de Vajrapani, ou Chakdor etc., etc.

Enfin il existe encore d'autres religions dans la Chine, le Cambodge, le Siam dérivées plus ou moins du Bouddhisme (2) il y a aussi le Shintoïsme, le Lamaïsme, le Jaïnisme (3) etc,. etc., car l'Asie possède la plus riche collection de religions

(1) cf. Chambers Journal, Janvier 1892.
(2) Le Bouddhisme a été introduit en Chine vers le milieu du second siècle avant l'ère vulgaire.
(3) Le Janaïsme se divise en deux grandes parties : les *Digambaras* ou *vêtus du ciel (vêtus de bleu)* et les *Svétambaras* ou *vêtus de blanc*.

qu'il existe au monde, il y aussi des Parsis ou Guèbres, des Mahométans, des Juifs et des Chrétiens ; Confusius et Lao-tsé sont, on le voit en nombreuses compagnies de fondateurs.

TROISIÈME PARTIE
La Doctrine Ésotérique ou l'Ésotérisme à travers les âges

CHAPITRE XV
PROLÉGOMÈNES

Nous allons aborder dans cette partie de notre œuvre un sujet bien difficile à traiter ; car il nous faut au milieu de légendes, de symboles et de fables, retrouver la vérité, ce qui n'est pas facile à travers toute cette exubérante poésie de la littérature hindoue. Heureusement que si le cadre change, le fond de toute cette affabulation est toujours le même. Il s'agit donc de reconstituer l'Ésotérisme hindou presque inconnu aujourd'hui en Occident.

Si notre tâche est difficile, elle est aussi extrêmoment attachante, il est bien entendu que tout ce qui va suivre ne sera pour ainsi dire que la clef de l'ésotérime et non la *Doctrine secrète de l'Inde* ; car il faudrait plusieurs volumes pour exposer celle-ci.

En premier lieu, nous devons étudier l'homme, sa nature, son âme. Il s'agit de savoir ce qu'il est, d'où il vient, où il va.

L'homme est-il simplement matière et après sa vie, tout est-il fini ?

L'homme au contraire, est-il une émanation divine ? Il s'agit alors de savoir comment se poursuit sa destinée !

Tels sont les problèmes que nous allons chercher à résoudre, en synthétisant autant qu'il est possible sous un petit volume, les matériaux immenses qui ont paru, sur la création du monde *(macrocosme)* et sur celle de l'homme *(microcosme)*.

Nous devons déclarer tout d'abord qu'après avoir étudié les principales cosmogonies, nous avons acquis l'intime conviction, que toutes dérivent d'un seul, et même principe, lequel a varié suivant les temps et les pays. Mais en définitive comme ce principe est toujours le même, il doit certainement être vrai. Sans cela, il n'aurait pas toujours persisté fixe et immuable à travers les milliers de siècles, qui composent l'histoire de l'humanité, et à travers les générations les plus diverses.

Et pourquoi ce principe toujours le même a-t-il traversé tous les âges sans encombre et sans se dénaturer ? C'est qu'il a dû naître en même temps que l'homme, qui le tient sans doute de son créateur même.

Un certain nombre d'hommes privilégiés en ont conservé le souvenir, par la tradition et ont pu le transmettre à leurs descendants comme un héritage si considérable qu'ils ont imaginé chez tous les peuples, par lesquels ont passé de grands initiés de le cacher sous des formes et des symboles inintelligibles pour le vulgaire, mais parfaitement intelligibles pour l'Adepte.

De là deux doctrines :

La DOCTRINE EXOTÉRIQUE et la DOCTRINE ÉSOTÉRIQUE.

Nous n'avons pas à nous occuper de la première qui a été transformée et triturée de mille manières, suivant les besoins de ceux qui s'en servaient pour l'*instruction* du peuple; mais nous devons rechercher d'où provient la Doctrine Ésotérique : Elle est arrivée directement du pays qui a servi de berceau au genre humain, de ce pays que les *Bibles* (livres sacrés) dénomment le Paradis terrestre ; de l'Inde probablement, tout au moins de l'Asie, soit des sommets de l'Himalaya, soit de l'île de Coylan, c'est-à-dire de l'Inde du nord ou de l'Inde du sud.

Du reste peu nous importe, que ce soit du nord ou du midi, que nous soit parvenue cette doctrine; ce qui est aujourd'hui certain, c'est que c'est bien l'Inde qui paraît avoir été le berceau du genre humain comme nous l'avons déjà dit, au commencement de notre livre.

Or, en analysant les traditions hindoues et les anciennes œuvres littéraires de l'Inde, nous trouvons la genèse du monde, racontée comme plus tard la raconteront tous les grands initiés des autres pays.

Après ces prolégomènes nous allons entrer dans le cœur de notre sujet.

CHAPITRE XVI
LES COSMOGONIES COMPARÉES

« La parfaite identité des doctrines cosmogoniques et philosophiques des Indiens, des Perses et des Égyptiens n'est plus douteuse aujourd'hui, malgré la différence si tranchée des noms et des symboles. »

Ainsi s'exprime F. Creuzer dans ses *Religions de l'antiquité*.

Nous avons voulu vérifier le fait et après de longs et difficultueux travaux, nous sommes arrivés à nos fins. Ce qui nous a beaucoup embarrassés dans nos recherches, ce sont les allégories et les symboles, de même que les noms divers adoptés chez des peuples différents pour désigner les mêmes faits et les mêmes personnages. Aussi pouvons-nous dire à ce propos que jamais nous n'avons reconnu plus exactes et plus vraies les lignes suivantes de Demetrius (1):

« Les doctrines secrètes sont proposées dans des symboles comme dans les ténèbres d'une

---

(1) Demetrius, *de eloquentiâ*.

nuit obscure, car on peut très bien comparer la forme symbolique aux ténèbres et à la nuit. »

Rien n'est plus vrai que dans la question qui nous occupe, mais enfin grâce à d'incessantes recherches, nous sommes parvenus à jeter une vive clarté au milieu de ces ténèbres épaisses. En effet, le parallèle que nous avons établi entre les principales doctrines cosmogoniques, d'après les textes les plus originaux possibles, démontrera d'une manière incontestable, nous l'espérons du moins, que la science philosophique a tiré des mêmes sources, les différents systèmes explicatifs de la Cosmogonie de notre globe.

La comparaison des différentes versions que nous allons soumettre au lecteur démontrera d'une manière évidente de quelle façon la doctrine ésotérique ou secrète a su envelopper d'allégories ténébreuses, l'œuvre si simple, si naïve pouvons-nous dire, de la création du monde et de l'homme, nous ajouterons même, que c'est cette naïveté qui est bien la marque caractéristique de sa grandeur.

Exposée dans toute sa simplicité l'œuvre du créateur n'aurait pas produit sur la foule, l'effet que les prêtres des diverses religions désiraient en tirer pour leur plus grand profit.

De même que nos savants modernes, les savants antiques pensaient que la science ne saurait être enveloppée de trop de voiles épais pour la rendre inaccessible à la foule, au *vulgum pecus*.

Aussi pour obscurcir de plus en plus le voile allégorique, ils exprimèrent encore le mot propre par un mot symbolique, dont la connaissance était exclusivement réservée aux initiés.

Voilà pour le langage, voilà pour la tradition.

Pour l'écriture, la connaissance des textes était plus cachée, plus secrète encore. Nous voyons ce fait absolument prouvé chez plusieurs peuples, notamment chez les Égyptiens qui avaient plusieurs genres d'écritures : hiéroglyphique, démotique, hiératique. Cette dernière formait une sorte de langue conventionnelle, qui constituait la langue sacrée. De sorte que chez les Égyptiens par exemple, la *Science Occulte* ou *Doctrine Secrète* était interdite au profane par un triple mur infranchissable : l'allégorie, l'écriture hiéroglyphique et l'écriture hiératique (1). Il n'est donc pas surprenant qu'elle soit arrivée à notre connaissance aussi difficilement.

(1) Voir ce que nous disons au sujet de l'écriture égyptienne, notre *Isis Dévoilée*, chapitre II, page 11 et suivantes, 1 vol.-in-8°, Paris 1892, Chamuel et Cⁱᵉ éditeurs.

Passons à l'étude de la Cosmogonie.

Nous trouvons dans les Védas un passage qui semble avoir été paraphrasé plus tard chez les Égyptiens par Thoth ou Hermès Trismégiste.

Il ne faut pas oublier que les Védas remontent à environ six à sept mille ans avant l'Ère vulgaire, le passage que nous allons donner affecte une forme dialoguée entre Brahmâ et Narad.

N. — O mon père ! Tu es le premier-né d'Ekhoummesha ; on dit que tu as créé le monde de toute pièce, et ton fils émerveillé de sa constitution, serait bien désireux de connaître comment toutes les choses ont été constituées.

B. — Ne t'y trompes pas ô mon fils ? Ne crois pas que j'aie formé le monde indépendamment d'Ekhoummesha lui le moteur de tout, le grand principe et le grand créateur de toutes choses. Veuille donc me considérer comme le simple instrument de sa volonté suprême, comme un rayonnement de sa propre essence qu'il a mise en œuvre pour l'exécution de ses desseins impérissables et éternels.

N. — Quelle idée dois-je avoir de cet Être universel ?

B. — C'est un esprit fluidique, et comme il ne peut être perçu par les sens, tu ne saurais t'en faire aucune espèce d'idée ; mais contemple ses ouvrages, ils démontrent son éternité, son omniscience, son omnipuissance.

N. — Mais pourquoi Ekhoummesha a-t-il créé l'Univers ?

B. — Kama l'amour était un dieu de toute éternité, mais cet amour a trois modes différents: la création, la conservation, la destruction qui représentent à eux trois ; la sagesse de l'Éternel, la providence de l'Éternel, l'ennemi de l'Éternel. Ton devoir à toi ô mon fils ! C'est d'adorer sous les différents symboles qui représentent ces trois modes, l'Éternel en tant que créateur, conservateur et destructeur.

L'amour d'Ekhoummesha produisit la force qui dans un temps déterminé et s'unissant à la bonté engendra la nature Universelle, qui produisit l'Univers dans l'ordre déterminé, et cela par le concours de trois activités.

L'opposition entre la force créatrice et la force réfractaire donna lieu au mouvement trinaire; mouvement attractif, répulsif et inerte. Ces trois sortes de mouvements opposés produisirent l'élément invisible, qui a la propriété de conduire le son ; cet élément se nomme *Aither*. C'est cet aither qui donna naissance à l'air, élément tangible ; au feu, élément visible; à l'eau, élément liquide et à la terre, élément solide.

L'aither diffusé dans l'espace par sa subtilité même, forma avec l'air l'atmosphère ; le feu rassemblant alors ses parties jusque là divisées, s'enflamma de lui-même au milieu de l'atmosphère ; l'eau comprimée par le poids des terres ambiantes, se réunit par des courants, en de grands milieux (étangs, lacs, mers). C'est ainsi que des ténèbres ou du chaos sortit le monde et que l'ordre dès lors, devint la règle de l'Univers.

En ce qui concerne le terme de : Ekhoummesha que nous venons de mentionner plus haut, nous le définirons d'après un livre très ancien le *Shastab*, si ancien que les Védas n'en seraient dit-on, qu'un commentaire.

Or, voici ce que le premier chapitre de ce livre (1) nous apprend dans un ordre d'idées aussi simple que profond.

« Dieu est un Ekhoummesha (2) y est-il dit, créateur de tout ce qui existe. Il ressemble à une sphère parfaite, qui n'a ni commencement ni fin; il règle et gouverne tout ce qui est créé par une

---

(1) La traduction de ce chapitre est connu par la traduction d'Halwel collationnée par Anquetil.
(2) C'est-à-dire littéralement *celui qui a toujours été, qui n'a donc jamais été créé*.

providence générale, résultante de principes fixes et bien déterminés.

« Il ne te faut pas chercher à connaître l'essence de cet Ekhoummesha, ni quelles sont les lois qu'il a établies pour gouverner le monde. Une pareille recherche serait aussi vaine que criminelle ; il doit te suffire de voir dans ses ouvrages, et cela jour par jour et nuit par nuit, sa sagesse, sa puissance et sa miséricorde. »

Après le terme d'Ekoummesha, nous devons parler de celui de Nara, Narad, l'interrogateur de Brahmâ ; nous lisons dans un commentaire des *Pûranas*, ces lignes qui s'appliquent au Dieu non encore révélé :

« Esprit mystérieux force immense etc,... Étais-tu la vie renfermant en toi toutes les vies.

« Avais-tu jeté les mondes qui s'agitent dans une fournaise ardente pour les régénérer, les faire renaître de la décomposition, comme l'arbre vieilli renaît de sa graine, qui produit un germe au sein de la pourriture?

« Ton esprit était-il errant sur l'eau, puisque on t'appelle *Narayana* ?»

Que signifient ces termes Sanskrits de *Naras, Narad, Narayana*, Manou (livre Ier) va nous les expliquer :

« Les eaux, dit-il ont été appelées *Naras*, parce qu'elles étaient la production de *Nara* qui signifie littéralement en Sanskrit, esprit divin. Ces eaux ayant été le premier lieu de mouvement (en Sanskrit *Ayana*) de Nara ; Brahmâ est pour cela appelé *Narayana*, c'est-à-dire celui qui se meut sur les eaux.

Or, dans la Genèse de la Bible Mosaïque, chapitre Ier, que voyons-nous :

Terra autem erat inanis et vacua, mais la terre était informe et vide, c'est-à-dire sans animaux, ni végétation ; *Et Spiritus Dei super aquas ferebatur*, et l'Esprit de Dieu était porté sur les eaux.

Ainsi donc, Nara est l'esprit divin créateur de *naras*, des eaux et *ayana* signifie qui se meut (au-dessus d'elles).

Nous pouvons donc dire que Moïse, s'il ne se montre pas ici un plagiaire, est au moins un excellent copiste, sinon un parfait *démarqueur*.

Moïse initié égyptien, connaissait très-bien la révélation Hindoue, qui s'accorde parfaitement avec la science moderne ; celle-ci a parfaitement reconnu, que la formation du monde n'a pu être accomplie que par une marche lente et graduelle ; ce que du reste, reconnaissent fort bien les Védas, qui nous apprennent que la période d'action ou de constitution du monde, a duré un jour entier de Brahmà, soit quatre millions trois cent vingt mille années humaines, et ce chiffre disons-le, signifie un très grand nombre d'années, de même que la *Pralaya* ou dissolution a exigé une nuit entière de Brahmà, équivalent à un même nombre d'années humaines que le jour du même personnage divin.

Voici maintenant *la nuit des mondes*, d'après le Rig-Védas : « alors, il n'y avait ni entité, ni non entité, ni ciel, ni rien au-dessus, ni rien au-dessous. Rien nulle part, pour le bonheur de personne ; rien qui enveloppât, rien qui fut enveloppé. La mort n'était point. N'était pas non plus, l'immortalité ni la distinction du jour et de la nuit. Mais le père des choses respirait sans produire un souffle. Il était seul avec SUADHA.(1) (*Le monde des idées*) qu'il portait en lui ; autre que lui, rien n'existait, rien de ce qui a été depuis.

Les ténèbres étaient semblables à des fluides dissous dans les eaux et cette masse voilée d'ombres, fut enfin produite au grand jour par le

---

(1) Qu'il ne faut pas confondre avec SUNYATA c'est-à-dire le *vide absolu*.

pouvoir de la contemplation. Le désir fut le premier produit de cette âme créatrice, et le désir fut la première semence productrice des êtres. »

Comme le lecteur peut s'en convaincre par les deux textes qui précèdent, il est difficile de donner une idée plus grandiose de la création du monde.

Passant à l'Égypte, nous donnerons en quelques lignes la cosmogonie des Égyptiens. — Thot nous dit que réfléchissant un jour sur la nature des choses, il s'efforçait d'élever son entendement vers les hauteurs de l'espace et que ses sens matériels étaient parfaitement assoupis, comme il arrive dans un profond sommeil. Son astral s'était donc dégagé de son corps matériel. Dans cet état il lui sembla voir un être de haute stature qui l'interpela en ces termes :

« Tu souffres fils de la terre et je viens te fortifier, car tu aimes la justice et cherches la vérité. Je suis Poimandrès, la Pensée du Tout-puissant ; forme un vœu et tu seras exaucé. »

Thot demande un rayon de la science divine ; aussitôt il est ravi, il est dans une sorte d'extase et il nous dit :

« Mes yeux furent frappés d'un spectacle magnifique, tout s'était converti en lumière, tout était suave et délicieux et me remplissait d'admiration. — Un instant après, ce spectacle s'évanouit et je ne vis plus qu'une ombre horrible qui se terminait en d'obliques replis. »

Ceux de nos lecteurs qui désireraient de plus longs détails sur la Cosmogonie Égyptienne et la comparer aux autres cosmogonies, n'auront qu'à consulter notre Isis Dévoilée, chapitre VI, *Livre d'Hermés* et tout particulièrement les pages 44 et 45.

Nous ne reparlerons pas ici de la Cosmogonie Iranienne ; nous en avons exposé le principe, en analysant le Zend-Avesta, nous nous bornerons donc à renvoyer le lecteur aux pages 99 et suivantes, et nous poursuivrons notre étude par la Cosmogonie donnée par Moïse ; rien que sa rédaction prouve bien déjà une copie ; Moïse en effet, nous dit :

1. — Dieu créa au commencement le ciel et la terre.

2. — Mais la terre était sans forme (*tohu-bohu*) et l'obscurité était sur la face de l'abîme et l'esprit de Dieu *(le rouhah)* se mouvait sur les eaux.

3. — Et Dieu dit (1) : « que la lumière soit et la lumière fut.

(1) Moïse emploie fréquemment cette expression qui est remplacée dans le langage allégorique ou symbolique de Poïmander par le *Verbe*, c'est-à-dire la parole de Dieu personnifiée.

4. — Dieu vit que la lumière *était* bonne, et Dieu sépara la lumière d'avec les ténèbres.

5. — Et Dieu nomma la lumière : jour, et les ténèbres : nuit, ce *fut* le premier jour.

6. — Et Dieu dit : qu'il soit fait une séparation entre les eaux.

7. — Dieu donc fit la séparation, et il sépara les eaux qui étaient au-dessous de l'espace éthérée et les eaux qui étaient au-dessus de cet espace ; et Dieu donna à l'espace le nom de *Cieux*.

8. — Et Dieu dit : que les eaux qui sont au-dessous des cieux soient rassemblées en un lieu et que le sec paraisse ; ainsi fut fait.

. . . .

14. — Et Dieu dit : qu'il y ait des clartés dans l'étendue des cieux (expansion éthérée) et elles serviront de signes pour la division des saisons, des jours et des ans.

16. — Dieu fit donc deux grands luminaires, le plus grand pour le jour, le moindre pour la nuit et il fit aussi les étoiles.

20. — Et Dieu dit : les eaux produiront à foison les principes vermiformes et le volatile volant rapidement au-dessus de la terre, sur l'étendue des cieux.

21. — Et Dieu créa l'existence de ces immen-

sités corporelles de la mer et celles de tout être animé se mouvant, que les eaux émettaient en grande abondance selon leur espèce, et tout oiseau ayant des ailes selon son espèce, et Dieu vit que cela était bon.

24. — Et Dieu dit : La terre produira une âme de vie suivant son espèce, quadrupède se mouvant et vivant d'une vie terrestre suivant son espèce, et ce fut ainsi.

25. — Et Dieu fit cette animalité terrestre selon son espèce, et ce genre quadrupède selon son espèce et l'universalité de tout mouvement vital de *l'Adamah* selon son espèce.

26. — Et Dieu dit : nous ferons l'Adam Universel en notre ombre réfléchie et ils (1) tiendront le sceptre sur les poissons des mers et les oiseaux des cieux, sur le genre quadrupède et sur toute l'animalité terrestre et sur toute la vie mouvante se mouvant sur la terre.

Nous ne poursuivons pas plus loin cette citation ; ce qui précède suffira largement pour démontrer que nous ne sommes plus comme dans les deux morceaux précédents devant une œuvre originale ; mais devant une sorte de paraphrase arrangée avec talent.

(1) Ce pluriel prouverait que plusieurs hommes furent créés, ce qui expliquerait les différentes races humaines.

Avec Manou, nous revenons à la simplicité primitive des vêdas ; ce législateur, cet initié nous dit :

« Le monde était plongé dans l'obscurité imperceptible dépourvu de tout attribut distinct. Il ne pouvait être découvert par le raisonnement, ni être révélé. Il semblait entièrement livré au sommeil, quand la durée de la dissolution fut à son terme, alors le Seigneur existant par lui-même, rendant le monde visible avec les cinq éléments et les autres principes, parut et dissipa l'obscurité, c'est-à-dire développa Pracriti, la Nature.

« Celui-là que l'esprit seul peut percevoir, qui échappe aux organes des sens, qui est sans parties visibles, l'âme de tous les êtres, que nul ne peut comprendre déployer sa propre splendeur.

« Lorsque ce Dieu s'éveille, aussitôt cet univers accomplit ses actes. Lorsque l'esprit est plongé dans un profond repos il s'endort, alors le monde s'arrête et s'endort aussi.... C'est ainsi que par un réveil et un repos alternatifs, l'Être immuable fait revivre et mourir tout cet assemblage de créatures mobiles et immobiles. ».

CHAPITRE XVII
CRÉATION DE L'HOMME

Nous ne donnerons la création de l'homme que d'après les védas, on verra quelle suave poésie est développée dans le passage des livres sacrés qui a trait à l'homme. La terre est couverte de fleurs, les arbres de fruits, des millions d'animaux parmi lesquels des éléphants blancs parcourent les forêts ou prennent leurs ébats sous leur ombrage séculaire. Brahmâ comprend que le moment est venu de créer le roi de ce brillant séjour. Il tire alors de la grande âme de la pure essence *(aither)* un germe de vie, dont il fait deux corps, un mâle et un femelle c'est-à-dire propre à la reproduction comme les autres animaux, mais de plus qu'à ceux-ci, il leur accorda *l'ahancora*, c'est-à-dire la conscience et la parole, ce qui les fait supérieurs aux autres créatures, mais cependant inférieurs aux Dévas.

Il nomme le mâle *Adima* c'est-à-dire *le premier homme ;* il le fait fort et vigoureux et la femme *Héva* c'est-à-dire qui *complète la vie* et il lui donne en partage la grâce et la beauté ; il leur donne comme habitation l'île de Trabobane (Ceylan moderne) dénommée avec raison la *Perle de l'Inde*; en les quittant dans cette île le Seigneur leur dit : « allez unissez-vous et produisez des êtres qui seront votre image vivante sur la terre, des siècles et encore des siècles après que vous serez revenus à moi. Moi, le Seigneur de tout ce qui existe, je vous ai créés pour m'adorer pendant toute votre vie, et ceux qui auront foi en moi partageront mon bonheur.

« Enseignez cela à vos enfants, qu'ils ne perdent jamais mon souvenir, car je serai avec eux tant qu'ils prononceront mon nom.

« Ne quittez jamais l'île que je vous donne, car votre mission doit se borner à la peupler. Le reste du globe est encore inhabitable ; si plus tard, le nombre de vos enfants s'accroît tellement que ce séjour ne soit plus suffisant pour les contenir qu'ils m'interrogent au milieu des sacrifices et je ferai connaître ma volonté.

« Puis il disparut, après avoir prononcé ces paroles. »

« Alors Adima se retournant vers sa jeune femme en contempla la beauté.... ce qui fit bondir son cœur dans sa poitrine.... Elle se tenait debout devant lui, souriant dans sa virginale candeur, palpitante de désirs inconnus ; sa longue et luxuriante chevelure se déroulait en se tordant le long de son corps enlaçant dans ses spirales capricieuses et son pudique visage et ses seins admirables, que l'émotion commençait à soulever.

« Adima s'approcha d'Héva, mais en tremblant. Au loin, le soleil allait disparaître dans l'Océan, les fleurs des bananiers se redressaient en respirant la rosée du soir, des milliers d'oiseaux murmuraient doucement au sommet des tamariniers, des mimosas et des palmistes ; les lucioles phosphorescentes commençaient à remplir l'air de leurs brillants diamants, et tous ces bruits de la nature montaient jusqu'à Brahmâ qui s'en réjouissait dans sa demeure.

Adima se hasarda alors à passer la main dans la belle chevelure de sa compagne, une sorte d'électricité se dégagea de ce contact et Adima sentit comme un frisson parcourir tout le corps d'Héva et ce frisson le gagna.... Il la saisit alors dans ses bras et lui donna le premier baiser, en prononçant bien bas le nom d'Héva qui venait de lui être donné....

« Adima ! » murmura doucement la jeune femme en recevant son époux.... et chancelante, sans force, éperdue, évanouie presque, son beau corps se ploya sur les bras de son amant.... La nuit était tout à fait venue, les oiseaux se taisaient dans les bois ; le Seigneur était satisfait, car l'amour venait de naître, précédant l'union des sexes.

« Ainsi l'avait désiré Brahmà pour enseigner à ses créatures, que l'union de l'homme et de la femme sans l'amour, ne serait qu'une monstruosité en opposition flagrante avec les lois de la nature.

« Adima et Héva vécurent dans un bonheur parfait, aucune souffrance ne troublait leur quiétude ; ils n'avaient qu'à étendre la main pour cueillir les fruits les plus savoureux et les plus beaux et à se baisser seulement pour ramasser le riz le plus fin, le plus blanc et le plus nourrissant.

« Mais un jour une vague inquiétude commença à s'emparer d'eux : jaloux de leur félicité et de l'œuvre de Brahmà, le roi des Rakchasas, *(l'esprit du mal),* leur souffla des désirs inconnus:

« Promenons-nous dans l'île, dit Adima à sa compagne, et voyons si nous ne trouverons pas un lieu plus beau encore que celui que nous habitons depuis quelque temps.

« Héva suivit son époux : ils marchèrent pendant des jours et des mois, s'arrêtant au bord des claires fontaines, sous les multipliants gigantesques dont la riche frondaison leur cachait la lumière du divin soleil....

« Mais au fur et à mesure qu'ils avançaient la belle et jeune Héva se sentait saisie d'une terreur inexplicable et de craintes étranges.

« Adima, dit-elle tout à coup, il me semble que nous désobéissons au Seigneur. N'avons-nous pas quitté déjà, le lieu qu'il nous a assigné comme demeure ?

« Ne crains rien dit Adima, ce n'est point là, cette terre horrible inhabitable, dont il nous a parlé... Marchons... et ils marchaient toujours; ils arrivèrent enfin à l'extrémité de leur île ; en face d'eux se trouvait un bras de mer peu large et peu profond et de l'autre côté, une vaste terre qui paraissait s'étendre à l'infini, un étroit sentier formé de rocs sortant du sein des eaux unissait leur île à ce continent inconnu.

« Les deux voyageurs s'arrêtent émerveillés à la vue des grands arbres et des beaux oiseaux qui se trouvaient dans la région qu'ils avaient en face d'eux.

« Voilà de bien belles choses dit Adima, quels bons fruits ces arbres doivent porter ! Allons donc les goûter, et si ce pays est préférable à celui-ci, nous irons nous y fixer.

« Mais Héva, toute tremblante supplia Adima de n'en rien faire ; car, dit-elle, cela pourrait irriter le Seigneur.

« Ne sommes-nous pas bien en ce lieu? N'avons-nous pas de l'eau pure, des fruits délicieux et du beau riz, pourquoi donc chercher autre chose?

« Eh bien ! nous reviendrons dit Adima, quel mal y a-t-il à aller visiter le pays inconnu, qui s'offre à nos regards ?

« Et il s'approcha des rocs à fleur d'eau, Héva le suivit en tremblant.

« Il prit alors sa femme sur ses épaules et traversa avec son cher fardeau, l'espace qui le séparait du territoire objet de ses désirs.

« Dès qu'ils eurent touché la terre désirée, un bruit et un fracas épouvantable se firent entendre; arbres, fruits, fleurs, oiseaux, rochers tout disparut dans les flots, seuls quelques pointes de rocs très-aigus émergeaient de la mer comme pour indiquer le passage que la colère céleste venait d'anéantir (1). »

(1) Ces rochers qui existent encore dans l'Océan Indien entre la pointe orientale de l'Inde et l'île de Ceylan sont encore aujourd'hui dénommés *Palam Adima*, c'est-à-dire Pont d'Adam.

Tout ce qu'Adima et Héva avaient vu, n'était qu'une illusion, un mirage trompeur, que le prince des Rakchasas, avait suscité pour les amener à désobéir au Seigneur.

Adima sentant alors l'énormité de la faute qu'il avait commise se laissa tomber sur le sable nu en pleurant ; mais Héva se jeta dans ses bras pour le consoler et lui dit :

« Ne te désole pas, mais prions plutôt Brahmâ de nous pardonner. »

Elle avait à peine fini de parler qu'une voix sortit de la nue, et dit : « Femme tu as péché par amour pour ton mari que tu as aimé par ma volonté ; mais comme tu as espéré en moi, je te pardonne ainsi qu'à lui à cause de toi ! Mais vous ne rentrerez plus dans le lieu de délices que j'avais créé pour votre bonheur, car par votre désobéissance à mes ordres, l'Esprit du mal vient d'envahir la terre... Vos fils seront réduits à souffrir et à travailler la terre par votre faute ; ils deviendront mauvais et m'oublieront. Mais j'enverrai Vishnu s'incarner dans le sein d'une femme. Il leur apportera ainsi à tous l'espoir de la récompense dans une autre vie et le moyen d'adoucir par la prière leurs maux. »

« Adima et Héva se levèrent un peu consolés,

mais dès lors, ils furent soumis à un dur labour pour tirer de la terre leurs subsistances. »

Comme on voit, la légende hindoue est pleine de grandeur et de logique dans sa simplicité.

Vishnu dans son avatar de Krishna naîtra d'une femme pour récompenser Héva de n'avoir été complice de son époux que par amour et par soumission et pour ne pas avoir désespéré de la clémence de Brahma.

Quel beau rôle est dévolu à la femme dans le poème hindou et combien il est fâcheux que Moïse n'ait pas suivi pas à pas cette légende, et que pour plaire à ses contemporains, il ait chargé la femme de tout le poids de la faute originelle, quand elle n'a fait que suivre l'inspiration de son cœur, par amour pour son Adima aimé.

Avant de terminer ce chapitre, il nous faut dire cependant que quelque belle et séduisante que paraisse cette légende, la raison ne peut l'admettre sans restriction.

On ne peut en effet, prêter à un Dieu de telles faiblesses et nous ne pourrons jamais admettre qu'à cause d'une simple désobéissance bien naturelle du reste, l'humanité toute entière bien qu'innocente ait pu être condamnée à la souffrance et à la douleur ; car si l'homme a été curieux, on ne saurait lui en faire un crime.

N'est-ce pas en effet, la curiosité qui comme la nécessité a été la mère des inventions et enfin des découvertes de la science ?

Il nous faut donc admettre que la tradition que nous venons de rapporter est née d'un besoin de l'humaine nature.

Se trouvant aux prises avec de mauvais instincts qui combattaient les bons, l'homme a préféré rechercher dans une faute originelle le motif de sa misérable situation.

Ne valait-il pas mieux rechercher une excuse au mal, plutôt que de maudire Dieu qui l'a créé pour maintenir l'activité de l'homme.

Avant d'étudier l'homme au point de vue ésotérique et à ce point de vue seulement, nous devons résumer ce qu'ont dit de l'homme les philosophies et les religions spiritualistes.

C'est ce que nous allons faire dans les chapitres suivants.

CHAPITRE XVIII
DE LA NATURE DE L'AME

Si l'on considère l'âme dans sa nature et d'après les caractères qui lui sont propres; on voit qu'elle est *une, identique et susceptible de sentiment et d'intelligence*; elle se distingue du *moi* qui constitue la personnalité humaine; bien que substantiellement, l'âme et le *moi* ne soient qu'un seul et même être : être pensant doué de trois qualités ou attributs qui sont : *l'unité, l'identité et l'activité.*

Dans chacun de ses actes, l'âme se montre fonctionnant avec ses attributs et peut dire : *je sens, je connais, j'agis.*

Ces trois attributs, *unité, identité, activité*, se trouvent-ils dans la matière? Non! Il faut donc admettre qu'il existe dans l'homme deux substances différentes : l'une *matérielle*, le corps, l'autre *immatérielle* ou *spirituelle*, l'ame.

Cette double substance admise momentanément; il devient nécessaire d'étudier les rapports qui existent ou qui peuvent exister entre ces deux substances et l'influence qu'elles exercent ou qu'elles peuvent exercer réciproquement l'une sur l'autre. Cette étude fort complexe ne présente aucune difficulté pour le matérialiste, puisque celui-ci nie l'existence de l'âme, ce qui du reste est fort commode et dispense de fournir des explications. Malheureusement, il ne suffit pas de nier l'existence d'un fait, pour que celui-ci n'existe pas, et supprimer une question n'est pas la résoudre : c'est ce qui arrive en général pour les faits psychiques; beaucoup tranchent le nœud Gordien ; mais *trancher* n'est pas dénouer !

On aura beau nier l'existence de l'âme, cela ne prouvera rien ; au contraire, si cette non existence était si évidente, il y a longtemps qu'on ne s'occuperait plus de l'âme, et Dieu sait s'il y a des siècles qu'on étudie son principe.

Sans remonter trop haut dans le passé, nous dirons que les Epicuriens ont vu dans l'âme un simple organe, comme le pied, la main, l'œil, l'oreille ; pour eux, c'était un simple composé moléculaire et c'est au mouvement de ses molécules qu'ils attribuaient ses sensations.

Les matérialistes modernes ont absolument adopté le même raisonnement.

Écoutons-les ; ils disent avec Cabanis (1) que : « deux grandes modifications de l'existence humaine se touchent et se confondent par une foule de points correspondants et que les opérations désignées sous le nom de *morales* résultent directement, comme celles qu'on appelle *physiques* de l'action, soit de certains organes particuliers, soit de l'ensemble du système vivant. »

Avec Broussais (2) les matérialistes modernes prétendent en termes plus explicites encore que « toutes les facultés de l'homme sont attachées à son encéphale ; que l'intelligence n'est pas une chose indépendante du corps, qu'elle tient à un cerveau vivant dans certaines conditions, » et qu'on doit : « rallier les phénomènes instinctifs et intellectuels à l'excitation du système nerveux. »

De sorte qu'un idiot et un crétin pourraient d'après cette définition devenir de grands génies, *si on excitait fortement leur système nerveux.*

Cette excitation ne manquerait pas d'augmenter certainement le volume du cerveau, par suite de l'encéphale, qui est considéré comme le centre nerveux par excellence.

(1) *Rapports du physique et du moral de l'homme.*
(2) *De l'irritation et de la folie.*

Or les faits contredisent complètement cette proposition, puisque précisément, les déséquilibrés, les fous, les forcenés sont généralement des individus qui ont le système nerveux dans un état de surexcitation considérable ; ce n'est donc pas dans cette surexcitation, qu'il faut chercher l'explication des phénomènes psychiques.

Mais poursuivons nos recherches ou du moins terminons-les brusquement par une dernière, il devient en effet, inutile de fournir de nombreuses opinions matérialistes, car toutes ou presque toutes, aboutissent au même résultat. Or voici sur ce grave problème, l'opinion d'un de nos contemporains de grande valeur, du Professeur Ch. Richet.

Comme ses illustres prédécesseurs, il place lui aussi dans l'encéphale les fonctions psychiques (1): « Toutefois, dit-il, nous ne nous étendrons pas ici sur ce problème difficile et intéressant. C'est à la physiologie expérimentale, jusqu'à présent, pour des motifs divers, assez puissante en cette matière, qu'il appartient de résoudre la question. Il nous suffira d'admettre ce qui est à peu près incontestable, que les fonctions psychiques sont une des fonctions de l'Encéphale. »

(1) *Essai de psychologie générale*, p. 29 et 30, 1 vol. in-12 Paris, 1887.

Le « à peu près incontestable » est un pur chef-d'œuvre. En science il ne faut pas d'à peu près. Pourquoi le docteur admet-il ces à peu près. Mais poursuivons nos recherches. Le Dr. Paul Portaz (1) nous dit : « Cette âme je l'ai cherchée longtemps dans mes études sur le cerveau. Elle est située dans la petite hypophyse, en la selle turcique qui lui fait un royal lit de parade.

« En effet, les idées, venues des sens, se transforment toutes en images qui s'accumulent dans les cellules de la couche corticale (le téléopte résoudra cette question sous peu). Ces accumulateurs se déchargent continuellement à notre insu dans la couronne rayonnante et le corps strié et l'enchevêtrement de ces conducteurs se fait définitivement dans ce corps calleux.

« Mais le trigone cérébral, situé au-dessous du corps calleux et élevé et abaissé à chaque seconde par le mouvement du liquide céphalo-rachidien est un champ *magnétique véritable qui s'induit* des fils du corps calleux.

« Les idées passent alors en interférant, dans les deux piliers, cotylédon et balanciers du cerveau, et s'accumulent dans les tubercules mamillaires. »

(1) Initiation, n° 11 (août 1892) pages 139 et 140).

Ainsi d'après ce qui précède, l'âme ne serait pas incorporée dans une partie quelconque du cerveau mais serait tout simplement posée « sur la selle turcique » ceci ne répugne pas à notre raison. Nous allons voir du reste que les recherches anatomiques et la *physiologie expérimentale*, ne peuvent en rien éclaircir la question, ce n'est pas nous, mais le docteur Ch. Richet lui-même qui le dit, écoutez plutôt : « mais tous ces faits » (relations du système nerveux avec ses fonctions, système nerveux central, capillaires, éléments cellulaires, tubes nerveux, membranes, protoplasma, noyau, *myélocites*, substance blanche etc., etc.) « Mais tous ces faits si bien observés qu'ils soient, ne sont d'aucune utilité en psychologie. L'anatomie n'a jamais pu donner que de bien pauvres notions physiologiques et la psychologie peut moins que toute autre branche des sciences physiologiques, espérer quelques éclaircissements dans les recherches des anatomistes. »

« Il serait pourtant bien intéressant de savoir dans quel élément du système nerveux siège l'activité psychique. On admet comme un dogme inébranlable, que la cellule nerveuse est l'élément actif du système nerveux, que les fibres blanches ne jouent qu'un rôle de *conduction*. Mais cet axiome universellement admis et que nous nous garderons de contredire, aurait besoin d'être mieux démontré qu'il ne l'a été jusqu'ici. On peut alléguer à cet effet, que des vraisemblances, des analogies, des présomptions. La preuve directe n'est pas faite, et en fait de science, il n'y a que les preuves directes, qui puissent entraîner la certitude. »

Nous ne pouvons qu'approuver pleinement ce paragraphe ; certainement (en dehors des spirites) (1) la preuve directe n'est pas faite, la cellule nerveuse est l'élément actif du service nerveux mais l'activité psychique ne réside pas seulement dans un système nerveux quelconque. On ne veut voir ici que la matière, et dès lors le problème est insoluble, parce qu'un des éléments essentiels manque, cet élément, c'est la spiritualité,

---

(1) « Or, cette preuve n'a pas encore été donnée : les spirites seuls ont eu cette prétention, et on sait avec quel médiocre succès (Ch. Richet, ib. p. 28.) *Médiocre succès!* Qu'en savez-vous docteur ? Allons allez-y carrément et dites : ces idiots de spirites seuls ont eu etc.

Peu importe ; dans l'histoire de l'humanité, les idiots d'aujourd'hui seront les sages de demain. — On commence à s'en moquer un peu moins, c'est un progrès et un noyau d'hommes de science poursuivent des expériences, qu'on ne saurait contester. — Sans l'alchimie, qui sait où la chimie et ses belles découvertes en seraient ? Il y a des faits qu'on a tort d'oublier. Du reste dans le chapitre XIX nous donnerons des preuves certaines, incontestables de manifestations de l'âme.

une essence supérieure, divine, qui complète l'activité psychique, qui alimente l'âme toute entière.

Certes pour se manifester dans l'homme, l'âme a besoin de lui emprunter un organe, et cet organe réside essentiellement dans le système nerveux ; absolument comme pour la production de la lumière électrique, il faut les substances matérielles : une force, des acides, des sels, des métaux ; mais la lumière produite est-elle aussi matérielle que les organes de sa production ? Personne ne pourrait le soutenir.

L'électricité est *impondérable*, dans le vide son *expansion est pour ainsi dire illimitée*, elle ne connaît presque pas la distance ; ce ne sont pas là des qualités de la matière, elle a donc quelque chose de spirituel, s'il nous est permis de parler ainsi.

Eh bien ! Il en est de même de l'activité psychique de l'âme, et cela à un degré beaucoup plus intense et beaucoup plus élevé. Le système nerveux remplace en ce qui concerne l'âme, les piles, les accumulateurs de l'électricité pour la production de la lumière ; et l'âme, fluide qui a plus d'un point de ressemblance avec le fluide électrique, l'âme disons-nous, vient se condenser, *s'accumuler* dans les centres nerveux et produire les phénomènes naturels, mais si surprenants, qui se manifestent dans l'homme.

Et nous allons donner ici des preuves de ce que nous avançons, preuves qui nous paraissent irréfutables.

Si l'activité psychique, ce que l'on est convenu d'appeler l'âme, n'était que le résultat, le produit de la matière, comment expliquer les phénomènes de magnétisme, d'hypnotisme, de suggestion, de clairvoyance ou double-vue et de clairaudience ; comment admettre par exemple, qu'une personne éveillée, douée de la double-vue, puisse voir à des distances considérables dans le passé, dans le présent et parfois dans l'avenir. La matière seule ne peut donner de pareils résultats. Il y a donc dans ces faits, un principe qui échappe à la matière ; il y a quelque chose d'éthéré, de spirituel, de divin et c'est ce principe, ce quelque chose qui est l'âme, qui la constitue, la rend toute différente de la matière et la fait immortelle.

Mais, nous ne nous faisons pas illusion, la science se contentera de nier, sans vouloir étudier. Mais qu'est-ce que cela prouve ? Est-ce que nous ne sommes pas habitués à voir toutes ces négations? Est-ce qu'elle ne nie pas encore aujourd'hui (mais avec moins de force) mais enfin elle nie aujourd'hui, mais ne pourra nier demain, les faits d'hypnotisme, de suggestion, et de double-vue. Quelques médecins expérimentent, nous le voulons bien, il y a toujours des chercheurs, des pionniers en avant de la troupe ; mais la masse des savants nie, or nous nous plaisons à le répéter une négation n'a jamais constitué une preuve contre un fait.

Quant à nous personnellement (et beaucoup de personnes avec nous), nous affirmons que nous avons vu et voyons tous les jours, des faits de double-vue tellement extraordinaires et authentiques qu'il ne nous est pas possible de ne pas constater et affirmer hautement, qu'en dehors du monde visible, du monde matériel, il existe un monde supérieur spirituel, respectivement représenté dans l'homme par le corps et par l'âme.

Ce que nous avançons est établi par des preuves incontestables, preuves qu'il n'est pas donné à tous de voir aujourd'hui, mais quand l'humanité aura progressé, ces preuves aujourd'hui au pouvoir de quelques rares privilégiés, (sains et bien portants) seront tellement multipliées, surabondantes, fréquentes, l'humaine nature en sera pour ainsi dire tellement *imprégnée,* que la question psychique ne sera plus même discutée, tant elle sera brillamment éclairée. Ce jour-là, les physiologistes ne seront pas obligés de chercher au milieu de tous leurs systèmes nerveux, *un système nerveux psychique,* car chaque jour depuis les travaux de l'illustre Claude Bernard, les physiologistes localisent dans telle ou telle autre partie du cerveau, les facultés animales ; mais jamais, au grand jamais, ils ne pourront localiser la force psychique, car cette éminente faculté qui utilise tous les centres nerveux, ne réside elle-même en propre dans aucun ; absolument comme l'électricité se produit à l'aide d'un ensemble de substances et ne réside spécialement dans aucune.

La force psychique est en dehors de l'homme et voilà pourquoi, elle est insaisissable : on la trouve, on la voit partout, et on ne peut l'arrêter, la fixer nulle part.

Si ce qui précède était bien admis, combien les rouages seraient simplifiés ; on admettrait tout bonnement que « l'âme humaine est une substance spirituelle, un fluide répandu dans l'Univers qui fait l'homme ce qu'il est ; lequel fluide utilise son centre nerveux pour produire les phénomènes de la vie, c'est-à-dire l'esprit, l'intelligence, la force, la volonté. L'âme est le *pneuma* (souffle) qui *anime* l'homme, aussi quand le souffle l'abandonne, il meurt, car la matière (le limon de la terre) ne peut vivre et exister que par ce principe divin, qui se produit et se manifeste, à l'aide du système nerveux qui est le canal, le moteur au moyen duquel s'anime la vile matière.

Mais la science ne peut encore admettre la thèse que nous venons d'esquisser ; elle s'embarrasse alors dans un réseau inextricable de suppositions, réseau des plus compliqués, dont nous donnerons une idée, en mentionnant ici une page écrite par un homme compétent parmi ceux qui étudient la question : cette page est encore du docteur Ch. Richet. Le lecteur y verra les efforts inouïs du savant professeur en vue d'arriver à un résultat, et quel est le résultat obtenu ? *Une négation.*

« Revenons, dit-il (1), à la définition donnée plus haut de l'acte psychique, acte paraissant spontané ; nous voyons qu'il semble exister dans le système nerveux, un appareil psychique ;

(1) Essai de psychologie générale, pages 30 et 31.

autrement dit que la spontanéité (ou ce qui nous paraît tel) paraît être élaborée dans certaines régions du système nerveux. Les physiologistes n'ont pas encore pu en déterminer le siège précis ; mais à défaut de toute localisation anatomique, on doit admettre son existence par des effets certains. A côté du système nerveux *moteur* qui excite les muscles, du système nerveux *végétatif*, qui agit sur la nutrition des éléments organiques, du système nerveux *sensitif*, qui subit les sensations du dehors ; il y a un système nerveux *psychique*, qui élabore des mouvements paraissant spontanés.

« L'existence de ce système nerveux psychique en tant qu'appareil distinct, est tout à fait incontestable, encore qu'il soit si intimement uni aux autres parties du système nerveux que l'analyse physiologique la plus pénétrante n'a pu encore et ne pourra peut-être jamais les dissocier complètement. Autrement dit, il y a dans le système nerveux, des éléments anatomiques qui servent à élaborer la conscience, la volonté, le raisonnement, les idées.

« Le système nerveux psychique est comme les autres parties du système nerveux soumis à d'étroites conditions physiologiques d'existence.»

Dans ce qui précède, nous ne pouvons admettre qu'il existe un système nerveux psychique qui élabore des mouvements paraissant spontanés, nous ne pouvons admettre non plus que dans un système nerveux quelconque « il y ait des éléments anatomiques qui servent à élaborer la conscience, la volonté, le raisonnement, les idées. » Si cette doctrine était vraie, l'homme n'aurait aucune responsabilité, car un voleur, un assassin pourraient prétendre que leur système nerveux étant dérangé, ils n'ont pas eu conscience de leurs crimes et que leur volonté a été dirigée par les *éléments anatomiques* de leur système nerveux *en mauvais état ;* ce qui serait très commode. Il n'y a pas, il n'existe pas *d'appareil distinct du système nerveux psychique* et il n'est pas étonnant que *l'analyse physiologique la plus pénétrante n'ait pu le dissocier des autres systèmes nerveux,* puisque d'après nous, le *fluide psychique* utilise tous les systèmes nerveux, mais ne réside spécialement dans aucun ; dès lors sa dissociation avec l'un quelconque de ces systèmes est impossible.

Telle est la grande lacune que par le matérialisme seul, la science ne pourra jamais combler.

Une grande partie de ce qui précède avait été

pressenti pour ainsi dire par le grand Descartes, quand il disait dans la cinquième partie de son *Discours de la méthode :* « Il ne suffit pas que l'âme soit logée dans le corps humain, ainsi qu'un pilote en son navire, sinon pour mouvoir ses membres ; mais il est besoin qu'elle soit jointe et unie plus étroitement avec lui. »

Or, nous savons aujourd'hui, que la jonction et l'union étroite de l'âme et du corps se fait au moyen des centres nerveux, les magnétiseurs le démontrent d'une manière incontestable par leurs expériences ; car ils agissent à volonté sur le système nerveux moteur, sur le système nerveux sensitif et sur le système nerveux végétatif.

A la science de nous démontrer qu'il existe un système nerveux psychique distinct des autres.

Nous attendrons longtemps et pour cause cette démonstration ! Ce qui peut prouver en faveur de notre dire, à savoir que par le matérialisme seul, on ne pourra rien expliquer, ce sont les lignes suivantes, écrites par un des physiologistes contemporains les plus illustres ;

« Si ce n'était m'écarter du but de ces recherches, je pourrais montrer facilement qu'en physiologie, le matérialisme ne conduit à rien et n'explique rien.

« Les propriétés des tissus constituent les moyens nécessaires à l'expression des phénomènes vitaux ; mais nulle part, ces propriétés ne peuvent nous donner la raison première de l'arrangement fonctionnel des appareils. La fibre du muscle ne nous explique, par la propriété qu'elle possède de se raccourcir, que le phénomène de la contraction musculaire, mais cette propriété de la contraction qui est toujours la même, ne nous explique pas pourquoi il existe des appareils moteurs différents construits, les uns pour produire la voix, les autres pour effectuer la respiration etc..., et dès lors, ne trouverait-on pas absurde de dire que les fibres musculaires de la langue et celles du larynx ont la propriété de parler ou de chanter et celles du diaphragme, la propriété de respirer, etc... Il en est de même pour les fibres et les cellules cérébrales. Elles ont des propriétés d'inervation et de conductibilité, mais on ne saurait leur attribuer pour cela, la propriété de sentir, de penser et de vouloir.

« Il faut donc bien se garder de confondre les propriétés de la matière avec les fonctions qu'elles accomplissent . » (1).

(1) CLAUDE BERNARD, *Discours de réception à l'Académie Française.*

Et dire que les matérialistes réclament, comme un des leurs, l'illustre physiologiste !

Enfin comme conclusion sur cette importante question, nous mentionnerons ici, une page d'un spiritualiste, dont les travaux sont fort appréciés; nous avons nommé C. Flammarion.

« Ce n'est donc pas dit cet auteur,(1) ce ne peut donc pas être dans une certaine matière cérébrale, dans un certain groupement de molécules que réside notre personnalité, notre identité, notre moi individuel, notre moi qui acquiert et conserve une valeur personnelle, scientifique et morale, grandissante avec l'étude, notre moi qui est et se sent responsable de ses actes accomplis il y a un mois, un an, dix ans, vingt ans, cinquante ans, durée pendant laquelle le groupement moléculaire et plus intime a été *changé* plusieurs fois.

« Les physiologistes qui affirment que l'âme n'existe pas, ressemblent à leurs ancêtres qui affirmaient ressentir la douleur au doigt ou au pied. Ils sont un peu moins loin de la vérité, mais en s'arrêtant au cerveau et en faisant résider l'être humain dans les impressions cérébrales,

---

(1) C. Flammarion, URANIE, p. 346. *Collection Guillaume*, Paris, E. Flammarion, 1891.

ils s'arrêtent sur la route. Cette hypothèse est d'autant moins excusable que ces mêmes physiologistes savent parfaitement que la sensation personnelle est toujours accompagnée d'une modification de la substance. En d'autres termes, le moi de l'individu ne persiste que si l'identité de la matière ne persiste pas.

« Notre principale sensibilité ne peut donc être un objet matériel ; il est mis en relation avec l'Univers par les impressions cérébrales, par les forces chimiques dégagées de l'encéphale à la suite de combinaisons matérielles, mais il est *autre*. »

C'est notre humble avis.

CHAPITRE XIX
DE L'IMMORTALITÉ DE L'AME

Après avoir étudié la nature de l'âme, nous nous occuperons dans ce chapitre de son immortalité, car l'âme est immortelle, c'est-à-dire qu'elle ne périt point avec le corps qu'elle a animé. Cette croyance instinctive est profondément gravée dans le cœur de l'homme et la réflexion vient pleinement la corroborer.

Du reste, la raison et la philosophie sont d'accord pour proclamer l'immortalité de l'âme, immortalité que des preuves nombreuses viennent encore confirmer.

Une des premières preuves réside dans les faits de conscience. L'homme après l'intuition à la notion et le désir de l'immortalité ; il cherche à l'acquérir pas ses actes et ses œuvres, et l'induction, c'est-à-dire une sorte d'analyse, où l'on va des effets à la cause, nous porte à conclure, qu'après cette vie, il y en a d'autres, dans lesquelles, l'âme continue à marcher vers un but déterminé en vue d'accomplir sa destinée.

La nature du principe pensant vient ajouter une nouvelle force à ces considérations.

Le moi est *un, simple, indivisible* et toujours *identique,* il ne peut par conséquent périr par décomposition, comme la matière, et c'est cette immatérialité qui devient en quelque sorte une garantie de son *immortalité.*

On pourra objecter cependant, que l'âme pourrait être anéantie par la cause qui l'a engendrée; cette preuve serait donc bien faible, nulle même ; d'ailleurs en admettant que celle-ci garantisse l'immortalité de la substance pensante, elle ne peut en rien démontrer la persistance de la personnalité et ce n'est réellement qu'en cette persistance que consiste la véritable immortalité.

Il nous faut donc d'autres preuves, nous en donnerons de nombreuses dans le courant de cette étude ; en attendant, en voici une qui nous paraît décisive, parce qu'elle est fondée sur le mérite ou le démérite de la personnalité ; or, l'anéantissement de celle-ci couperait court à toute répartition équitable du bien ou du mal accompli par cette personnalité humaine, ce qui serait une souveraine injustice, car l'homme ayant sa vie durant, fait le bien et celui qui aurait fait le mal, ne peuvent par une loi naturelle, être logés à la même enseigne.

Or cette loi morale qui doit avoir sa sanction, s'oppose à l'anéantissement de la personnalité et par suite de l'âme, ceci nous paraît d'une vérité axiomatique.

L'homme de bien a le droit strict de jouir du résultat, du fruit que lui donne le devoir accompli, de même que le coupable doit subir le châtiment qu'il a encouru. Or, si les deux termes de notre proposition ; récompense et châtiment étaient accomplis du vivant même de la personnalité, on pourrait à la rigueur admettre que la justice immanente est accomplie ; mais dans ce monde, les biens et les maux ne sont nullement distribués suivant l'exacte et juste proposition due à chacun ; c'est là un fait que nous voyons et pouvons constater tous les jours, donc il y a, il ne peut pas ne pas y avoir après cette vie, une autre vie, dans laquelle chacun est payé suivant ses œuvres.

Cette idée, nous pourrions dire cette *vérité* a été reconnue et proclamée dans tous les temps et chez tous les peuples ; l'homme n'a jamais différé que sur la manière d'expliquer et d'appliquer le principe de l'immortalité de l'âme, et c'est même cette diversité d'opinions, qui prouve l'*Universalité du principe*.

Nous n'ignorons pas que l'école matérialiste, dit que la question du mérite et du démérite ne prouve rien ; que l'assassin inconnu, qui ne subit pas la peine de son crime est un homme habile qui a su se tirer des mains de la justice et que l'homme honnête qui est fort éprouvé, l'est par incapacité, par un malheur quelconque ou même par suite de la fatalité.

Mais ces suppositions ne constituent pas des lois, ce ne sont tout au plus, des dires quelconques, des sentiments, et rien ne confirme leur justesse.

Tandis que toutes les lois qui président à l'ordre de l'Univers et à sa bonne marche sont toutes empreintes de justice et de perfection.

Tout dans la nature est réglé avec ordre et symétrie ; tout effet a une cause et un résultat, et seule, la créature humaine se trouverait en dehors de cet ordre et pourrait errer à l'aventure, faire le bien, faire le mal à son choix et suivant ses caprices et sa fantaisie, ne rien faire du tout, se suicider même et rien ne saurait l'en empêcher.

Non cela ne peut-être et cela n'est pas, car ce ne serait plus de l'ordre et de l'harmonie, mais du chaos ; or l'Univers est un mécanisme parfait réglé à tous les points de vue ; donc la loi d'équité, la loi morale, si elle ne reçoit aucune sanction dans cette vie, en reçoit certainement dans une autre, qui n'est que la continuation de celle-ci. Donc la personnalité humaine ne disparaît pas par la mort, par suite, l'âme est immortelle.

Après les arguments et les preuves qui précèdent pour rendre l'immortalité de l'âme plus évidente et pour ainsi dire plus saisissable encore posons tout simplement ce dilemme.

L'âme est matérielle et mortelle ou bien, *elle est immatérielle et immortelle.*

Dans la première hypothèse, l'existence honnête, morale, réglée, l'amour, l'amitié, la charité, la solidarité ; en un mot tous les bons sentiments qui honorent l'humanité, tout cela ne serait qu'une immense duperie ; et, si tous les hommes partageaient cette croyance, la meilleure solution pour nous débarrasser des misères de la vie, serait le *suicide*. On pourrait écrire sur le fronton de nos monuments cette nouvelle devise : Les Jouissances ou la Mort.

Fort heureusement, le nombre des matérialistes n'est pas aussi considérable qu'il en a l'air, il l'est d'autant moins, que parmi ceux qui se croient et se proclament bien haut des matérialistes convaincus, forcenés même, beaucoup ne le sont pas, ils ne font que spiritualiser la matière.

Donc nous repoussons la première partie du dilemme, comme indigne de nous occuper un seul instant : *L'âme est matérielle et mortelle.*

Pour soutenir la seconde partie : *l'âme est immatérielle et immortelle*, nous avons avec nous, le plus grand nombre des philosophes de toutes les époques et de tous les pays. Presque tous ceux qui ont fait une étude sérieuse de l'âme ont démontré jusqu'à l'évidence, son immortalité ; ceci mérite sans doute d'être pris en considération.

De nombreux passages des Védas, du Bagavad-gita (sect XIV) du code de Manou, les théogonies de l'Inde, de l'Égypte, Socrate, Aristote, Plutarque, Virgile, Cicéron et cent autres écrivains illustres ont reconnu l'immortalité de l'âme ; évidemment il n'est pas possible dans un livre aussi résumé que le nôtre, d'analyser même très-brièvement les passages de ces divers auteurs, mais nous donnerons quelques aperçus topiques.

Par exemple, dans le *Traité de l'âme* de Porphyre, dont Eusèbe, nous a conservé des fragments, nous lisons : « Il faut discuter longuement pour démontrer que l'âme est immortelle et à l'abri de la destruction ; mais il n'est pas besoin d'une savante discussion pour établir que de tout ce que nous possédons, l'âme est ce qui a le plus d'analogie avec Dieu, non seulement à raison de l'activité constante et infatigable qu'elle nous communique, mais encore de l'intelligence dont elle est douée. C'est cette observation qui a fait dire au physicien de Crotone (Pythagore) que, l'âme étant immortelle, l'inertie est contraire à sa nature, » et plus loin : « Les preuves tirées soit des conceptions intellectuelles, soit de l'histoire démontrent incontestablement que l'âme est immortelle. »

Platon a écrit dans son *Phédon* : « Celui qui a aimé les plaisirs de la science, qui a orné son âme non d'une parure étrangère, mais de celle qui lui est propre, comme la tempérance, la justice, la force, la liberté, la vérité, celui-là doit attendre tranquillement l'heure de son départ pour l'autre monde, comme étant prêt pour le voyage, quand son destin l'appellera. »

On voit donc par le passage de cet auteur, que la vie n'est que la première étape d'un voyage.

Après Porphyre et Platon, écoutons quelques

philosophes modernes : « Une chaîne indissoluble, dit M. J. Simon dans *le Devoir*, unit ensemble, la liberté, la loi morale, l'immortalité de l'âme et la providence de Dieu. Pas un de ces dogmes qui puisse périr, sans entraîner la ruine de tous les autres. Nous les embrassons tous dans notre foi et dans notre amour. Il n'y a plus de place au doute dans une âme honnête profondément convaincue de son immortalité. La douleur et la mort perdent leur aiguillon, quand nous fixons les yeux sur cet avenir sans nuages. Jouons notre rôle de bonne grâce et n'accusons pas la Providence pour des infortunes prétendues que nous déposerons avec le masque. Est-ce donc notre âme qui souffre et qui meurt ? Non, non, c'est l'homme extérieur, le personnage. Notre vie à nous est avec Dieu. Il n'y a de pensée réelle, substantielle, que dans l'Éternel. Il n'y a d'action véritable que l'accomplissement du devoir. Le devoir seul est vrai ; le mal n'est rien. Homme de quoi te plains-tu ? De la lutte ? C'est la condition de la victoire ; d'une injustice ? Qu'est-ce que cela pour un immortel ? De la mort ? C'est la délivrance. »

Ecoutons ce que dit Eugène Pelletan, dans ses *Heures de travail* :

« Si l'homme n'avait la prescience de la mort, il glisserait sur le temps et fuirait dispersé à chaque souffle du hasard, sans travailler un seul instant à faire provision d'éternité. Mais la fosse est là, toujours béante sous son regard. L'homme la voit et l'homme ne veut pas mourir. Il songe alors que sa vie est quelque chose de plus que la mort, quelque chose au-delà, il fait effort pour échapper à la dispersion et rentrer dans la vérité de sa destinée. »

« Donc de ce que l'homme, seul des êtres terrestres a l'idée de la mort, sait qu'il doit mourir, il est immortel. »

Et ailleurs dans un autre livre (1) le même auteur ajoute :

« Et aussitôt ce corps, tombé dans la mort, devient sacré... Pourquoi ce respect pour le moule brisé de l'homme, si l'homme ne devait être au dénouement de la vie qu'un peu de fumier?

« Ce respect, est involontaire, Il fait partie de l'âme humaine, il est né avec elle, comme un élément constitutif de son essence. S'il est une erreur, l'âme est une erreur aussi. Il faut donc choisir ou le néant ou l'homme est un mensonge.

---

(1) *Profession de foi au XIXe siècle.*

— La question ainsi posée est résolue : l'immortalité est prouvée. »

Nous pourrions multiplier ces citations à l'infini, mais il faut savoir se borner. Nous nous contenterons d'ajouter quelques noms à ceux des philosophes modernes qui précèdent et qui partagent les mêmes idées sur l'âme ; ce sont : Cyrano de Bergerac, Dupont de Nemours, Jean Reynaud, de Balzac (1), Michelet, Edgar Quinet, Lamartine, Victor Hugo, Alfred Maury, Ch. Levêque, Louis Figuier, Eugène Nus, Pezzani, Charles Richard, Auguste Vacquerie, Paul Meurice, Eugène Bonnemère, Léon Denis et cent autres, dont les travaux pour être moins connus, n'en sont pas moins méritants. L'ensemble de l'œuvre de ces auteurs a établi l'immortalité de l'âme ; nous devons ajouter que presque tous les auteurs et les livres anciens et modernes que nous avons signalés, admettent également la pluralité des existences de l'âme, qui est une conséquence inévitable, fatale de son immortalité ; car puisque l'âme est immortelle, après qu'elle a quitté le corps, il faut bien qu'elle aille quelque

(1) Balzac un des plus grands penseurs modernes expose dans Louis Lambert et dans Seraphita des vues originales profondes et tout à fait personnelles sur les mignations variées des âmes avant leur arrivée dans les mondes supérieurs ; ces œuvres classent Balzac parmi les Occultistes.

part. Est-ce dans un monde supérieur? Ou bien se réincarne-t-elle sur cette même terre pour se perfectionner dans des existences successives, et marchant de progrès en progrès, elle arrive ainsi dans un monde meilleur (1). Une telle supposition ne répugne pas à la raison; au contraire, beaucoup de faits viennent corroborer cette hypothèse. En effet la préexistence expliquerait certaines facultés, des dispositions particulières que possèdent par exemple de tout jeunes gens, d'exécuter des œuvres d'art remarquables, d'apprendre à la fois plusieurs langues, de faire de tête, des calculs très-considérables etc., etc. Cette préexistence donnerait également la clef d'énigmes incompréhensibles, de ces haines ou de ces sympathies que l'on éprouve pour certaines personnes qu'on voit pour la première fois. Ce sont là de grands

(1) Cette idée de progression est partagée par Saint-Grégoire de Nysse et Saint-Grégoire de Naziance; voici en effet ce que nous trouvons dans un beau livre de M. Edme de Laurency (étude sur la spiritualité, précédée d'une lettre de Victor Hugo, p. 76: « Dans les temps primitifs du christianisme, des hommes reconnus plus tard comme saints ont dit: « La différence principale entre les bons et les méchants, c'est que les uns arrivent plus tôt que les autres à la félicité. Chacun est conduit, selon ses actes, par la récompense et par la peine au but de la vie. Le diable lui même doit participer à la glorification finale (a). »

(a) Saint Grégoire de Nysse, 330 de l'ère chrétienne. Cette doctrine est aussi celle de Saint-Grégoire de Naziance. L'orthodoxie a fait de grands pas depuis cette époque sur le dogme de la damnation éternelle.

mystères, mais l'homme a bien le droit de les sonder, de les étudier, nous dirons même plus, il en a le devoir.

Dans les temps anciens et même au moyen-âge, les sciences et les lettres étaient interdites au vulgaire, leur étude était l'apanage de certaines castes ; mais aujourd'hui, par suite de la marche progresisve de l'humanité, tout peut être abordé par tous.

Nous sommes même très surpris que la France, qui est toujours en avant, dans bien d'autres questions qui intéressent l'humanité, soit en ce qui concerne la spiritualité, fort en retard sur d'autres nations.

Dans d'autres pays d'Europe et de l'Amérique, les gouvernements instituent des commissions officielles pour étudier les phénomènes psychiques et psychologiques, on a même créé des chaires en Amérique pour l'étude de ces mêmes phénomènes.

Chez nous, les esprits forts, les savants sceptiques, traitent de cerveaux malades ceux qui étudient ces grandes questions et ils méprisent profondément de pareils hommes, ce qui est très commode, car il est plus facile d'insulter les gens que de les combattre avec les armes loyales de la discussion. Ce qui est surprenant, c'est que le premier venu qui n'a pas appris un mot de la science psychologique la plus vaste des sciences qui puisse être abordée par l'intelligence humaine, le premier venu, disons-nous, en parle avec un aplomb imperturbable. Se figure-t-on cependant un homme parlant Japonais sans l'avoir appris? Quel galimatias et quel pathos!

Qu'on ne l'oublie pas, le spiritualisme expérimental est une science qui commence à naître, c'est même la seule science qui se poursuive après la mort. Elle a ses détracteurs, il ne faut pas s'en étonner, les réunions de savants ont bien nié le magnétisme, il existe cependant et il est reconnu, il est vrai qu'on l'a nommé *Hypnotisme*. La gravitation de la terre a été niée également, mais c'est un fait depuis longtemps reconnu. Le soleil était plus grand que le Péloponèse et l'on a emprisonné l'imposteur qui parlait ainsi, Anaxagore n'évita la mort que grâce aux efforts de Périclès; on a reconnu depuis que cet imposteur avait mille fois raison. Ainsi donc, la spiritualité qui est la science de l'avenir est niée, c'est dans l'ordre des choses, toutes les grandes découvertes ont passé par la phase de la négation, leurs inventeurs ont été traqués, emprisonnés ou empoisonnés, brûlés et puis plus tard la postérité reconnaissante leur a élevé des statues ! Singulière humanité !.

La plupart des faits qui précèdent étaient peut-être connus d'un grand nombre de nos lecteurs ; mais ils constituent pour ainsi dire des prémices nécessaires, indispensables à rappeler pour la suite de notre étude, car après avoir établi que l'âme est immortelle, nous devons voir où et comment elle poursuit le cours de son existence après avoir quitté notre terre.

C'est ce que nous allons voir dans le chapitre suivant.

CHAPITRE XX
LES PÉRÉGRINATIONS DE L'AME

L'âme après la mort, va quelque part, si comme nous pensons l'avoir établi, elle est immortelle, c'est là un fait incontestable, admis par quantité de mythologies, de religions et de philosophies. Cette universalité de croyances est donc une preuve certaine des pérégrinations de l'âme, mais c'est là aussi, une pierre d'achoppement, car chaque doctrine ou philosophie explique à sa manière ces pérégrinations.

Nous allons passer rapidement en revue, les principales données mythologiques, religieuses et philosophiques et nous insisterons plus longuement sur la croyance de l'Occultisme oriental dans le chapitre suivant, car cette croyance nous paraît logique, vraisemblable et mérite par cela même réflexions.

Bien des religions admettent que l'âme après la mort, va suivant ses œuvres dans un paradis ou dans un enfer et qu'elle y demeure éternellement dans un état de béatitude ou de souffrance et comme ceci paraît monstrueux, une religion invente un purgatoire pour purger de légères fautes avant d'arriver au paradis, ou pour ne pas laisser ses adeptes pour des pécadilles dans un enfer perpétuel (1)

Nous ne nous arrêterons pas un seul instant à discuter de pareilles suppositions ; ce sont là des données absurdes, que peuvent seules admettre des peuplades sauvages ou de très jeunes civilisations, qui de même que les enfants, ne marchent qu'en vue d'une récompense à obtenir ou par crainte d'un châtiment.

Pour les civilisations plus avancées, pour les personnes adultes ou viriles ; il faut autre chose. En effet, pour une existence de quelques années sur la terre (la lueur d'un éclair pourrions-nous dire, en face de l'éternité), ce serait inouï d'être saturé de bonheur à perpétuité, si l'homme a bien agi pendant sa vie ; d'un autre côté ce serait monstrueux de plonger ce même homme dans les flammes éternelles pour des fautes commises pendant une existence de cinquante, soixante ou quatre-vingts ans.

Comme de pareilles données ne peuvent sup-

(1) Les dogmes du ciel et de l'enfer, de la prédestination de l'immaculée conception et autres ont fait plus de matérialistes que toutes les théories pessimistes de Schopenhauer.

porter une seconde la discussion, il nous faut passer à d'autres croyances.

Des spiritualistes et des spirites, admettent qu'après un laps de temps plus ou moins long dans l'espace dans lequel roulent les mondes, les âmes humaines se réincarnent et tendent à chaque nouvelle incarnation à une perfection de plus en plus grande, de sorte qu'après de nombreuses, de très-nombreuses existences, la personnalité humaine arrive à être un pur esprit, c'est-à-dire une sorte d'être supérieur qui peut alors servir de guide à notre pauvre humanité, lequel guide nommé dans l'ésotérisme oriental *Dyhan Choans* (1) s'efforce de la rendre meilleure en élevant toujours davantage son intelligence et sa moralité ; c'est là une donnée consolante et logique à la fois, qui ne répugne ni au bon sens, ni à la raison.

La même doctrine spirite nous dit encore que finalement ces purs esprits deviennent pour ainsi dire les guides ou protecteurs d'autres mondes qu'ils dirigent dans la voie du progrès par des perfectionnements successifs ; ces purs esprits sont pour ainsi dire des demi-dieux, des divinités secondaires, intermédiaires entre Dieu et les habitants des mondes.

(1) Nous parlons plus loin des *Dyhans Choans*, voy. chap. XXV.

Qu'y a-t-il de vrai, dans ces hypotèses? Au lieu d'y répondre, nous sommes obligés de placer ici, un point d'interrogation.

Quoiqu'il en soit, cette croyance est de beaucoup préférable, plus logique, plus rationnelle et plus consolante que celle qui admet l'éternité des peines ou des récompenses. Elle fournit à l'homme, le moyen de progresser de plus en plus jusqu'au jour où devenant un être supérieur, il reçoit comme récompense définitive, la faveur de pouvoir faire le bien à perpétuité ; c'est bien là un très haut privilège, et une insigne récompense bien digne de tenter une grande âme.

Avec la même croyance, les âmes désincarnées qui se sont aimées dans notre monde, se retrouvent après la mort et peuvent encore se secourir mutuellement, vivre de la même vie et continuer à s'aimer. Il y a là une chaîne ininterrompue entre les êtres ayant eu des rapports d'amitié ou de parenté dans leur existence terrestre. Ceci nous paraît déjà une douce et suprême consolation.

Cette croyance de retrouver au-delà de la mort, les personnes qui nous sont chères a été partagée par de très-grands esprits. Dans l'impossibilité où nous sommes de les énumérer, le lecteur voudra bien nous permettre d'en mentionner un de ces grands esprits, c'est Georges Sand, voici comment s'exprimait dans un fragment de lettre adressé à son fils, l'éminent auteur :

« Travaille, sois fort, sois fier, sois indépendant, méprise les petites vexations attribuées à ton âge. Réserve ta force de résistance pour des actes et contre des faits qui en vaudront la peine. Ces temps viendront. Si je n'y suis plus, pense à moi qui ait souffert et travaillé gaiement. Nous nous ressemblons d'âme et de visage. Je sais dès aujourd'hui, qu'elle sera ta vie intellectuelle. Je crains pour toi des douleurs profondes, j'espère des joies bien pures. Garde en toi le trésor de la bonté. Sache donner sans hésitation, perdre sans regret, acquérir sans lâcheté. Sache mettre dans ton cœur le bonheur de ceux que tu aimes à la place de celui qui te manquera. Garde l'espérance d'une autre vie, c'est là que les mères retrouvent leurs fils. Aime toutes les créatures de Dieu, pardonne à celles qui sont disgraciées, résiste à celles qui sont indignes, dévoue-toi à celles qui sont grandes par la vertu.

« Aime-moi ! Je t'apprendrai bien des choses si nous vivons ensemble. Si nous ne sommes pas appelés à ce bonheur (le plus grand qui puisse m'arriver, le seul qui me fasse désirer une longue vie), tu prieras Dieu pour moi et du sein de la mort, s'il reste dans l'Univers quelque chose de moi, l'ombre de ta mère veillera sur toi. »

« Ton ami, « GEORGES. »

le 18 Juin 1835

Voilà certes un admirable fragment de lettre que n'aurait jamais pu écrire un matérialiste et qui prouve une fois de plus, que l'esprit est bien au-dessus de la matière.

Comme nous l'avons vu précédemment, chaque croyance, chaque religion, chaque philosophie fait voyager l'âme à son départ du corps, à sa façon, à son point de vue particulier ; mais en somme, nous nous trouvons en présence de deux systèmes principaux qui partagent la croyance des philosophes sur la pérennité des âmes ; celui des matérialistes et des panthéistes qui dès la mort replongent l'âme dans la matière universelle (*le Grand tout*, disent-ils) et le système des spiritualistes, qui reconnaissent à l'âme son individualité et par suite son immortalité.

Les doctrines hindoues, égyptiennes, la doctrine grecque avec Socrate et Platon conservent à l'âme son existence individuelle. Aristote et Zénon admettent sa réintégration, nous voudrions pouvoir dire sa réinfusion immédiate dans une nouvelle incarnation ; Pythagore croit qu'en expiation des fautes commises pendant son existence, l'âme transmigre dans le corps de divers animaux ; Platon admet une métempsycose morale et conditionnelle, lorsque l'âme sort de sa prison de chair.

Les Hébreux envoient l'âme dans le *Chéol*, c'est-à-dire dans un lieu obscur et souterrain, dans lequel chéol, ils distinguent deux séjours : celui dans lequel les bons goûtaient le repos et la paix et celui dans lequel les méchants subissaient des châtiments.

Cette croyance n'était partagée chez les Hébreux que par les Pharisiens et les Esséniens, car les Saducéens ne croyaient pas à l'immortalité de l'âme.

De même que les Pharisiens et les Esséniens, les chrétiens de la Judée, distinguèrent aussi dans le Chéol, le *sein d'Abraham* ou *limbes* et l'*Hadès* ou *Enfers* ; dans le premier, les bons attendaient le jour de la résurrection, et dans le second séjour se trouvaient les méchants. Les bons ne devaient obtenir leur récompense définitive, qu'après la venue du Messie.

CHAPITRE XXI
DÉVAKAN ET AVITCHI

Les occultistes, principalement ceux de l'Orient, professent au sujet des pérégrinations de l'âme, une doctrine neuve et originelle, qui cependant nous paraît très logique.

L'occultisme enseigne qu'après la mort, l'âme passe dans le Dévakan, ce terme ne désigne pas un lieu, mais un état particulier qui dure un espace de temps compris entre deux incarnations successives; espace, qui a une durée plus ou moins longue, comme nous allons voir.

Dans l'état dévakanique, le désincarné retrouve une infinie variété de manière d'être, correspondant réciproquement à l'infinie variété des mérites ou des démérites de l'espèce humaine; le repos que le désincarné trouve dans cet état, peut durer fort longtemps, d'aucuns disent plusieurs siècles pour la généralité des hommes, mais pour un être même de développement moyen, il s'écoule environ quinze cents ans depuis le moment de la mort jusqu'au commencement d'une nouvelle incarnation. Ce long espace de temps de plusieurs siècles peut nous paraître à nous *terriens*, dont la vie est si courte, fort long, mais il ne faut pas oublier que quelques siècles ou quelques secondes, c'est tout un pour l'âme immortelle, de sorte qu'il ne faut pas être surpris de ce long état dêvakanique, par lequel passent les âmes pour s'épurer, s'amender, s'améliorer, pour oublier enfin, la dernière existence écoulée ; oubli qui est absolument nécessaire pour accomplir une nouvelle incarnation dans de bonnes conditions ; cet oubli est du reste facilité, par le changement de cerveau à chaque nouvelle incarnation.

Ajoutons cependant, que bien des occultistes nous apprennent qu'il y a des âmes qui ne subissent pour ainsi dire pas, de période dêvakanique, tant est courte sa durée, par exemple pour les *Nirmanakyas* ou Initiés de haut grade, qui par ce fait sont délivrés de la vie mortelle et de ces décevants mirages ; ils sont donc au-dessus des illusions du Dêvakan. Egalement les occultistes en bonne voie de devenir initiés séjournent peu en dêvakan, afin de ne point perdre de temps en cet état. Ils réduisent donc de plus en plus leur repos entre deux incarnations successives, afin d'arriver plus promptement à une renaissance dernière, c'est-à-dire non suivie de mort. Enfin restent peu dans l'état dêvakanique, les âmes de personnes, dont la vie terrestre s'est brusquement terminée par une mort violente, quelle qu'en soit du reste la nature de cette mort, et dont l'état, en attendant une nouvelle incarnation dépend de leurs préoccupations d'esprit au moment de leur mort, ainsi que du degré de leur avancement intellectuel. Ces individualités qui ont péri de mort violente (accidents, suicides, ou autres causes) reviennent rapidement sur notre terre, poursuivre et terminer une existence brusquement interrompue.

En résumé, le Dêvakan *n'est pas un lieu*, mais un ÉTAT. Ce qui entre dans cet état dêvakanique après la mort, ce n'est pas notre *personnalité*, mais notre INDIVIDUALITÉ, car il ne faut pas confondre ces deux expressions : la *personnalité*, est notre habit de chair, ce par-dessus que l'Ego revêt à chaque nouvelle incarnation.

L'individualité au contraire, est cette longue série d'existences successives, c'est celle-ci qui entre dans le dêvakan, c'est elle qui constitue nos plus hautes aspirations, nos affections les plus tendres et les plus suaves, enfin nos goûts les plus élevés.

Donc la personne meurt, c'est le par-dessus de chair usé, que l'*Ego* rejette, l'individualité au contraire, ne meurt jamais et forme cette chaîne vitale qui part du Nirvâna pour y retourner après avoir accompli une série d'épreuves et de tranformations successives pendant la durée d'un *Manvantara*, c'est-à-dire d'une période de l'Univers manifesté, c'est-à-dire encore *un jour de* Brahmâ, comme nous l'avons vu précédemment.

Il est bien entendu que les actions morales et spirituelles sont les seules qui trouvent leur champ d'action dans le Dévakan.

Le contraire du dévakan est *l'Avitchi*, celui-ci est aussi un état de l'être et non un lieu ; il est très important d'établir ici cette distinction, car beaucoup de personnes croient à tort que le mot Avitchi correspond au mot enfer, comme Dévakan à celui de ciel, ce qui est complètement faux.

L'avitchi est l'état dans lequel se trouvent les esprits très inférieurs, et le Dévakan les esprits plus élevés, du reste entre ces deux états, il existe trois sphères ascendantes spirituelles, qui se subdivisent elles aussi en très grand nombre à leur tour.

La doctrine ou science ésotérique nomme les trois principales sphères ascendantes, *Lokas* ainsi dénommées : 1º *Kama-Loka* ; 2º *Rupa-Loka* ; 3º *Arupa-Loka*.

La première sphère, le Kama-loka est le monde du désir et des passions terrestres non satisfaites ; c'est paraît-il l'état dans lequel se trouvent les fantômes, les victimes élémentaires, les suicidés.

Dans la seconde sphère, le Rupa-Loka monde des formes sont des ombres plus avancées en spiritualité, ombres qui possèdent une forme et l'objectivité, mais pas de substance.

Enfin la troisième sphère, l'Arupa-Loka renferme le monde sans formes corporelles, les esprits y vivent dans un état fluidique très avancé, il est bien clair qu'il y a des degrés infinis dans l'ascendance de progrès spirituel depuis le Rupa-Loka le degré inférieur, jusqu'à l'Arupa-Loka le degré le plus élevé.

CHAPITRE XXII
PLURALITÉ DES EXISTENCES

De tout temps, des philosophes, des grands esprits ont cru à la pluralité des existences de l'âme.

Nous ne nous attarderons pas à ce sujet d'autant, qu'un auteur d'un très grand talent et de beaucoup d'érudition : Pezzani a écrit sur la matière un admirable Traité (1) ; nous ne mentionnerons que l'opinion d'un Père de l'Église et d'un grand philosophe Lessing.

Ce Père de l'église, Origène, croyait fermement à la préexistence des âmes dans les mondes supérieurs au nôtre, d'où elles en étaient descendues pour animer des corps mortels, afin d'expier sur notre terre leurs fautes et pouvoir ensuite retourner à Dieu et se réunir à lui.

Il soutenait également, que les peines de l'enfer n'étaient pas éternelles, ce qui ne diffère pas, on le voit, de la doctrine secrète.

---

(1) La pluralité des existences de l'âme par Pezzani, 1 vol. in-12 Paris, 1872 (5ᵉ édition).

Quant à Lessing qu'on a appelé avec raison le *Diderot de l'Allemagne*, voici ce qu'il dit au sujet qui nous occupe dans un ouvrage qu'il fit paraître un an avant sa mort (1): « Pourquoi l'idée qu'un homme a pu comme individualité, exister sous une différente personnalité, semble-t-elle plus impossible que l'idée ancrée en nous d'une seule existence?

« Cette manière de voir n'est-elle si ridicule, si impossible, que parce que c'est une des plus vieilles traditions qu'il y ait au monde?

« Est-ce qu'on ne lui fait pas uniquement la guerre à cette idée, parce qu'elle est une partie intacte, vivante de ce corps de doctrine, chef-d'œuvre de l'entendement humain qui n'a été ni obscurci, ni dénaturé par les sophismes de l'Ecole.

(1) Survenue le 15 février 1781 ; il fit paraître l'*Éducation du genre humain*, qui a été imprimée aussi à la suite des *Lettres sur la Religion et la Politique* d'Eugène Rodrigues, 1 vol. in-8° 1820. La vie de Lessing n'a été qu'une longue lutte avec les théologiens, littérateurs, archéologues de son époque. C'est le père spirituel des hommes de génie qui ont illustré l'Allemagne vers la fin du XVIII° siècle. Homme de beaucoup d'esprit et d'une grande imagination, Lessing a touché un peu à tout et il a apporté dans toutes les polémiques qu'il a soutenues, une érudition immense, un jugement sûr et éclairé. Il mourut jeune encore, à 52 ans.

C'était un caractère antique, tout d'une pièce, ne dédaignant pas les mythes religieux. On a de lui un livre qui fit beaucoup de bruit ; il a pour titre *Fragments d'un inconnu*, connu aussi sous le nom de *Fragments de Wolfenbüttel*, dont ce dernier ne fut que l'éditeur. Mentionnons parmi ces fragments, les principaux qui traitent de l'*Impossibilité d'une Révélation* ; *du véritable caractère du livre de l'ancien testament* ; *des contradictions que renferme l'histoire de la résurrection de Jésus-Christ* ; etc., etc.

« En quoi, ma raison serait-elle sérieusement troublée ou blessée par cette affirmation, que j'ai déjà entrepris de ces nombreux voyages de perfectionnement et d'épuration, dans lesquels, j'ai ressenti des joies et des douleurs éphémères, mais récolté de l'expérience?

« Pourquoi trouverais-je étrange ou impossible la croyance en la répétition de la vie, avec ses alternations de travail et de repos, que l'assurance d'une seule évolution n'ayant pour alléger les souffrances d'une triste route, que l'espoir d'une récompense éternelle?

« Je sens en moi l'instinct et la capacité de pouvoir continuellement progresser, pendant une existence, la faculté que j'ai de pouvoir acquérir sans cesse de nouvelles connaissances au fur et à mesure que j'avance en âge, les expériences accumulées au cours de mon existence tout cela ne dit-il pas que je puis encore acquérir par de nouveaux retours à la vie?

« Si on ose me faire cette objection, qu'en général en quittant cette vie, on sait tout et on connait tout, et que n'ayant plus rien à apprendre il est inutile d'y revenir, on va me faire cette objection qu'ayant tout oublié au retour, on ne voit nullement où se trouve l'utilité de ces renaissances?

« Je dirais tout d'abord, que je suis très heureux que certaines conditions de mon passé soient effacées de ma mémoire ; car leur souvenir pourrait nuire certainement à mon développement actuel ; ensuite qui sait et pourrait dire comment nous revient l'acquit dans le passé.

« Qui pourrait dire, que ce dont nous avons perdu le souvenir ne reviendra pas un jour à notre connaissance ? (1)

« Mais on pourra m'objecter, n'est-ce pas beaucoup de temps perdu par ce système de progressions et d'évolutions à accomplir au milieu de périodes d'obscurités et d'oubli ; nous répondrons : où peut-il y avoir du temps perdu pour l'homme qui, avançant dans l'espace infini, se sait éternel ? »

Si nous avons donné ici le long extrait de Lessing, c'est que d'après nous il résume fort bien tout ce qu'on peut dire en faveur de la pluralité des existences de l'âme.

(1) Est-ce que Socrate n'a pas dit : apprendre c'est se ressouvenir.

CHAPITRE XXIII
PHÉNOMÈNES SPIRITES OU PSYCHIQUES

> « Ne croyez rien de ce qui
> « peut blesser votre raison,
> « mais ne rejetez rien non plus
> « comme irrationnel, sans un
> « sérieux examen. »
> GAUTAMA BOUDDHA.

L'immortalité de l'âme admise, la préexistence et les pérégrinations de l'âme reconnues par un très grand nombre d'auteurs compétents de tous les temps et de tous les pays, pourquoi les manifestations d'outre-tombe ne pourraient-elles pas se produire ?

Que de profonds sceptiques, que de matérialistes invétérés les nient, c'est absolument dans l'ordre des choses logiques, nous l'admettons fort bien. Mais ce qui est surprenant, tout à fait extraordinaire, c'est que des personnes très crédules, puisqu'elles croient à des faits, qui répugnent absolument à la raison, ne veuillent pas croire aux manifestations spirites ; elles admettent cependant les apparitions et les miracles des saints et un tas d'autres faits extraordinaires et bizarres.

Pourquoi les manifestations d'outre-tombe ne pourraient-elles pas se produire, si des circonstances favorables ou un milieu convenable peuvent les permettre.

Puisque des saints peuvent appparaître ; que sont des saints, sinon des désincarnés, des anciens mortels.

La Bible est remplie d'apparitions, un grand nombre de religions croient à ces apparitions, quelques-unes même font un article de foi, un dogme, de ces croyances.

Ceux qui les nient énergiquement ont-ils essayé d'en avoir, se sont-ils déplacés? Ont-ils voyagé, ont-ils fait un pas pour en voir? Non, ils les attendent chez eux, à domicile. Il est probable et même certain, qu'ils les attendront longtemps, car il faut un milieu et des circonstances favorables pour obtenir ce genre de manifestations et ce n'est qu'en se rendant dans les milieux, où elles se produisent qu'on pourra s'assurer de leur réalité, de leur existence.

L'âme étant éternelle, émigre ; elle ne perd pas, elle ne peut pas perdre instantanément sa personnalité, elle a peut-être la propriété ou la faculté, dans certaines circonstances, de reprendre pour un temps plus ou moins long, un de ses anciens vêtements, car le corps n'est que cela pour l'âme, un pardessus ; dans ces conditions, une individualité quelconque peut donc se montrer. Qu'on ne nous objecte pas que c'est contre les lois physiques connues, démontrées, contre les lois de la nature. Est-ce que nous les connaissons toutes ces lois ? Non, nous sommes fort éloignés d'avoir cette connaissance, la science ne fait que de naître, elle est encore en bas âge ; et, dans quelques siècles peut-être toutes les lois physiques que nous reconnaissons pour certaines, pour vraies, seront reconnues fausses ; elles seront renversées à leur tour, par de nouveaux faits irrécusables.

L'homme n'a pas le droit de dire : *telle chose acquise est immuable : la mobilité au contraire, est la grande loi de la nature.*

Étudions et expérimentons ; mais n'affirmons et ne nions jamais rien en fait de science ; ce que nous disons n'est pas seulement notre avis, c'est encore celui d'un des plus puissants génies contemporains, de Victor Hugo ; voici une lettre du grand penseur, qui servira à édifier le lecteur à cet égard ; elle est adressée à l'auteur des *Études sur la Spiritualité.*

Monsieur,

« Le livre dont vous êtes le publicateur se rattache à cette famille de livres mystérieux dont fait partie la Bible Hébraïque et les autres Bibles de l'Orient. Les *Apocryphes,* sur lesquels aucun jugement sain n'a encore été porté, sont un des groupes de ce grand ensemble d'œuvres étranges mi-partie d'esprits terrestres, et d'esprits visionnaires. Tous ces livres, à commencer par le *Zend-Avesta* et à finir par le *Koran,* sont acceptés par la science comme sujets d'études, et ils offrent un sérieux intérêt aux poëtes qui ont pour visées, l'infini. A ce double point de vue, je lirai votre livre. Je crois vous l'avoir dit déjà, je crois en Dieu, parce qu'il est mathématiquement démontré et je suis de ceux qui pensent, avec Arago, qu'en dehors des sciences exactes, on ne peut rien affirmer, ni rien nier. Cette réserve respectueuse devant le possible est la loi de ma conscience. Je laisse ouverte la porte de ma pensée, et tout rayon y peut entrer ; mais mon œuvre que je tâche de faire utile, demeure personnelle, par obéissance même pour l'inconnu qui donne à chacun de nous une fonction sur la terre ; et je sens que j'accomplis le vrai devoir humain, en maintenant la liberté solitaire de mon esprit. »

Victor Hugo.

« 7 novembre 1871 »

Depuis cette date, nous avons marché et si à cette époque, on ne pouvait pas affirmer scientifiquement la manifestation des esprits, aujourd'hui nous pouvons fournir des témoignages de savants incontestables, ayant opéré avec toutes les conditions et garanties désirables : avec des appareils enregistreurs et dans des circonstances tout à fait exceptionnelles ; nous nommerons ces savants à la fin de ce chapitre, ici nous mentionnerons une page écrite par une Spiritophobe, dont le témoignage en faveur des phénomènes spirites ne saurait être suspecté ; or, voici ce qu'à écrit dans ses *Fragments d'Isis dévoilée*, madame Blavatski (1): « Quel accueil bienveillant pouvaient donc espérer les phénomènes du Spiritisme ?

« Il est vrai que ce mystérieux nouveau-né n'a point l'abord fort attrayant. — Semblable à quelque nourrisson mal venu, à qui ont manqué les soins d'une mère attentive, il sort de ses langes tout déformé et mutilé. — Ses ennemis s'appellent « Légion » ; ses amis et ses parrains ne sont qu'une poignée (2). — Mais qu'importe ?

(1) In Lotus bleu n° 4 (7 juin 1890); p. 213.
(2) Madame Blavatsky dans sa haine anti-spirite s'emballe ici en plein. Les amis et les parrains du spiritisme, en un mot ses partisans ne sont pas « une poignée » mais constituent un groupe de plusieurs

— Quand donc les *faits* ont-ils été acceptés *à priori* ?

« De ce que les champions du *Spiritisme* ont, dans leur fanatisme, amplifié ses vertus et sont restés aveugles devant ses imperfections, pensaient-il, pour cela, qu'on ait le droit de douter de la réalité de ses phénomènes ?

« Une contrefaçon ne peut se commettre, lorsqu'il n'y a rien à contrefaire, et, pour imiter un fait, il faut que ce fait soit.

« Le fanatisme des « spirites ou spiritualistes, » est lui-même une preuve de l'authenticité et de la possibilité de leurs phénomènes. Ils nous offrent des faits, que nous pouvons vérifier, et non point des assertions que nous devions croire sans preuve. Des millions d'hommes et de femmes intelligents ne succombent pas si facilement sous le poids d'une hallucination collective.»

Ainsi, madame Blavatsky admet d'une façon certaine, indiscutable les phénomènes spirites, elle a eu du reste l'occasion d'en voir en si grand nombre qu'il n'y a dans ce fait, rien de surprenant, seulement elle les explique d'une toute au-

---

millions d'individus. Le congrès spirite et spiritualiste de 1889 l'a hautement démontré; mais ce n'est pas à l'aide de cet argument que nous combattrons le dire de Mᵐᵉ Blavatsky; nous le combattrons par elle-même; elle dit en effet quelque lignes plus bas: « que de millions d'hommes et de femmes etc. »

tre façon que les spirites ; mais là n'est point la question pour le moment, ce que nous voulons constater, c'est que même les ennemis acharnés du spiritisme, comme madame Blavatsky, les reconnaissent ; ils constatent les apports, transports, déplacements d'objets fort lourds, ils constatent que des instruments de musique jouent sans que personne y touche, enfin, ils voient la matérialisation de corps, qui affectent des formes humaines, formes qui naissent, se coagulent pour ainsi dire et disparaissent sous les yeux même des spectateurs.

Mais nous n'insisterons pas davantage sur ce sujet, et nous donnerons ici l'explication des apparitions, d'après un savant allemand dont la compétence et le haut savoir sont généralement reconnus.

« La forme physique des humains, dit le D' Fr. Hartmann (1), est l'expression de leur second principe *(corps astral)*, et chacune de ces formes contient en elle sa contre-partie, qui peut sous certaines conditions, se séparer de la partie la plus matérielle ou en être extraite par les mains puissantes de l'*Adepte*.

(1) *In* Lotus, *La magie blanche et la magie noire*, p. 128 et 129. N° 6. Août, 1896.

« Cette part astrale de l'homme ou de tout autre objet, peut être revêtu d'*Akasa* condensé et devenir ainsi visible et tangible.

« C'est en condensant de l'*Akasa* sur le « double » d'un objet, que ceux qui savent manipuler les forces invisibles de la nature en peuvent obtenir *deux*, d'*un*.

« Ces formes astrales survivent, un certain temps, au corps qui se moulait sur elles. Tant que les parties de ce corps qui se décompose lentement, ne sont pas entièrement détruites, elles peuvent aller rejoindre l'élément dont elles furent tirées.

« Elles sont attachées là sur la tombe de la personnalité, dont elles ont fait partie, et *l'œil du voyant* peut parfaitement les suivre dans leurs sombres pérégrinations, planant sur la fosse qui cache le corps et saisir la ressemblance parfaite qu'elle conserve avec l'homme ou la femme dont elles ont partagé la vie.

« Dans ces ombres de forme, on peut artificiellement infuser la *vie* et réveiller en elles, un semblant de conscience.

« Ce sont les restes astrals, qui servent dans la pratique de la *magie* et de la *nécromancie* ; et ce sont encore eux, qui viennent répondre, sous le nom de telle ou telle personne, dans les séances des *Spirites*.

« Les *Médiums* qui les attirent sont des personnes en qui ce deuxième principe, soit en raison de leur constitution particulière, soit par l'effet d'un état maladif passager, n'est pas très fermement uni au corps physique, duquel il peut se séparer, mais pendant très peu de temps (1).

Le Dr. Hartmann constate donc la réalité des phénomènes et des apparitions spirites, bien qu'il soit également anti-spirite ; nous aurons certes, quelques réserves à faire sur ce qu'il dit et sur les explications qu'il nous fournit, mais ce n'est pas ici le lieu ; il constate et affirme les phénomènes, et c'est tout ce qu'il nous faut pour l'instant.

Williams Crookes, l'illustre chimiste anglais, membre de la Société royale de Londres a lui aussi, étudié les phénomènes spirites et en ma-

---

(1) On a la preuve la plus certaine de cette relation intime de la forme astrale et du corps psychique dans certaines manifestations provoquées par les *médiums* soi disant spirituels.

On marque l'apparition à un endroit quelconque de sa forme avec de l'encre par exemple, et la tâche d'encre qui souillait une de ses parties va se trouver marquée à l'endroit correspondant sur le corps physique. Lorsque la forme astrale aura fait retour à ce corps, elle se sera empressée de se délivrer, en la lui communiquant, de la tâche qui la gênait.

ADOLPHE DASSIER. *L'humanité posthume*.

nière de conclusion, il écrit : « Je ne dis pas que tout cela peut être, mais que cela est. »

Dans notre préface, pages VIII, IX, X, nous avons également mentionné les noms les plus illustres qui attestent les faits, nous ne les reproduirons pas, mais nous donnerons ici le témoignage d'un des matérialistes les plus convaincus de notre époque, de l'illustre docteur Lombroso. Dans une lettre célèbre, le professeur affirme que tous les phénomènes spirites sont vrais « or, ces faits (il faut les admettre, car, qui pourrait nier les expériences vues ?) sont de nature à nous faire supposer, pour les expliquer, un monde bien différent de celui qui est admis par les névropathologues. »

Ainsi voilà un profond matérialiste qui admet les faits, mais qui cherche sans y parvenir, à les expliquer par la névropathie.

Nous ne donnerons pas cette longue lettre, car elle a été reproduite dans son temps dans un grand nombre de revues (1).

Les phénomènes existent, donc cela est incontestable, mais les savants ne pouvant pas l'expli-

---

(1) Notamment dans la *Revue d'hypnotisme*, dirigée par le Dr. Bérillon. — Les phénomènes ont été obtenus par l'intermédiaire du médium Eusapia Paladino devant les docteurs : Tamburini, Virgillio, Bianchi, Viziali « aussi sceptiques que moi dans cette matière » nous déclare le Dr. Lombroso.

quer et se refusant à admettre l'intervention des désincarnés, attribuent tous ces phénomènes à une force dénommée *psychique*, de même que le magnétisme est devenu l'hypnotisme.

CHAPITRE XXIV
CONSTITUTION DE L'HOMME.
LES SEPT PRINCIPES. — LE CORPS ASTRAL.
L'AURA.

La science ésotérique reconnaît dans l'homme sept principes qu'à l'heure présente il ne possède pas encore, parce que la spiritualité de l'homme contemporain n'est pas assez avancée. Mais un homme complet, parfait serait doué d'après l'Ésotérisme hindou, des sept éléments suivants que nous transcrivons en sanskrit avec la traduction en regard :

7° *Atma*, l'esprit.
6° *Budhi*, l'âme spirituelle.
5° *Manas*, l'âme humaine.
4° *Kama-Rupa*, l'âme animale.
3° *Linga-Sharira*, le corps astral.
2° *Prana* ou *Jiva*, la vitalité.
1° *Rupa*, le corps matériel.

Les trois premiers principes constituent la matière, le quatrième *Kama-Rupa*, l'âme animale ou la volonté qui est l'axe, le centre des

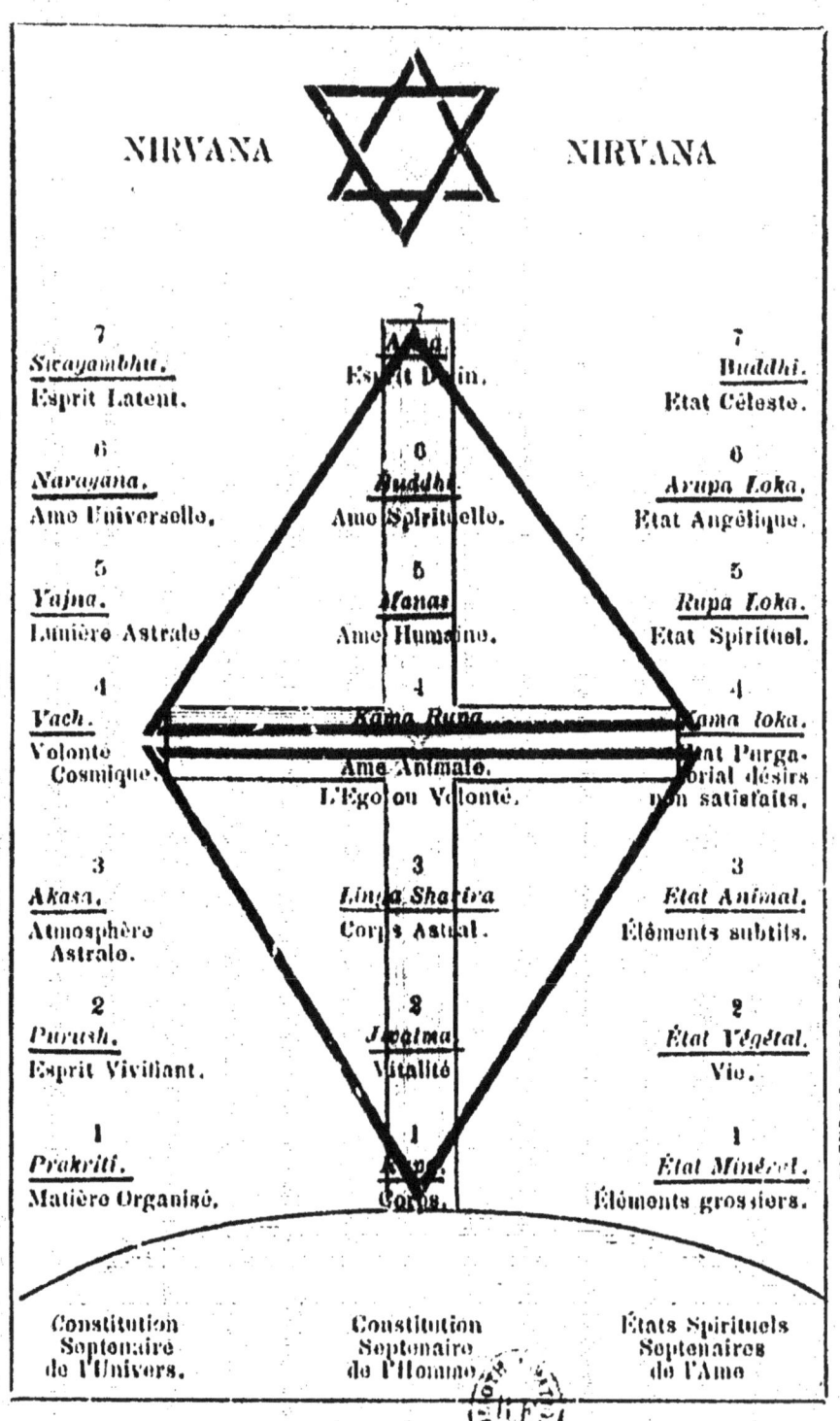

Un Essai de présenter sous forme de dessin

principes matériels et spirituels, axe qui sert à réunir les trois principes inférieurs ou matériels aux trois principes supérieurs ou spirituels.

Personne ne saurait séparer ces sept principes l'un de l'autre, comme par exemple, le chimiste peut le faire à l'égard des corps composés ; mais la science ésotérique s'appuyant sur des preuves certaines, mais qui ne sauraient être exposées sans de longues démonstrations, c'est-à-dire sans une longue étude et l'ensemble d'un vaste travail, l'Esotérisme disons-nous, peut parfaitement discerner, distinguer et séparer même chacun des sept principes constituant l'homme spirituel, comme le ferait un chimiste à l'égard d'un corps composé.

Si le lecteur jette les yeux sur notre planche en couleur (1) il verra que ce tableau lui montre d'une manière claire et précise les enseignements du Bouddhisme ésotérique sur trois doctrines importantes : la constitution de l'univers, la constitution de l'homme, enfin les états spirituels de l'âme pendant et après sa vie terrestre.

(1) Cette planche est tirée de l'ouvrage anglais de M. Sinnett ; *Esoteric Buddhism*. — Le tableau qu'elle représente a été fait d'après les indications de l'un des chefs spirituels de la Société théosophique de Madras.
Quant aux explications qui l'accompagnent, qui sont traduites de l'ouvrage de M. Sinett, nous les avons tirées du volume de Lady Caithness : Théosophie Bouddhiste, page 23 et suivantes, Paris et Bruxelles, 1886.

« On remarquera que ces principes sont énumérés en commençant par l'extérieur et en allant vers l'intérieur, le premier n'étant que l'extérieur de l'enveloppe qui contient dans ses replis intérieurs les sept autres, le joyau de Grand Prix, le Shekinah. Mais afin de rendre ces sept ÉTATS, PRINCIPES ET SENS apparents à l'œil extérieur, aussi bien qu'à l'intelligence, nous avons pris la liberté de les représenter s'élevant de la terre sous la forme d'une croix qui est le véritable symbole de l'homme, indiqué par l'architecture de l'Église chrétienne. Ce signe a déjà été employé comme *symbole* sacré longtemps avant l'ère chrétienne, il est même si ancien qu'on le retrouve sur les monogrammes de quelques-unes des planètes. Le mystère de ce double emblème pourrait remplir des volumes ; disons seulement qu'il est le véritable emblème de l'homme et de la femme. La figure de la Croix, dit Platon, existe dans l'Univers ; ses quatre espaces intérieurs s'étendent à l'infini — au Nord, au Sud, à l'Est, à l'Ouest. Et ainsi s'élevant de la terre au ciel comme l'arbre de vie, l'homme se tient debout avec l'infini autour de lui et l'Éternité au-dedans. Le rayon transversal qui représente les armes de la *puissance* et de la *gloire* peut aussi représenter l'arbre de la connaissance du bien et du mal (ce qui est le cas dans la théosophie hermétique), dont le fruit est à sa portée ; il se tient au milieu du jardin séparant les principes les plus élevés des principes inférieurs.

« On remarquera que nous avons enfermé ladite Croix dans un double triangle de deux couleurs qui, lorsqu'il est entrelacé, comme celui qui est au-dessus de la croix, représente le *mystère des mystères*, la synthèse géométrique de toute la doctrine occulte. Sous cette forme, il est appelé par les juifs kabbalistes le *Sceau de Salomon*, et il est le Sri Antara du temple archaïque Arien. Il représente la Divinité dans son essence suprême *mâle et femelle, l'amour et la sagesse* et contient la quadrature du cercle, de la soi-disant pierre philosophale, le grand problème de la vie et de la mort, le mystère du Bien et du Mal (*Vis* la matière unie ou séparée de l'esprit), etc.

« Lorsqu'on considère les triangles autour de la croix, on voit qu'ils sont *séparés*, et ils ne s'uniront, ne s'entrelaceront, ne se croiseront que petit à petit; le triangle inférieur s'élève de degré en degré, à mesure que l'homme arrive aux états supérieurs. La nature sombre ou la nature du feu grossier s'élève de la terre, pour rencontrer le triangle lumineux qui descend (la sagesse qui vient d'en haut), comme parfois la lumière d'un flambeau que l'on vient d'éteindre apparaît au-dessus de lui et le rallume.

« Lorsque, enfin, la ligne rouge atteint la ligne bleue ou sixième principe, — l'âme spirituelle (la fiancée céleste ou l'Etat de Christ) les triangles se trouvent complètement entrelacés et l'Union est parfaite comme dans le Double Triangle divin qui représente Nirvâna. Ce centre correspond au principe central dans l'homme, qui est l'axe sur lequel son caractère doit tourner. Ce quatrième s'appelle *Kama rupa*, c'est la VOLONTÉ ou l'âme animale, parce que les animaux le possèdent aussi bien que l'homme. Il correspond aussi physiquement au grand centre ganglionique, appelé le Plexus solaire (ou Soular) et par les anciens le *cerveau mâle* ou le *cerveau du ventre* (1), qui est le premier à vivre et le dernier à mourir dans le système nerveux, le réceptacle, le véhicule et le centre de la vitalité, de la sensation, de l'instinct et du sentiment aussi bien

---

(1) *Majupperikos* (ou cerveau derrière le diaphragme). C'est ainsi que les anciens Grecs appelaient le Plexus Solaire et ils lui attribuaient une large part dans nos sensations intérieures, en plus des fonctions généralement assignées à ces organes nerveux appelés Centre Epigastrique (sur l'estomac), bien qu'à proprement parler ils soient situés *derrière* l'estomac ou ce qui s'appelle le creux de l'estomac. C'est ce Plexus organique qui *meut le cœur*.

Dans tous les temps et dans tous les pays, on a supposé que ces organes étaient le siège et le centre de l'émotion et du sentiment ; ainsi dans la conversation, on parle de sensations et de sentiments qui frappent au cœur ou à la poitrine et les gens y portent les mains en disant que le cœur *saute de joie, palpite de plaisir, est aussi léger qu'une plume* ou *pesant comme du plomb*, mais en tant qu'il s'agit du cœur, nous pourrions aussi bien dire l'estomac, le foie ou la rate.

« La cause se trouve plus au fond que cela, derrière ces organes où le *Génie* se tient surveillant tous les organes et toutes les fonctions ; le mot cœur n'est qu'une expression figurée. Ce Génie s'appelle le Plexus solaire, c'est un tissu de nerfs qui portent et distribuent la force vitale à tous les organes. . . . .
. . . .

D' HENRY SCOTT. M. D.

que de l'intuition, de la nutrition, des mouvements du cœur, de la circulation du sang, et, en outre, ce qui constitue la vie dans le sommeil, autrement nous mourrions.

« Cette âme ou soleil est le germe de la vie, le premier organe créé dans l'état intra-utérin ou fœtus, et le *seul* cerveau dans le corps, de quelques animaux inférieurs. C'est aussi le centre télégraphique du corps humain avec ses fils qui se dirigent dans toutes les directions et qui le retient spécialement au *cerveau féminin* ou système cérébro-spinal par deux cordons nerveux situés de chaque côté de la moëlle épinière. On l'appelle *Plexus solaire* à cause de sa forme ronde. Il constitue le centre de nerfs organiques ou vitaux, et préside aux fonctions organiques intérieures ; c'est pour cela qu'on l'appelle aussi la sphère organique, comme le *cerveau féminin* qui préside aux fonctions intellectuelles est appelé organe de l'intelligence. »

Revenant aux sept principes qui entrent dans la composition de l'homme, nous dirons que dans la classification qui précède, les principes supérieurs ou transcendants sont placés les derniers ; mais aussi nous devons ajouter que par une étude approfondie, le lecteur reconnaîtra que ces derniers principes doivent occuper la première place, quand l'homme aura accompli sa parfaite évolution. En voici les motifs que nous trouvons parfaitement expliqués dans le *Bouddhisme Ésotérique* (1) : « Les gaz les plus subtils entrant jusqu'à un certain point, dans la composition du corps de l'homme doivent encore être placés au dernier plan de matérialité.

« Le deuxième principe *Jiva* ou la vitalité, qui, par son union avec la matière grossière, transforme celle-ci, que nous appelons improprement *inorganique*, quand on ne devrait l'appeler qu'*inerte*, est déjà quelque chose de tout à fait différent des plus fins spécimens de matières placés au degré inférieur de l'échelle.

« Mais alors, dira-t-on, ce second principe est-il matériel ?

« Cette simple question nous transporte loin de notre sujet, au beau milieu des plus subtiles discussions métaphysiques, à savoir si *Force* et *Matière* sont choses identiques ou différentes.

« Pour le moment, qu'il nous suffise de répondre que la science occulte les considère comme identiques ; qu'à ses yeux *tout* dans la nature est matière. Bien qu'aucune conception de l'Univers, des destinées de l'homme et de la nature entière,

---

(1) *Le Bouddhisme Ésotérique* ou *Positivisme Hindou* par A. P. Sinett, Paris, Librairie de l'art indépendant, 1 vol. in-12, 1890.

ne soit plus élevée sur le plan spirituel que celle que s'en est formée la science occulte, cette science est libre de l'illogique erreur qui fait attribuer des résultats matériels à une cause immatérielle.

« Avec la science ésotérique, *Matérialisme* et *Spiritualisme* ne sont qu'une seule et même chose sous des aspects différents.

« L'explication du mystère est toute entière dans ce fait, parfaitement connu des esprits occcultes, que tout étant matière, cette matière se manifeste parfois, sous des formes et dans un état tels que nos sens, qui ne sont pas organisés pour répondre à de semblables manifestations, n'en sont nullement frappés.

« Le *deuxième* principe matériel se présente donc sous un aspect de force, et son affinité pour la matière grossière est telle qu'il ne peut être séparé d'une masse ou de la moindre particule de cette matière, sans se précipiter pour se combiner avec une autre masse ou une autre particule.

« Quand par suite de la désertion de ses plus hauts principes, (qui avaient fait de ce corps une vivante réalité), le corps de l'homme meurt, le deuxième principe ou principe de vie, ne reste pas non plus attaché à lui, comme une unité;

mais il adhère à chaque molécule du corps, à mesure que ce dernier se décompose, et il anime tous les nouveaux organismes produits par cette décomposition.

« Enterrez le corps, *Jiva* s'attachera aux végétaux qui naîtront de la décomposition des plus basses formes de l'animalité.

« Brûlez ce même cadavre, et l'indestructible *Jiva* prendra, instantanément, son envolée vers le corps de la Planète, auquel il fut originairement emprunté et entrera dans de nouvelles combinaisons conformes à ses affinités.

« Le *troisième* principe, le corps astral ou *Linga-Sharira* est le duplicata éthéré du corps physique, son dessin originel.

Il guide *Jiva* dans son travail sur les molécules physiques. — C'est le type, le modèle, d'après lequel s'édifie le corps, ou plutôt, c'est la forme sur laquelle il se moule.

« Comme le corps astral est lui-même animé par les plus hauts principes, son unité ne peut être préservée que par l'union de tout le groupe.

« A la mort ; il est séparé du corps pendant une période assez brève, et même dans certaines conditions anormales, il peut être visible aux yeux des vivants. »

Le corps astral *(Linga-Sharira)*, est parfois entouré d'*aura*, c'est-à-dire d'une sorte d'émanation fluidique, qui entoure le corps de l'homme comme d'une lueur, d'une phosphorescence, d'une sorte d'estompage pour ainsi dire ; c'est principalement autour de la tête et à l'extrémité des doigts qu'elle apparaît plus visiblement. Le nimbe ou auréole dont le catholicisme entoure la tête de ses saints, n'est que la représentation figurée de cette *aura* qui est aujourd'hui, mais depuis peu, admise et reconnue par la science ; ainsi les médecins nomment *aura* hystérique une sorte de vapeur, de fluide magnétique qui s'élève de la tête des hystériques, des épileptiques, au moment où ils se trouvent sous le coup d'une crise.

Pour les occultistes, l'*aura* indique le déplacement du corps astral, l'*extériorisation* remise en lumière en ces derniers temps par les beaux travaux du colonel de Rochas.

L'*aura epileptica* est d'après les personnes compétentes, la première manifestation convulsive de l'attaque d'épilepsie, cette *aura* serait une déséquilibration de l'*aura normale*, on la nomme vulgairement boule hystérique.

Van Helmont l'a connue.

C'est surtout cette *aura*, qui permet aux médiums qui en possèdent à une haute dose, de produire des effets de matérialisations physiques.

Les Egyptiens ont parfaitement connu l'*aura* et cette émanation a été représentée chez eux par une vapeur sortant du cœur, et qui s'élève de là, autour de la tête.

D'après quelques-uns l'*aura*, serait l'*aour* de la kabbalah, nous ne le pensons pas personnellement ; nous supposons plutôt que l'*aour* des *hébreux*, tirait son origine des champs d'*aour* de l'*Amenthi* des Egyptiens.

Chez les hébreux, c'est croyons-nous le terme *Haïah*, qui était synonyme d'*aura*; c'était en effet, une sorte de vapeur légère qui s'élevait du cœur ; ils la nommaient esprit vital, esprit simplement et même fluide animique, termes qui dérivaient d'un verbe qui signifiait *couvrir*, l'*aura* en effet, couvre, enveloppe le corps de l'homme.

Après cette digression à propos de l'*aura*, si nous revenons au corps astral, nous dirons avec Sinnett : « A proprement parler, le Linga-Sharira n'abandonne jamais le corps, si ce n'est à la mort, et, même en ce cas, il s'en éloigne peu.

« Quand il apparaît, comme l'ombre d'un décédé, (ce qui est fort rare) il ne peut être vu que près de l'endroit, où le corps repose. »

Nous ne partageons pas ici entièrement l'avis de l'auteur, nous faisons nos plus expresses réserves à ce sujet, l'apparition de l'ombre ou fantôme d'un décédé est rare il est vrai, mais moins qu'on le suppose généralement ; en ce qui concerne son apparition que près « de l'endroit où repose le corps » il s'agirait de s'entendre, car la distance est une chose aussi élastique que le temps ; mais poursuivons notre citation : « Dans les cas particuliers de *Médiumnité spirituelle*, il peut aussi, pour un temps fort court, sortir du corps et être visible près de lui ; mais alors, *la vie du Médium court le plus grand danger.*»

Cette observation est très juste, et on ne saurait trop la propager.

« Troublez involontairement les conditions qui permirent au corps astral *(Linga-Sharira)* de quitter le corps physique et son retour deviendra impossible : le second principe *(Jiva, la vitalité)*, cessera d'animer ce corps et la mort se produira.

« Dans ces dernières années durant lesquelles quelques lueurs de science occulte ont commencé à se répandre à travers le monde, l'expression *corps astral* s'est appliquée à une forme humaine ayant aussi la pleine jouissance de ses plus hauts principes.

« Cette forme a la faculté de pouvoir s'éloigner, ou plutôt de pouvoir se projeter loin de son corps physique.

« Tout adepte vivant possède ce pouvoir ; avec une intention bien marquée d'agir de telle ou telle façon, il peut séparer ce corps éthéré de son corps plus grossier.

« Le phénomène de projection du corps astral effectué par l'adepte, en pleine connaissance de cause, peut être produit par toute personne mourante se trouvant, à ce moment, dans certaines conditions.

« Ce phénomène se manifeste au moyen de l'application accidentelle d'une certaine force agissant sur les principes du moribond, rendus plus libre par le relâchement des liens qui les unissent à la forme projetée. »

Pour compléter les lignes qui précèdent, nous devons ajouter que non seulement les Adeptes c'est-à-dire les initiés à la science occulte, mais même toute personne avancée en spiritualité sépare son corps astral de son corps physique principalement dans le sommeil.

Quant aux personnes qui opèrent cette séparation, ce dédoublement corporel à l'état de veille, bien que n'étant pas adeptes, ces personnes disons-nous, sont fort rares ; ce sont en général de forts bons médiums, mais elles ne doivent pas perdre de vue qu'elles compromettent leur santé, sinon leur vie par des dédoublements trop souvent répétés.

Nous n'insisterons pas plus longtemps sur la constitution septénaire de l'homme et nous terminerons ce chapitre, en disant qu'elle était connue des Egyptiens de toute antiquité, mais nous ajouterons que les égyptologues modernes sont loin d'être d'accord sur les termes correspondants aux termes sanskrits de *Rupa*, *Jiva* ou *Prana*, *Linga-Sharira*, *Kama-Rupa*, *Manas*, *Budhi* et *Atma* ; nous donnerons les termes égyptiens qui ont des synonymes du reste, mais nous nous garderons bien d'affirmer leurs équivalents sanskrits ou Français.

Le Livre des Morts improprement dénommé *Rituel*, nous donne la constitution septénaire de l'homme par les termes suivants qui ont de nombreux synonymes : Xu, Ba, Ab ou Hati, Ka, Xaibit, Sahut, Tét, Anch, etc., etc., mais au milieu de ces divers noms, voici la nomenclature qui se rapproche, croyons-nous, le plus de la vérité ; pour l'établir nous nous sommes étayés sur divers documents, mais principalement d'un sarcophage des Musées du Louvre, qui donne comme immortelles les parties suivantes : *Ka, Ab, Sahu* et *Xaibit*, aussi chacune de ces parties sont rendues au défunt par les Génies protecteurs des entrailles. Généralement, c'est Amseth qui rend *Ka*, Tiaumanwtef rend *Ab*, et Kebsenhouw rend *Xaibit*.

Voici notre nomenclature :

	Égyptien	Sanskrit	Français
7.	Ka	Atma	Esprit.
6.	Ba	Buddhi	Ame spiritu^{elle}.
5.	Sahu, Ab	Manas	Ame humaine.
4.	Xaibit	Kama Rupa	Ame animale.
3.	Têt	Linga-Sharira	Corps astral.
2.	Hati	Jiva, Prana	Vitalité.
1.	Xu	Rupa	Corps physique

Les théosophes modernes ont une classification qu'ils tiennent, disent-ils, des adeptes transhimalayéens.

« Cette classification n'est pas irréprochable au point de vue occulte pur, nous dit le Dr. X. (1), mais elle s'approche beaucoup de la classi-

(1) *In* Lotus Bleu, n° 4, 27 juin 1892, page 97, 1re colonne.

fication *vraie* que des raisons capitales défendent de rendre publique. »

Et le docteur poursuit : « C'est une série qui va de l'esprit *(atma)* à la matière *(Sthula)* en passant par tous les états de différenciation que lui imprime l'arc évolutif. »

Tel est en résumé la constitution septénaire de l'homme, c'est la classification la plus parfaite que nous fournit l'Esotérisme.

CHAPITRE XXV

DYHANS-CHOANS. — KARMA. — NIRVANA.

Que sont les Dyhans-Choans ? Ce sont des esprits planétaires qui sont les guides et les gardiens des planètes et de tout ce qu'elles renferment. Mais l'homme n'a pas seul le privilège de posséder des Dyhans-Choans ; le règne animal et le règne végétal en possèdent aussi, de plus élémentaires, il est vrai, c'est-à-dire moins avancés que les nôtres, mais qui n'en veillent pas moins avec une sollicitude toute paternelle sur les êtres confiés à leurs soins.

D'où proviennent ces Dyhans-Choans ? Ce sont des hommes très avancés intellectuellement et qui font partie d'une génération en progrès. Au fur et à mesure qu'ils s'élèvent, ils cèdent la place à d'autres, qui à leur tour la cèdent à d'autres encore, quand eux-mêmes auront atteint une condition d'existence plus élevée.

Les Dyhans-Choans sont donc des êtres supérieurs ; la quintessence pour ainsi dire de l'humanité antérieure à la nôtre, ce ne sont pas des

Dieux, mais des sortes de Demi-Dieux, qui président à la destinée des mondes, mais sans être pour cela omnipotents, comme nous allons le voir, car ils subissent les lois de la nature.

Ce sont des Dyhans-Choans qui donnent aux mondes qui se réveillent vers la fin d'une chaîne planétaire (*Pralaya*) les grandes impulsions qui amènent les évolutions du progrès. Ils peuvent ainsi agir sur le courant de l'évolution, parce qu'ils savent l'origine et la fin de tout ce qu'ils voient.

« En pénétrant de leurs idées, la grande masse en mouvement, ils aident, dans les limites prescrites par la logique au progrès des mondes et des humanités. » (1)

Mais dira-t-on, puisque les Dyhans-Choans sont des guides planétaires et possèdent partant une grande puissance, pourquoi n'opèrent-ils pas de façon à ce que tous les mondes soient des sortes d'Edens, dans lesquels tous les hommes naîtraient justes, bons et parfaitement heureux ?

A cela, nous répondons, que leur action est absolument limitée aux grandes lois de la nature et qu'ils ne peuvent dès lors, travailler que d'après les principes mêmes de l'évolution, et

(1) BOUDDHISME ÉSOTÉRIQUE page 203.

bien que doués d'une grande puissance, ils ne peuvent cependant empêcher un homme de choisir le mal plutôt que le bien, si tel est son penchant, et bien que cet homme possède en lui toutes les potentialités nécessaires pour devenir lui-même Dyhans-Choans à son tour.

C'est cette limitation des pouvoirs des Dyhans-Choans aux lois de la nature qui est cause que lorsque le mal est accompli, le Dyhan-Choan ne peut empêcher les conséquences qui en résultent, il ne peut donc supprimer les souffrances et les fâcheux résultats qu'entraîne après eux, et cela *inévitablement*, toute transgression aux lois de la nature.

Les Dyhans-Choans règnent, mais ne gouvernent pas, car leur limite d'action est restreinte, parce qu'ils sont soumis à des lois, et ne peuvent agir que sous la direction d'intelligences plus élevées, lesquelles intelligences sont les Dyhans-Choans de l'humanité parfaite du *Manvantara* supérieur, c'est-à-dire du système solaire.

N'oublions pas qu'on nomme *Manvantara* une période quelconque de sommeil et de réveil, il peut donc être fort long ou fort court ; par exemple, l'homme a un *Manvantara* toutes les vingt-quatre heures. D'un autre côté pour certains mondes, le *Manvantara* peut durer des millions et des millions d'années, de siècles même. De là des *Manvantaras* inférieurs ou supérieurs, suivant l'espèce à laquelle ils appartiennent.

En résumé, les Dyhans-Choans sont une collectivité formée par la partie de l'humanité, sortie parfaite du dernier Manvantara.

Pour comprendre parfaitement la nature des Dyhans-Choans, il nous faudrait posséder, nous dit le *Bouddhisme Esotérique*, des facultés psychiques beaucoup plus avancées que celles que nous avons, facultés qui nous permettraient de concevoir quelle peut bien être la nature des *Esprits planétaires*.

Aujourd'hui, le plus grand nombre de nos contemporains ne peut concevoir même, qu'elle pourra bien être notre existence, quand nous aurons laissé notre dépouille mortelle à la terre.

DOCTRINE DE KARMA.

Karma est un terme sanskrit qui sert à désigner un ensemble d'œuvres bonnes ou mauvaises. C'est le bagage, le stock (qu'on nous passe ces expressions) que l'être humain a amassé pendant sa vie terrienne et dont la résultante s'imprime pour ainsi dire dans les molécules de de son cinquième principe *Manas* ou âme humaine.

Ce cinquième principe absorbe les actions bonnes ou mauvaises, que l'homme commet pendant sa vie, c'est là ce qui constitue son *Karma*; celui-ci est donc la résultante de ses actes, de ses paroles, de ses pensées.

Pendant le cours de notre existence, tout ce que nous produisons de bon ou de mauvais, tout cela, laisse après nous des forces, des puissances, des énergies indestructibles, lesquelles énergies potentielles doivent s'unir d'elles-mêmes; mais en attendant cette union, elles se fixent dans un organe, dans le cinquième principe *(Manas)* qui lui, résiste à la mort de l'homme.

C'est ainsi qu'on récolte des chagrins, des douleurs, des déceptions, suivant que pendant une quelconque de nos nombreuses incarnations, nous avons semé des erreurs et des fautes; et réciproquement, nous récolterons de la joie, du bonheur, de la satisfaction, si nous avons semé antérieurement des bienfaits, des bonnes œuvres, des actes de haute moralité. C'est la doctrine de Karma qui explique l'inégalité des positions humaines, c'est elle qui explique pourquoi des gens naissent riches, heureux, et d'autres pauvres et malheureux. C'est cette même doctrine qui explique cette profonde pensée : « *Les hommes meurent et leurs œuvres les suivent.* »

Voici du reste, comment Bouddha a défini lui-même cette doctrine : « Karma est la propriété essentielle de tous les êtres, c'est l'héritage des naissances précédentes, c'est la cause de tout le bien et de tout le mal, la raison pour laquelle quelques-uns sont abaissés et d'autres élevés en arrivant dans ce monde. »

Ce que le philosophe Chinois, Lao-tsé a dit sous cette forme : « La bonne et la mauvaise fortune, l'homme se les attire par sa propre conduite. La récompense du bien et du mal suit, comme l'ombre suit le corps. »

NIRVANA.

Le *Nirvâna* n'est pas ce qu'on en pense dans notre Occident, c'est-à-dire un terme qui signifie *Annihilation*, dispersion, dissolution, disparition de l'âme dans le sein de Brahmâ, par exemple. Le Nirvâna est le monde des *causes*, dans lequel, toutes les illusions de nos sens disparaissent à tout jamais ; pour les Bouddhistes c'est *l'empire complet de l'esprit sur la matière.*

C'est la fausse idée qu'on s'est faite en Occident de ce terme, qui a le plus contribué à discréditer la Philosophie Bouddhiste et a permis de dire qu'elle était absolument matérialiste. On voit par les quelques lignes qui précèdent, combien est fausse cette hypothèse. Dans la philosophie Bouddhiste en effet, le terme Nirvâna ou annihilation signifie tout simplement la dispersion de la matière, dans quelque forme ou apparence que ce soit. Tout ce qui est forme ou figure a été créé et par cela même, est destiné à périr ou tout au moins à se transformer. Chaque forme, bien qu'elle paraisse permanente, est temporaire, ce n'est en somme qu'une illusion *(Maya)*. L'esprit seul n'est pas une illusion, c'est bien une réalité dans un Univers de formes passagères, partant illusoires.

Quand l'Entité spirituelle se détache pour toujours des parcelles ou particules de la matière, alors seulement elle atteint l'éternel et inaltérable Nirvâna. Cette entité en tant qu'esprit existe, mais comme forme, comme apparence, comme figure quelconque, elle a été tout à fait annihilée, elle est alors arrivée au Nirvâna, c'est-à-dire à la condition de spiritualité la plus pure, condition de développement spirituel que l'esprit ne peut atteindre même dans l'état supérieur du Devakan.

« L'esprit seul, nous dit Sinnett (1) n'est pas MAYA : il est l'unique RÉALITÉ dans un Univers illusoire de formes toujours changeantes... Il est tout simplement absurde d'accuser la philosophie bouddhiste de rejeter un Être suprême — Dieu et l'immortalité de l'âme ; de l'accuser d'athéisme en un mot ; en se basant sur ce que Nirvâna signifie ANNIHILATION et que *Swabhâvât n'est PAS une personne mais rien*. Le En (ou Ayim) de l'En-Soph juif, signifie aussi NIHIL ou RIEN, ce qui n'est pas ; et rarement on s'est avisé de reprocher aux Juifs leur athéisme. Dans les deux cas, le vrai sens du terme RIEN comporte l'idée que Dieu *n'est pas quelque chose*, n'est pas un être concret ou visible, et que l'on ne peut convenablement lui appliquer le nom d'AUCUN objet qui nous soit connu sur la terre. »

Disons en terminant, que le Nirvâna est en un mot, l'Etat de perfection de la spiritualité dans toute sa plénitude, ce qui est la traduction du terme sanskrit MOKSHA.

(1) LE MONDE OCCULTE, par A. P. Sinnett, p. 275.

CHAPITRE XXVI

LES MAHATMAS. — LES FRÈRES DU THIBET.
KOUT-HOUMI. — SA LETTRE.

Les Mahatmas sont les adeptes de la science occulte de l'Inde ; ils sont centralisés en Asie, mais dans les régions les moins fréquentées, sur les sommets de l'Himalaya par exemple, parce que dans ces régions, ils peuvent poursuivre plus facilement la tâche qu'ils se sont imposée, c'est-à-dire : « préserver la Sagesse antique et la faire progresser autant que possible. Ils conservent cette sagesse dont ils gardent le dépôt jusqu'au jour, où l'humanité sera mûre pour la recevoir. »

Les Initiés à la même science sont répartis dans toutes les parties du globe. — Quand l'initié à la science occulte a atteint un certain degré d'avancement, c'est-à-dire est arrivé à un certain degré de développement psychique, non-seulement les progrès qu'il a accompli l'ont doué de facultés nouvelles, mais encore il est susceptible d'éprouver des influences qui lui donnent la conscience de son état d'avancement psychique ; il devient peu à peu adepte ; il acquiert dès lors, des pouvoirs qui le font passer aux yeux des non initiés pour un être surnaturel.

Ces pouvoirs que possèdent les Mahatmas sont si extraordinaires qu'on ne saurait les conférer au premier venu, c'est pourquoi les Mahatmas ne les font connaître aujourd'hui, qu'à de très rares initiés, ayant subi de longues épreuves et qui présentent dès lors des garanties suffisantes.

Si l'on conférait en effet, de pareils pouvoirs à des hommes placés encore sous l'empire de l'égoïsme, les Mahatmas feraient plus de mal que de bien à l'humanité, car de pareils hommes n'emploieraient uniquement leur puissance que pour satisfaire leurs passions et leurs rancunes, en un mot à faire le mal.

Voici quelques-unes des facultés que, d'après Sinnett, possède un adepte :

« Un adepte a la possibilité de lire dans la pensée d'autrui, sans qu'aucune espèce de dissimulation puisse le tromper.

« Il a la faculté de pénétrer des mystères non accessibles aux investigations de nos sens physiques et qui atteignent presque à l'infini.

« L'adepte possède des moyens de contrôle sur

les phénomènes matériels par l'emploi de forces que la science moderne n'a pu encore découvrir, enfin, l'adepte jouit en général de très grandes facultés, obtenues successivement dans le cours de son évolution scientifique, facultés qui ne sont pas pour lui un sujet de tentation, car il a dépassé la région des désirs, dans laquelle ces pouvoirs auraient pu le conduire à mal faire.

Les *Adeptes de la science occulte* sont connus dans l'Inde sous le nom de *Frères*, ils constituent en effet, ce qu'on nomme la *Fraternité du Thibet*, qui est sans contredit la plus haute des associations occultes.

Cette fraternité est regardée avec raison comme *Illuminée*, et par ce terme, il faut entendre dans le sens occulte (qui reçoit la lumière). D'où le terme, *Illuminement* qui signifie *Savoir Spirituel*.

Pour atteindre le haut degré de savoir que possède un *frère* ou *Mahatma*, il faut passer par un apprentissage long et difficile et avoir subi des épreuves autrement *terribles* que celles par lesquelles passent les Francs-maçons.

Après l'apprentissage, le futur frère arrive au *Chélaat*, qui comporte lui-même plusieurs degrés. Le chéla doit toujours avoir les yeux sur le but final de son instruction qui est de parvenir à l'*Adeptat*. Il doit savoir que la tâche qu'il entreprend, tâche longue et périlleuse, a pour but de développer en lui un grand nombre de facultés et d'attributs, qui sont tous latents dans l'espèce humaine ; et toutes ces facultés doivent être développées par le disciple (*Chéla*) lui-même, en utilisant le moins de conseil et d'aide possible de son Maître-Instructeur, car il doit toujours avoir présent à l'esprit cet aphorisme occulte : *l'adepte devient, il ne se fait pas.* »

Il ne faut pas confondre les Mahatmas avec les Yogis, les Sadhus et les fakirs ; seul le terme de Rishis est considéré comme synonyme de Mahatmas, mais en vérité, ce terme de *Rishis* s'applique surtout aux premiers parmi les Mahatmas, terme correspondant au mot Arhats de la philosophie Bouddhiste

Tous les phénomènes du spiritisme qui s'accomplissent à l'aide des médiums sont exécutés et de beaucoup dépassés par un *Adepte de la science occulte* ; celui-ci en effet, peut produire des coups frappés sur une table, sur un mur, sur une porte ; il peut matérialiser des objets il peut transporter à des distances considérables et dans un temps relativement fort court ces mêmes objets. L'adepte possède la clairaudience, la clairvoyance ; il peut employer la télégraphie psychique, enfin, il peut apparaître dans sa forme astrale, où il lui plaît et, causer même dans cet état, (dans son double humain) avec les personnes les plus éloignées.

Tout ce que nous venons de rapporter peut paraître bien extraordinaire à certains de nos lecteurs, nous n'y contredisons pas, mais ces faits sont parfaitement exacts, authentiques ; quant à les expliquer, cela ne nous est pas facile car il faudrait que nos lecteurs et nous-mêmes fussions adeptes.

Seulement pour permettre au lecteur de saisir le pourquoi de ces phénomènes, nous donnerons dans notre conclusion une grande partie d'une lettre qu'un Mahatmas, Kout-Houmi a adressé à un ami en réponse à une demande de celui-ci.

Cette lettre jettera une grande lumière sur quelques-unes des conceptions métaphysiques des Occultistes, métaphysique qui est toute autre chose qu'une spéculation abstraite.

CHAPITRE XXVII
A PROPOS DE LA MUSIQUE HINDOUE

L'art est extrêmement avancé dans l'Inde, parce que l'art hindou est sans contredit le plus ancien, la civilisation de l'Inde remontant à la plus haute antiquité. Si nous étudions les armes, les vases, l'émaillerie, l'orfévrerie, l'argenterie, les cristaux, les jades, les bois précieux si élégamment ouvrés, les bronzes, la peinture, la sculpture et la ciselure, enfin les tissus de toutes sortes que l'Inde a fabriqué depuis les temps les plus reculés, de même que les objets de sa fabrication moderne, nous sommes émerveillés de leur caractère, de la beauté de leurs formes et du perfectionnement de leur fabrication.

Nous ne traiterons pas ici de cet art, l'ayant traité ailleurs (1) ce serait sortir de l'objet de cette étude, mais nous renverrons le lecteur

---

(1) Voir DICTIONNAIRE DE L'ART DE LA CURIOSITÉ ET DU BIBELOT. 1 vol. gr. in-18 jésus, illustré de 700 figures sur bois et de lithochromies, Paris, Firmin-Didot et Cⁱᵉ, éditeurs, 1883.
En ce qui concerne l'architecture indienne, nos lecteurs pourront consulter notre DICTIONNAIRE RAISONNÉ DE L'ARCHITECTURE, deuxième volume, page 500.

curieux de voir, d'étudier et de connaitre des spécimens de l'art hindoue à l'un de nos ouvrages et nous ne nous occuperons en ce moment que de la Musique.

La musique hindoue comporte quatre-vingt-cinq modes environ, mais les artistes de l'Inde n'en emploient généralement que vingt-huit, ayant chacun une expression particulière destinée à agir sur tel sentiment, ou telle affection de l'esprit ou de l'âme.

Voilà pourquoi la musique a des corrélations directes avec certains phénomènes de la Science Occulte.

Les divers modes employés dans la musique hindoue, empruntent leurs noms aux heures du jour, de la nuit et des saisons, de là les modes employés ; douze heures de jour, douze heures de nuit égalent vingt-quatre plus quatre pour les saisons égalent vingt-huit modes, qui sont censés jouir chacun des qualités correspondantes au temps, d'où ils tirent leurs noms. Comme chez nous, la gamme des hindous procède par octaves, mais l'harmonie n'est pas riche, aussi les airs hindous se ressemblent tous ou presque tous, ils sont généralement doux et plaintifs.

La voix trainante du chanteur a des intonations mélancoliques, qu'on dirait bémolisées, c'est une sorte de rythme lent, qui vous berce et vous attriste tout à la fois.

La voix humaine est accompagnée d'une sorte de lyre dénommée *Vina*, mais plus souvent par des tambours et des instruments à cordes, qui fournissent des sons aigus et stridents, ce qui oblige les chanteurs pour dominer la musique à pousser des cris déchirants qui affectent désagréablement les oreilles européennes.

Voici la nomenclature des principaux instruments de musique hindous : le *Bausy* est une flûte à bec ; le *Baunk*, une trompette ; le *Bin* ou *Caplin*, un instrument composé de deux calebasses réunies par un long tube ou tuyau en bambou, sur lequel sont tendues plusieurs cordes de coton fortement gommées et deux cordes d'acier, les callebasses sont d'inégales grosseurs. Le *Crishma* est une sorte de flageolet dans lequel on souffle par le nez ; le *Djumpa* ou *Djugo* qui ressemble à une sorte de cylindre en terre cuite, sur lequel est tendu une peau ; par le frottement d'un archet sur celle-ci, on tire une sorte de bourdonnement ; le *Domp* est un grand tambour de forme octogonale, le *Gautha* est une petite cloche en bronze décorée de deux têtes et de deux ailes ; on en sonne matin et soir dans le vestibule des temples, avant l'heure du service religieux ; le *Hauk* est un énorme tambour orné de plumes et de crins qu'on n'utilise que dans certaines grandes fêtes ; le *Hula* est un petit tambour, dont on bat avec la main, comme font les Arabes sur leur *Darbouka ;* le *Khole* ou *Mirden* est un tambour, dont le cylindre ou caisse est en terre cuite ; l'*Omerti* est une sorte de timbale formée d'une noix de coco, recouverte d'une peau mince tendue de quelques cordes ; le *Ramsinga* est une sorte de grande trompette composée de quatre tubes métalliques très minces qui s'emboitent les uns dans les autres ; le *Sarangui,* une sorte de petit violoncelle, monté d'un grand nombre de cordes ; le *Sarinda* est un violon grossier dont les cordes sont en coton ; le *Song,* un buccin, dans lequel les Brahmes soufflent de toute la force de leurs poumons ; ils appellent ainsi les fidèles aux temples.

Un instrument des plus primitifs c'est le *Surmonglah,* il est formé de bouts de bambou d'inégale longueur, uni par de petites cordes. On joue de cet instrument, en l'agitant après l'avoir suspendu à une sorte de double potence.

Les Javanais de l'Exposition Universelle de 1889 jouaient de cet instrument à l'entrée de leur village. Le *Tabri* est une sorte de cornemuse, le *Tamboura* une gourde à long manche montée de trois cordes sur lesquelles, on frappe avec un plectre ; le *Thobla* est composé de deux tambours l'un en bois, l'autre en terre cuite sur lesquels on frappe alternativement? le *Tikora* est un instrument composé de deux tambours d'inégale grandeur et grosseur ; l'*Urni* qui ressemble à l'*Omerti* est formé comme celui-ci, d'une noix de coco recouverte de parchemin, mais il n'est tendu que d'une seule corde, tandis que l'*Omerti* en compte plusieurs. C'est une sorte de timbale. Enfin la *Vina* est une lyre hindoue, c'est elle qui sert le plus souvent d'accompagnement au chanteur, comme nous l'avons déjà dit.

Ajoutons en terminant que, indépendamment du *Crishna*, dont nous avons parlé, les hindous possèdent un autre flageolet dénommé *Chacunk*, dont ils tirent des sons curieux et des plus variés. Voici ce que rapporte au sujet de cet instrument un auteur anglais, Samuel Turner (1) :

« Sans doute beaucoup de personnes qui ont résidé dans l'Indoustan ont vu des exemples pareils à celui que je vais rapporter. J'ai entendu

---

(1) AMBASSADE AU THIBET par Samuel Turner, traduction de Castéra, T. I, p. 193.

un brahme sonner du chacunk pendant plus d'un quart d'heure, avec un peu de variation, il est vrai, mais sans intermission sensible dans le son. La véritable cause de cela est qu'en même temps, que ces musiciens soufflent dans leurs instruments, ils aspirent de l'air par le nez. Cela devient même assez facile avec un peu d'exercice, parce que, bien que le nez et la bouche soient séparés par une membrane, la quantité d'air, que peuvent contenir les deux côtés et le devant de la bouche, suffit pour entretenir la vibration qui produit le son, tandis que la respiration se fait par le nez. »

CONCLUSION

L'Inde, on le sait aujourd'hui passe pour avoir été le berceau de la civilisation et par suite des religions.

Bien des siècles avant notre ère, l'Arie, vit sortir de son sein, un grand peuple, qui se dirigeant vers le sud, en franchissant l'Himalaya, forma dans le Septa-Sindu (les sept rivières) le noyau de la nation Hindoue.

Descendue des hauts plateaux de l'Asie, la race Aryenne avant de peupler l'Occident conquit l'Inde et la Perse, puis de ces contrées, la civilisation passe en Egypte.

La linguistique démontre que l'Aryen primitif a donné naissance aux rameaux Hindou, Iranien, Celtique, Grec, Latin, Germanique, Lithuanien et Slave.

Tous ces peuples avaient un dialecte qui paraît avoir eu un type commun, ce type serait un ancien dialecte ayant précédé en Extrême

Orient le sanskrit, dialecte mêlé antérieurement, mais à un degré moindre, de Zend.

Ce courant linguistique doit suffire ce nous semble, pour établir que la civilisation a commencé dans l'Inde, et nous nous garderons bien d'y intercaler comme corollaire, l'étude des deux races Dolicocéphale et Brachycéphale, étude qui a donné lieu à des discussions interminables dans nombre de Sociétés savantes, notamment à la Société d'Anthropologie de Paris, où, pendant plus de quinze années, nous avons entendu discuter la question chaque semaine, et, avouons-le, sans amener de grands résultats pratiques, car aujourd'hui même, la question est loin d'être élucidée, sinon tranchée.

Du reste, nous sommes loin du temps, où un Philarète Chasles, dans un livre qu'il publiait sur l'Orient, prétendait qu'à la suite d'Alexandre dans le Nord de l'Inde, l'influence de la Grèce s'était répandue dans tous les pays et avait vivifié les arts, la littérature et la science de la vieille civilisation Brahmanique ! Aujourd'hui, une pareille thèse ferait sourire les lecteurs, même les moins instruits.

Personne n'ignore en effet, qu'à l'époque d'Alexandre, l'Inde était en complète décadence, après avoir traversé une longue période de splendeur sans précédent.

A ce moment, elle était incapable de rien emprunter à perse… et … reste, l'art hindou ne montre à au… … … des traces, même les plus lointai… … … l'a…t grec.

Nou… …rrons au contraire, que la Grèce a été tributaire de l'Inde ; il nous suffira pour démontrer cette affirmation de comparer divers noms des mythologies hindoue et grecque, et nous n'aurons pas beaucoup de peine à faire voir que divers mythes de celle-ci, sont empruntés à celle-là. Les noms mêmes de ces mythes trahissent leur origine sanskrite.

Ainsi Çiva, le Dieu de la guerre, des combats, de la poésie se nomme en sanskrit héros des combats (*Hara-kala*) d'où le nom grec Héraclé, Hercule.

Le compagnon de Çiva, son *associé*, en sanskrit *Tha-Sha*, a fourni Thésée ; la Sagesse qui protège (*Pala-sa*) a créé la Pallas des Grecs ; *Yama* le juge des enfers qualifié de sévère, en sanskrit *Aha-ka* a créé chez les Grecs *Eaque*, de même que son collègue Rhadamante dérive visiblement de *Rhada-Manta* qui signifie littéralement en sanskrit qui châtie bien, et ainsi de suite.

Nous pourrions multiplier nos citations et passer en revue quantité de noms de la mythologie grecque, qui dérivent tous du sanskrit ; nous pourrions prouver aussi, que le droit romain procède en grande partie du droit hindou, enfin en littérature, en histoire, il y aurait de très curieux rapprochements à établir. Pour témoigner de ce dernier fait, nous pouvons bien dire que l'enlèvement de la belle Hélène et la guerre de Troie ne sont rien autre, que l'histoire du Ramayâna, dans lequel, nous voyons Ramâ partant en guerre à la tête de ses alliés pour aller reprendre sa femme Sitâ enlevée par le roi des Singes, le roi de Ceylan. Pour les Grecs, les Troyens n'étaient guère que des barbares, c'est-à-dire des singes perfectionnés.

Du reste, le Ramayâna est une œuvre extrêmement remarquable, comme nous l'avons constaté, en traitant de la littérature hindoue ; nous n'insisterons donc pas, seulement nous rappellerons ces quelques lignes de Michelet (1) : « Quiconque a séché son cœur, qu'il l'abreuve au Ramayâna, quiconque a perdu et pleure, qu'il y puise les doux calmants, les compassions de la Nature. Quiconque a trop fait, trop voulu, qu'il

(1) *Bible de l'humanité*, 1re partie, 1.

boive à cette coupe profonde un long trait de jeunesse et de vie. »

Nous ne nous arrêterons pas davantage sur la littérature hindoue, de même que nous ne parlerons pas dans cette conclusion des mythes, des symboles, des religions.

Nous attirerons simplement l'attention du lecteur sur la belle et noble figure de Gautama Bouddha, le Christ Hindou, duquel Barthélemy Saint-Hilaire, bien que méconnaissant le Bouddhisme en bien des points, a pu dire : « Sa vie n'a point de tâche ; son constant héroïsme égale sa conviction, et si la théorie qu'il préconise est fausse, les exemples personnels qu'il donne sont irréprochables. Il est le modèle achevé de toutes les vertus qu'il prêche, son abnégation, sa charité, son inaltérable douceur ne se démentent pas un seul instant.

« Il prépare silencieusement sa doctrine par six années de retraite et de méditation, il la propage par la seule puissance de la parole et de la persuasion pendant plus d'un demi siècle, et quand il meurt, entre les bras de ses disciples, c'est avec la sérénité d'un sage qui a pratiqué le bien toute sa vie et qui est assuré d'avoir trouvé le vrai. »

Aux lignes qui précèdent, nous ajouterons : Que quand Sidharta devint BOUDDHA, il avait environ 36 ans ; dès lors, on ne le désigna que sous le nom de Gautama Bouddha ou de Çâkya-Muni.

L'esprit du mal *(Mâra)* tenta encore un dernier effort pour arracher le monde à ce Génie bienfaisant ; mais ce fut en vain, car sortant de sa solitude, Çakya-Muni commença à prêcher sa doctrine par les bourgs et les villages et jusque sur les routes, partout enfin, où il trouvait des auditeurs pour accepter sa doctrine après l'avoir entendu. C'est alors que se présentèrent à lui des disciples en grand nombre ; il les recevait tous avec la même douceur à quelle caste qu'ils appartinssent ; mais il imposait à ses disciples l'obéissance, la chasteté, la sobriété et la pauvreté ; il ne leur permettait de se nourrir et de se revêtir que des dons reçus en aumône. Pendant quarante-cinq ans, il poursuit son apostolat ; enfin il mourut à l'âge de quatre-vingt-un ans, après l'avoir annoncé à ses fidèles disciples.

Pour mourir, il se retira dans un bosquet d'arbres dénommé *Çala*, près de la ville de *Pavâ*, ou bien de Kouçinagara suivant d'autres.

Cette mort arriva en 543 ou 537 avant l'Ère vulgaire, suivant qu'on fait naître Çakya-Muni en 624 ou en 618.

Suivant les instructions formelles qu'il avait laissé à ses disciples, son corps fut incinéré(1), les débris d'ossements épargnés par le feu furent partagés entre tous les assistants de la cérémonie funèbre et conservés religieusement par eux comme des reliques.

Cent cinquante ans après la mort de Çakya-Muni, sous le règne de Açoka, le Bouddhisme régnait en maître dans la Péninsule hindoue.

Par ce qui précède, qui complète ce que nous avons dit sur Bouddha (2), on peut voir que le fondateur du Bouddhisme put être satisfait en mourant de l'œuvre qu'il avait accomplie. Si nous sommes revenus ici sur cette œuvre, c'est que beaucoup de personnes croient ou affectent de croire que Bouddha n'est venu qu'après le Christ, quand il l'a au contraire, précédé de sept siècles environ.

Bien différent de Philarète Chasle, Villemain au contraire, n'a pas craint de dire (3) que « le génie oriental a été la source de toute religion et de toute poésie. »

Comme témoignage de cette affirmation nous

---

(1) Moins heureuse, Madame Blavatsky a réclamé, mais en vain aux théosophes anglais, son incinération.
(2) Voyez pages 155 à 163, la notice biographique sur Bouddha.
(3) *Littérature au moyen-âge*, IV° Leçon.

donnerons ici deux invocations et une prière.

Les chantres des Védas invoquent ainsi la Mère commune des Dieux et des hommes :

« Aditi patronne assurée et chérie, viens avec ces Dieux sages, ces protecteurs fidèles (1)... O divine et bonne Aditi, je t'appelle à notre secours (2).

Honorons Aditi qui aime tout (3).

Aditi est parfois confondue avec la terre l'*Alma-Parens*, la Cybèle, la nourrice de l'homme et sa dernière demeure.

Aussi les Aryas l'invoquaient avec une grande ferveur, cette terre où vit l'*Asclépias* (4) dont on tire le *Soma*, le nectar des Immortels.

Voici d'après le *Rig-Védas* (5) une invocation à l'Aurore : « Aurore, Fille du ciel, lève-toi et apporte-nous tes richesses et l'abondance. Généreuse et brillante déesse, viens avec tes immenses trésors... Aurore, inspire-moi ma prière et envoie-moi le bonheur. Déjà elle est née cette Aurore divine et brillante, elle va mettre en mouvement les chars, qui à son arrivée

---

(1) RIG-VÉDAS, *traduction* Langlois, Sect. VI, lect. I, hymne VII.
(2) Section VI, lect. IV, hymne XI.
(3) Section VIII, lect. V, hymne VI.
(4) *Asclepias rosea*, Roxb., *Periploca esculenta*, Linnée, *Asclepias acide*.
(5) Section I, lect. IV, hymne II.

s'agitent sur la terre, comme les vaisseaux avides de richesses sur la mer.

« L'Aurore en bonne mère protège le monde, elle arrive pour arrêter le génie malfaisant de la nuit, et exciter le vol des oiseaux ; elle excite également l'homme diligent, car elle est l'ennemie de la paresse... Fille du ciel, Aurore brille de ton doux éclat. »

Après ces invocations, voici une prière qu'Indra adresse à Laskmi ou Crî (1) ; nous la donnons d'après la version anglaise de Vishnu-Purâna : « Je m'incline devant Crî la mère de tous les êtres, assise sur son trône de lotus, avec des yeux semblables à la fleur des nénuphars. Tu es *Sidhi* (le pouvoir surnaturel) ; tu es *Swadhâ* et *Swhâ* (l'offrande de la prière) tu es *Amrita* (l'ambroisie), tu es *Sudhâ* (la purificatrice) de l'Univers. Tu es le soir, la nuit, l'aurore, tu es *Sarawasti* (la déesse des belles lettres), tu es la belle Déesse.

Après les mythes et les symboles, nous avons abordé dans la troisième partie de notre œuvre la SCIENCE OCCULTE, qui est bien la partie la plus intéressante, mais aussi la plus obscure de notre œuvre, parce que paraît-il, il n'est pas permis de la divulguer.

---

(1) Voir ce que nous disons de cette déesse page 181.

Ce qui intéresserait fort le lecteur, ce serait de lui faire connaître les hautes facultés que possèdent les Mahatmas, et surtout le moyen d'acquérir ces facultés; malheureusement, *s'il n'est pas permis à tout le monde d'aller à Corinthe* (1), il est paraît-il plus difficile encore de divulguer les moyens d'action employés par les frères de l'Himalaya. Aussi devrons-nous nous contenter de donner ici une partie de la lettre du Mahatma Kout-Houmi que nous avons promise plus haut (2) ; dans laquelle sont revelées en partie les hautes facultés des adeptes, en recommandant toutefois à nos lecteurs de lire, s'il leur est possible entre les lignes.

Voici le document en question :

. . . .

En un mot, il m'est impossible ainsi qu'à tout autre frère, même à un néophyte avancé, d'accepter le rôle spécial d'inspirateur ou de chef de la branche Anglo-indienne. Nous savons que ce serait une bonne chose de vous donner une instruction régulière, ainsi qu'à quelques-uns de vos collègues, et de vous montrer les phénomènes accompagnés de leur explication. Car lors même, que votre petit groupe serait le seul à être convaincu, encore serait-ce un

(1) *Non licet omnibus adire Corinthum.*
(2) Voir plus haut page 316.

avantage acquis que d'avoir quelques anglais doués de capacités de premier ordre, enrôlés comme étudiants de la psychologie Asiatique. Nous sommes au courant de tout cela et de bien d'autres choses ; aussi ne refusons-nous pas de correspondre avec vous, ni de vous aider par toutes sortes de moyens. Ce que nous refusons, c'est de prendre sur nous d'autre responsabilité que celle de cette correspondance périodique et des conseils dont nous vous assistons ; à l'occasion nous vous favoriserons de preuves tangibles, visibles, s'il est possible, de nature à vous convaincre de notre existence et de l'intérêt que nous vous portons. Nous ne voulons pas consentir à vous GUIDER. Bien que nous puissions faire beaucoup, nous ne pouvons que promettre de vous donner la pleine mesure de vos mérites. Méritez beaucoup et nous nous montrerons honnêtes débiteurs ; méritez peu et vous serez servi en conséquence. Ce n'est pas là un simple texte emprunté à un cahier d'écolier, bien qu'il semble tel : c'est l'énoncé, sous sa forme vulgaire, de la loi de notre ordre, que nous ne pouvons outrepasser. N'étant pas accoutumés à la manière de penser et d'agir des Occidentaux, spécialement des Anglais, si nous nous mêlions d'une organisation de la sorte, vous trouveriez à chaque instant toutes vos habitudes et toutes vos traditions heurtées, sinon par les nouvelles aspirations elles mêmes, du moins par leurs modes de réalisations, tels que nous vous la suggerions. Vous ne marcheriez même pas ensemble pendant le chemin que vous pouvez faire par vous-mêmes. J'ai demandé à M. Sinnett de rédiger un plan incorporant vos idées communes pour être soumis à nos chefs. C'est là je crois, le plus court moyen d'arriver à une entente mutuelle « Guidée par nous, votre branche ne vivrait pas, car vous n'êtes pas des hommes à être guidés du tout dans le sens du mot. Aussi la Société serait-elle un avortement, une banqueroute ; elle semblerait aussi étrange, qu'une Daumont parisienne, trainée par un attelage de yaks ou de chameaux indiens.

Vous nous demandez de vous enseigner la vraie science — l'aspect occulte du côté invisible de la nature ; et vous croyez que cela peut se faire aussi facilement que se dire. Vous ne semblez pas comprendre qu'il y a de terribles difficultés dans la manière de communiquer même les rudiments de NOTRE science à ceux qui ont été élevés d'après les méthodes à vous familières. Vous ne semblez pas voir que plus vous possédez celles-ci, moins vous êtes capables de comprendre instinctivement celle-là; car un homme ne peut penser qu'en faisant glisser son raisonnement dans ses ornières d'usage, et à moins qu'il n'ait le courage de les combler et de s'en faire de nouvelles, il doit forcément voyager sur les vieilles lignes. Permettez-moi quelques exemples. Conformément à la science exacte, vous ne reconnaissez qu'une seule force cosmique, et ne voyez pas la différence entre l'énergie dépensée par un voyageur qui écarte les broussailles obstruant sa route et celle de somme égale, qu'emploie un expérimentateur scientifique pour mettre une pendule en mouvement. Nous en jugeons autrement, car nous savons qu'il y a un monde de différence entre les deux. L'un dissipe et éparpille inutilement la force, l'autre la concentre et l'enrichit. Et ici veuillez comprendre que je ne m'occupe que de l'utilité relative des deux actions, comme on pourrait l'imaginer, mais seulement du fait que dans un de ces cas, il n'y a que de la force brute dépensée, sans que l'on ait transformé cette énergie grossière en une forme potentielle plus élevée dans la dynamique spirituelle ; ce qui a lieu justement dans l'autre cas. Ne me considérez pas, s'il vous plaît comme vaguement métaphysique. L'idée que je voudrais communiquer, est que l'intellection supérieure dans un cerveau scientifiquement occupé, a pour résultat l'évolution d'une forme sublime d'énergie spirituelle, qui, dans l'action cosmique peut produire des effets illimités ; tandis que le cerveau qui agit automatiquement ne détient ou n'amasse en lui-même qu'un certain *quantum* de force brute, qui ne peut produire aucun bénéfice, ni pour l'individu, ni pour l'humanité. Le cerveau humain est un générateur inépuisable de force cosmique de la qualité la plus raffinée, qu'il tire de l'énergie inférieure, de la nature brute ; l'adepte complet a fait de lui-même un centre rayonnant de virtualités dont naîtront corrélations sur corrélations à travers les âges à venir. Telle est la clef du mystérieux pouvoir qu'il possède de projeter et de matérialiser dans le monde visible, les formes que son imagination a construites dans l'invisible avec la matière inerte. L'adepte ne crée rien de nouveau ; il ne fait qu'employer en la manipulant, les matériaux que la nature a en magasin autour de lui, la matière première qui durant les éternités a passé à travers toutes les formes. Il n'a qu'à choisir celle dont il a besoin, et la rappeler à l'existence objective.

Ceci ne semblerait-il pas à l'un de vos SAVANTS biologistes, le rêve d'un fou ?

Vous dites qu'il y a peu de branches de la science avec lesquelles vous ne soyez plus ou moins familiarisé, et que vous pensez faire une certaine somme de bien, que de longues années d'études vous ont mis en mesure d'accomplir. Je n'en doute pas ; mais veuillez me permettre de vous esquisser encore plus clairement la différence de nature qui existe entre les sciences physiques (appelées exactes souvent par pure flatterie), et les sciences métaphysiques. Ces dernières, vous le savez, étant impossible à démontrer devant les auditoires ordinaires, sont classées par M. Tyndall avec la fiction de la poésie. Par contre, la science réaliste du fait est, complètement prosaïque. Pour nous, pauvres philanthropes inconnus, un fait quelconque de l'une ou l'autre de ces sciences, n'est intéressant que par le degré de sa virtualité à produire des résultats moraux et le taux de son utilité pour le genre humain. Est-il une chose plus indifférente à tout et à tous, plus étroitement limitée aux égoïstes besoins de son propre développement, que cette science matérialiste du fait, dans son isolement orgueilleux ? Et puis-je demander..... ce qu'on à faire avec la philanthropie les lois de Faraday, de Tyndall ou autres, dans leurs relations abstraites avec l'humanité considérée comme un tout intelligent ? En quoi se soucient-elles de l'HOMME atome isolé de ce grand et harmonieux ensemble, bien qu'elles puissent parfois lui être utiles ? La force cosmique est quelque chose d'éternel et d'incessant : la matière est indestructible ; — et là s'arrêtent les faits scientifiques. Doutez-en, vous êtes un fou dangereux ou un bigot ; prétendez progresser d'après ces théories, vous êtes un impertinent charlatan. Et encore personne dans le monde des expérimentateurs, n'a jamais eu l'idée de tirer de ces faits scientifiques la conclusion suivante : la nature préfère consciemment que la matière soit indestructible, sous la forme organisée plutôt que sous la forme organique, et elle travaille lentement, mais incessamment à la réalisation de ce but : —

l'évolution de la vie consciente hors de la matière inerte. — De là, leur ignorance sur la dispersion ou la concentration de l'énergie cosmique, sous son aspect métaphysique, de là, leurs divisions au sujet de théories de Darwin, de là, leur incertitude sur le degré de vie consciente qu'il y a dans chaque élément et de là, nécessairement, leur refus méprisant, lorsqu'il s'agit d'accepter un phénomène produit en dehors des conditions établies par eux ainsi que l'idée juste cependant, qu'il y a des mondes de forces semi-intelligentes, sinon intellectuelles, à l'œuvre dans les coins cachés de la nature. Pour vous donner un autre exemple instructif, — nous voyons une vaste différence entre les qualités des sommes égales d'énergie dépensées par deux hommes, dont nous supposerons que l'un se rend tranquillement à son ouvrage quotidien pendant que l'autre est en route pour aller dénoncer un de ses semblables au poste de police ; tandis que les savants n'en voient aucune. Ils ne voient pas non plus de différence spécifique, — et nous en voyons une, — entre l'énergie du vent en mouvement, et celle d'une roue qui tourne. Et pourquoi ces différences ? Parce que chaque pensée de l'homme passe, au moment où elle devient une entité active par son association, ce que nous pourrions appeler sa fusion, avec un ÉLÉMENTAL, c'est-à-dire avec l'une des forces semi-intelligentes des règnes de la nature. Elle survit comme intelligence active, — créature engendrée par l'esprit, — pendant un temps plus ou moins long suivant l'intensité originelle de l'action cérébrale, qui lui a donné naissance. Ainsi une bonne pensée est perpétrée comme un pouvoir activement bienveillant ; une mauvaise, comme un démon malfaisant. Et de la sorte, l'homme peuple continuellement son courant dans l'espace d'un monde à lui, où se pressent les enfants de ses fantaisies, de ses désirs, de ses impulsions et de ses passions ; ce courant réagit en proportion de son intensité dynamique sur toute organisation sensitive ou nerveuse qui se trouve en contact avec lui. Le Bouddhiste l'appelle son SKANDBA, l'Hindou lui donne le nom de KARMA. L'adepte involue consciemment ces formes : les autres hommes les laissent échapper sans en avoir conscience. L'adepte, pour réussir et conserver son pouvoir, doit habiter dans la solitude et plus ou moins dans l'intérieur même de son âme. Encore moins la science exacte peut-elle comprendre que, si d'un côté, la fourmi qui bâtit, l'abeille qui travaille, l'oiseau qui fait son nid accumulent chacun à leur humble manière autant d'énergie cosmique dans sa forme potentielle qu'un Haydn, un Platon ou un laboureur retournant son sillon, le font à la leur, d'un autre côté, le chasseur qui tue du gibier pour son plaisir ou son profit, et le positiviste qui applique son intelligence à prouver que $+ \times + = -$, dépensent et gaspillent l'énergie, tout autant qu'un tigre qui s'élance sur sa proie. Tous ceux-ci volent la nature au lieu de l'enrichir, et tous s'en trouveront responsables en proportion de leur intelligence.

La science exacte expérimentale n'a rien à faire avec la moralité, la vertu et la philanthropie, — aussi ne peut-elle prétendre à notre appui, que le jour où elle s'alliera avec la métaphysique. Comme elle n'est qu'une froide classification de faits extérieurs à l'homme, et existant avant et après lui, son domaine d'utilité ne s'étend pour nous que jusqu'à la limite de ces faits ; et elle s'inquiète peu des conclusions et des résultats que l'humanité pourra tirer des matériaux acquis par sa méthode. Aussi, notre sphère étant extérieure à la sienne, — comme la route d'Uranus est extérieure à celle de la terre, — nous refusons catégoriquement de lui présenter notre tête à couper. Pour elle, la chaleur n'est qu'un mode de mouvement et le mouvement développe la chaleur ; mais elle en est encore à découvrir pourquoi le mouvement mécanique de la roue qui tourne doit avoir une plus haute valeur métaphysique que la chaleur en laquelle il se transforme graduellement. Allez donc soutenir devant des hommes de science cette conception philosophique et transcendante (par conséquent absurde) des Théosophes du Moyen-Age, à savoir que le travail progressif de l'homme aidé de ses découvertes incessantes aboutira un jour à un procédé qui, semblable à l'énergie du soleil — en sa qualité de moteur direct — extraira les aliments nutritifs de la matière organique ! Si le soleil grand-père nourricier de notre système planétaire, faisait demain, « *dans des conditions rigoureuses d'observation* » éclore d'un caillou des poulets de granit, ils (les hommes de science) accepteraient le fait comme scientifique, et ne dépenseraient pas une pensée à regretter que les poulets ne soient pas vivants pour nourrir les pauvres et les meurt-de-faim. Mais qu'un SHABERON traverse l'Himalaya dans un temps de famine et multiplie les sacs de riz pour la multitude en péril, — ainsi qu'il pourrait le faire, — il est probable que vos magistrats et vos receveurs le logeraient dans un cachot pour lui faire avouer le grenier qu'il a dévalisé. Voilà la science exacte et votre monde réaliste. Vous-même, bien que vous vous disiez frappé de l'immense ignorance du monde sur toutes choses, bien que vous définissiez très justement la science comme « une collection de quelques faits maladroitement généralisés, un jargon technique inventé pour cacher l'ignorance de l'homme sur tout ce qui s'étend au delà de ces faits, » bien que vous parliez de votre foi aux possibilités infinies de la nature, cependant vous continuez à dépenser votre vie dans un travail qui ne sert qu'à cette même science exacte.....

Parmi les nombreuses questions que vous touchez, nous discuterons d'abord, si vous le voulez bien, celle qui traite du tort qu'auraient eu LES FRÈRES de « ne pas avoir laissé quelque empreinte dans l'histoire du monde. » Vous pensez qu'ils auraient dû être capables, avec les avantages extraordinaires qu'ils possédaient, « de réunir dans leurs écoles un nombre considérable des esprits les plus éclairés de chaque race. »

Comment savez-vous qu'ils n'ont pas laissé d'empreinte ? Avez-vous connaissance de leurs efforts, de leurs succès et de leurs insuccès ? Avez-vous quelque tribunal, devant lequel les assigner ? Comment ferait votre monde pour réunir les documents sur la conduite d'hommes qui ont tenu soigneusement fermées toutes les portes par lesquelles la curiosité eût pu les espionner ? La première condition de leur succès était de n'être jamais surveillés, ni entravés. Les faits qu'ils ont accomplis, ils les connaissent ; tous ceux qu'il était donné au monde d'apercevoir n'étaient que des résultats dont les causes étaient cachées aux regards. Pour expliquer ces résultats, les hommes à différentes époques ont inventé des théories d'interventions divines, de providences spéciales, de destins, d'influences bénignes ou hostiles d'étoiles. Il n'y a pas une époque, durant ou avant la soi-disant période historique, où nos prédécesseurs n'aient moulé les événements et FAIT L'HISTOIRE dont les faits furent ensuite invariablement déformés par les historiens pour satisfaire les préjugés contemporains. Etes-vous bien sûrs que les figures héroïques qui apparaissent dans cette succession de drames n'aient pas été plus d'une fois rien autre chose que leurs marionnettes. Nous n'avons jamais prétendu être capables d'entraîner des nations en masse à telle ou telle crise, en dépit de l'impulsion générale, qui provient des relations cosmiques de l'Univers. Les cycles doivent parcourir leur révolution. Des périodes de lumière et d'obscurité mentales et morales se succèdent comme le jour succède à la nuit. Les grands et les petits Yugas doivent s'accomplir suivant l'ordre établi ; et nous qui sommes emportés sur la puissante vague, nous ne pouvons que modifier et diriger quelques-uns de ses courants secondaires. Si nous avions les pouvoirs du Dieu personnel qu'on a imaginé, et si les lois universelles et immuables n'étaient que des jouets, alors, en vérité, nous aurions créé des conditions d'existence qui auraient fait de cette terre une Arcadie pour des âmes sublimes. Mais ayant à compter avec une loi immuable, dont nous sommes nous-mêmes des créatures, nous avons dû faire ce que nous pouvions et rester reconnaissants. Il fut des temps où « un certain nombre d'esprits éclairés » étaient enseignés dans nos écoles. Il y a eu de semblables époques dans l'Inde, dans la Perse, dans l'Egypte, dans la Grèce et à Rome. Mais, comme je le faisais remarquer à

M. Sinnett, l'adepte est l'efflorescence de son époque, et le nombre de ceux qui apparaissent dans un siècle est comparativement restreint. La terre est le champ de bataille des forces morales, aussi bien que des forces physiques et l'impétuosité de la passion animale, aiguillonnée par les grossières énergies du groupe inférieur des agents de l'aither tend toujours à éteindre la spiritualité. Pourrait-il en être autrement pour des hommes qui ont conservé un lien de parenté si étroit avec le règne inférieur dont ils ont évolués ? Il est vrai également que notre nombre diminue à l'heure présente ; mais cela tient à ce que, comme je l'ai dit, appartenant à la race humaine, nous sommes soumis à l'impulsion cyclique et impuissante à la faire revenir sur elle-même. Pouvez-vous faire remonter vers leurs sources le Gange ou le Brahmapoutra ? Pouvez-vous même les endiguer, de manière à empêcher leurs flots amoncelés de franchir leurs rives ? Non ; mais vous pouvez dériver une partie du courant dans des canaux et utiliser ses pouvoirs hydrauliques pour le bien du genre humain. De même nous, qui ne pouvons empêcher le monde de suivre sa direction déterminée, nous sommes cependant capables de détourner une partie de sa force d'impulsion pour l'employer utilement. Considérez-vous comme des demi-dieux et mon explication ne vous suffira pas ; mais regardez-vous comme de simples mortels — un peu plus sages peut-être que les autres par suite de nos études spéciales — et ce que j'ai dit servira de réponse à votre objection.

« Quel bien, dites-vous, avons-nous à retirer mon « compagnon et moi (les deux sont inséparables) de ces sciences occultes ? »

Quand les natifs verront que les Anglais et même les hauts fonctionnaires s'intéressent, dans l'Inde, à la science et à la philosophie de leurs ancêtres, ils se mettront eux-mêmes à les étudier ouvertement. Et quand ils seront arrivés à comprendre que les vieux phénomènes DIVINS n'étaient pas des miracles, mais des résultats scientifiques, la superstition s'évanouira. Ainsi le plus grand mal, qui maintenant retarde la renaissance de la civilisation hindoue disparaîtra avec le temps. L'éducation actuelle tend à les rendre matérialistes et à arracher en eux la spiritualité. En leur faisant apprécier et comprendre les écrits et les enseignements de leurs ancêtres, l'éducation deviendra pour eux un bienfait, au lieu d'une malédiction, qu'elle est souvent maintenant. Aujourd'hui les natifs ignorants, aussi bien que ceux qui sont instruits, regardent la religion chrétienne et la science moderne que représentent les Anglais, comme la cause du préjugé qui empêche ceux-ci d'essayer de les comprendre, eux ou leurs traditions. Les deux peuples se haïssent mutuellement et se défient l'un de l'autre. Changez d'attitude envers la vieille philosophie, alors les princes et les gens riches de la nation commenceront à subventionner des écoles normales pour l'éducation des Pandits ; les vieux manuscrits ensevelis, jusqu'ici hors de l'atteinte des Européens reverront la lumière et vous aurez la clef d'un grand nombre de mystères cachés durant des siècles à l'entendement populaire et que vos sanskritistes sceptiques, ne veulent pas se donner la peine de comprendre, tandis que vos missionnaires religieux ne l'*osent* pas (1). La science y aurait beaucoup à gagner, l'humanité tout. Sous l'action stimulante de la société théosophique anglo-indienne, nous pourrions avec le temps voir un nouvel âge d'or pour la littérature sanskrite.

. . . .

Les mêmes causes qui tendent à matérialiser l'esprit indien affectent aussi la pensée occidentale. L'éducation intronise le scepticisme et emprisonne la spiritualité. Vous feriez un bien immense, en aidant à donner aux nations de l'Ouest, une base assurée sur laquelle elles puissent reconstruire leur foi qui tombe en poussière. Ce qu'il leur faut, c'est l'évidence, que seule fournit la psychologie asiatique : en la leur procurant, vous apporterez la paix à des mil-

---

(1) Il est bien entendu qu'il n'est ici question que des Missionnaires Anglicans, et non des Missionnaires Catholiques, surtout des Jésuites, qui eux brûlent tous les anciens manuscrits qui leur tombent sous la main, comme nous l'avons dit (dans notre préface page II), car les Bons Pères osent les comprendre ces manuscrits, pour employer le terme de Kout-Houmi.

liers d'esprits. L'ère de la foi aveugle est finie : nous sommes dans celle des recherches. Mais les recherches qui ne font que démasquer l'erreur, sans découvrir le terrain sur lequel l'âme puisse bâtir ne produiront que des iconoclastes. L'iconoclastie, par sa nature destructive même, ne peut rien donner : elle fait seulement table rase. La pure négation ne saurait satisfaire l'homme, et l'agnosticisme n'est qu'une halte temporaire. C'est le moment de guider l'impulsion récurrente qui bientôt poussera le siècle à l'extrême athéisme, ou le ramènera au sacerdotalisme extrême, si on ne le dirige vers la primitive philosophie des Ariens, la seule qui satisfasse l'âme. Celui-là comprendra la poussée des faits, qui observe ce qui se passe aujourd'hui, d'un côté parmi les catholiques, qui comme les termites éphémères, se hâtent de pondre leurs miracles, de l'autre parmi les libres penseurs qui se convertissent en masse à l'agnoticisme. Le siècle se rue sur une orgie de phénomènes. Les mêmes merveilles que les spirites citent en opposition aux dogmes d'expiation et de perdition éternels servent aux catholiques qui accourent les contempler pour affermir leur foi aux miracles. Les sceptiques se moquent des uns et des autres. Tous sont aveugles, et il n'y a personne pour les conduire. Vous et vos collègues pouvez aider à fournir des matériaux pour la construction d'une philosophie religieuse dont le monde entier a besoin ; philosophie qui soit imprenable pour les assaillants de la science, étant elle-même la fin de la science absolue ; Religion réellement digne de ce nom, puisqu'elle repose sur les relations de l'homme physique avec l'homme psychique, et de ceux-ci avec tout ce qu'il y a au-dessus et au-dessous d'eux. Cela ne mérite-t-il pas un léger sacrifice ? Et si, après réflexion vous vous décidiez à entrer dans cette nouvelle carrière, faites en sorte que l'on sache que votre société n'est pas une boutique à miracles, ni un club à banquets, et qu'elle ne s'adonne pas spécialement à l'étude du phénoménalisme. Son but capital doit être d'extirper les superstitions et le scepticisme, qui ont cours et de faire couler des sources anciennes, longtemps scellées, les preuves qui montrent à l'homme : qu'il peut façonner lui-même sa future destinée ; qu'il peut tenir pour certaine la possibilité pour lui de vivre d'une vie future, pourvu qu'il le veuille ; enfin, que tous les *phénomènes* ne sont que des manifestations de la loi naturelle, que doit essayer de comprendre tout être intelligent.

« Kout-Houmi. »

Cette lettre qui est suivant nous, la meilleure conclusion à notre livre, contient de nombreux enseignements, surtout pour le lecteur qui voudra bien prendre la peine de la lire, de la relire et de la méditer. Elle explique en partie, pourquoi il n'est pas possible de donner encore aujourd'hui la clef de la science occulte, elle justifie aussi les premières lignes de notre préface dans lesquelles nous disions : « nous n'avons pas eu l'intention et moins encore la prétention d'étudier à fond l'Occultisme de l'Inde. »

Le lecteur sait bien maintenant, que c'était une chose impossible.

Seulement nous pouvons bien dire, ici que l'œuvre que nous venons de soumettre au lecteur peut lui ouvrir de vastes horizons sur l'homme, sur ses facultés latentes, sur sa destinée. En tous cas, nous espérons qu'elle le rendra meilleur, qu'elle le rendra tel, que le souhaite le *Dhammapadda* qui nous dit : « Celui dont les sens sont devenus tranquilles, comme un cheval bien dompté par son cavalier ; qui est affranchi de l'orgueil, de la convoitise de la chair, de la séduction de l'existence, de la souillure de l'ignorance, celui-là est envié, même des Dieux. Celui dont la conduite est droite, demeure, comme la vaste terre, sans tourments ; comme le pilier de la porte de la Cité, immobile, comme un lac limpide sans rides. Pour celui-là il n'y a plus de renaissances.

« Calme est l'esprit, calmes les paroles et les

actions de celui qui est ainsi tranquillisé et affranchi par la Sagesse. »

C'est bien là le but, que nous avons voulu poursuivre en publiant notre livre : Faire arriver l'homme à la SAGESSE *des Mages de l'Inde antique*, sagesse qui est toute autre que celle que nous connaissons dans notre Occident.

La Sagesse Orientale fera comprendre en effet à l'homme, la grande loi de la solidarité, de cette solidarité qui ne doit pas être un vain mot, car elle est nécessaire pour arriver non-seulement au progrès individuel, mais même au progrès des Mondes, et justifier ainsi cette affirmation du Dharma-Sastra :

« LE POUVOIR DES DIEUX AUGMENTE ; LE POUVOIR DES PUISSANCES DU MAL, DIMINUE. »

L'homme, en se perfectionnant devient Dyhan-Choan, c'est-à-dire demi-Dieu, nous l'avons vu, et nous estimons que notre terre ne saurait trop en posséder, pour éviter autant que possible, les catastrophes qui fondront sur notre planète à la fin du XIX° Siècle, catastrophes amenées par le sauvage égoïsme de la Ploutocratie contemporaine.

C'est là une échéance fatale, inéluctable, visible à l'œil nu, pour tout penseur, mais surtout pour l'Occultiste, qui n'ignore pas que la DocTRINE SECRÈTE de l'Inde déclare « qu'à la fin de chaque période centenaire, le mouvement évolutif se précipite toujours. »

L'histoire est là pour fournir des preuves nombreuses à cette déclaration.

N. B. — Nous ne saurions terminer ce volume sans informer nos lecteurs que divers fragments de notre œuvre ont paru dans la REVUE SPIRITE, L'INITIATION, LE VOILE D'ISIS, LA PAIX UNIVERSELLE, LA REVUE THÉOSOPHIQUE ; *ces fragments étaient signés de nos pseudonymes :* J. MARCUS DE VÈZE, Dr GARDENER, *etc. Nous avons cru devoir en informer nos lecteurs, afin qu'ils ne croient pas à un plagiat, s'ils avaient déjà lu nos travaux sous l'un de nos pseudonymes.*

TABLE
SOMMAIRE ET ANALYTIQUE
DES CHAPITRES

Avant-Propos..................................... *I*

PREMIÈRE PARTIE
Littérature Hindoue. — Linguistique. — Œuvres Sanskrites. Écritures Sacrées.

CHAPITRE PREMIER. — *Généralités.* — L'Inde berceau du genre humain. — Antiquités des livres hindous. — Védisme, Brahmanisme, Bouddhisme........................ 1

CHAPITRE II. — *Védisme, Védas.* — Les quatre Védas : Atharva, Rig, Sama Yaour; yaour blanc, yaour noir. — Le septa-sindhu. — Asuras. — Agni. — Doctrine védique. — Littérature hindoue......... 9

CHAPITRE III. — *Le Mahâbhârata. — Aux Ruines d'Ankor-Wat.* — Étymologie de Mahâbhârata. — Narration de ce poëme qui comporte dix-huit chants. — Bagavad-Gita. Analyse de ce poëme. — Harivança.. 25

Chapitre IV. — *Les Puranas.* — *Le Gîta-Govinda.*—Les Puranas sont au nombre de dix-huit et fournissent 1,600,000 vers. — Analyse de ces poèmes. — Gîta-Govinda.— Analyse du poème.................. 41

Chapitre V. — *Le Râmâyana.* — Cette épopée repose sur un fond historique. — Analyse de l'œuvre. — A propos de l'art Khmer............................... 51

Chapitre VI. — *La Belle Mênaka.*— *Çakuntala.* — Analyse de la légende de la belle Mênaka. — Traduction littérale de divers passages de cette œuvre, d'après la traduction Tamoule.................. 61

Chapitre VII. — *La légende de Çakuntala, d'après le Mâhabhârata.* — Analyse de ce drame. — Sa poésie. — Traduction de P. Noyo............................. 77

Chapitre VIII.—*La légende de Çakuntala, d'après Kalidasâ.*— Analyse de l'œuvre. 87

Chapitre IX. — *Le Zend-Avesta.* — Ce terme désigne les écritures sacrées des Parsis. — Première traduction de cette œuvre. Analyse de l'œuvre. — Ormuzd et Ahriman. — Les Darvands. — Les Izeds. — Les Ferouërs. — Les Devs ou Dévas..... 96

CHAPITRE X. — *L'Oupnekat. — Les Lois de Manu*. — L'Oupnekat est le résumé des Brahmanas et des Upanishads. — Qu'est-ce que Manu ? Haute antiquité des lois qu'il a formulées.—Analyse de l'Œuvre de Manu. 105

DEUXIÈME PARTIE
Mythes. — Symboles et Religions de l'Inde antique

CHAPITRE XI. — *Trimourti : Brahmâ, Vishnu, Çiva. — Les Trinités.* — La Trinité hindoue. — La génération des triades égyptiennes. — Brahmâ. — Ses créations. — Surnom de Brahmâ. — Vishnu. — Ses incarnations. — Ses noms et surnoms. — Çiva. — Son double aspect de reproducteur et de destructeur. — Ses surnoms. — Ses représentations figurées. — Le Lingam. — La Yoni. — Le Soma. — Khem ou Ammon générateur. — Aum. — Triades Egyptiennes. — Triade chrétienne. — Les Triades ou Trinités. — Emile Burnouf et son histoire des Religions. — La théosophie Bouddhiste d'après Lady Caithness. — Trinité Esotérique.................................. 115

CHAPITRE XII. — *Bouddha.* — Signification de ce nom. — Sa vie. — Boudha régent de la planète Mercure................... 155

Chapitre XIII. — *Mythes et Symboles hindous.* — Addha-Nari. — Sa représentation figurée. — Amrita. — Ganèça. — Garoudha. — Krishna. — Lakshmi ou Cri Mulaprakriti. — Prithivi ou Parvati. — Subrahmanya. — Surya. Les Gandharas. Les Raghini. — Les Kinnaras. — Les Apsaras 164

Chapitre XIV. — *A propos des religions de l'Inde.* — Définition de Dieu d'après le Mahâbhârata. — Le Védisme. — Le Brahmanisme. — Le Mulasthanum. — Le Bouddhisme. — Le Jaïnisme 192

TROISIÈME PARTIE

La Doctrine Esotérique ou l'Esotérisme à travers les âges

Chapitre XV. — *Prolégomènes.* — La doctrine ésotérique 201

Chapitre XVI. — *Les Cosmogonies comparées.* — Une citation de Creuzer ; de Demetrius. — Cosmogonie hindoue. — Le Shastah. — L'Ekoummesha. — Genèse de la Bible Mosaïque. — La nuit des mondes d'après le Rig-Véda. — Cosmogonie Egyptienne. — Cosmogonie Iranienne. — Cosmogonie Hébraïque. — Cosmogonie d'après Manou 204

Chapitre XVII. — ***Création de l'homme***.
— D'après les Védas. — Adima-Héva. —
Le péché originel........................... 219

Chapitre XVIII. — ***De la nature de l'âme***.
Attribut de l'âme. — Son existence. — Les
matérialistes : Cabanis, Broussais, etc. —
Opinion du professeur Ch. Richet. — Activité psychique de l'âme. — Force psychique. — Système nerveux. — Les Physiologistes 228

Chapitre XIX. — ***De l'Immortalité de
l'âme***. — Preuves de cette immortalité. —
L'École matérialiste. — Un dilemne. —
Diverses théogonies. — Traité de l'âme de
Porphyre. — Platon. — J. Simon. — Eugène Pelletan. — Citations à l'appui de
l'Immortalité. — Spiritualisme Expérimental 246

Chapitre XX. — ***Les Pérégrinations de
l'âme***. — Doctrine Spirite. – Une lettre de
Georges Sand. — Diverses doctrines...... 260

Chapitre XXI. — ***Devakan et Avitchi***. —
Les Occultistes et l'État Devakanique. —
Personnalité et Individualité. — Manvantara. — Avitchi. — Trois principales
sphères ascendantes...................... 268

Chapitre XXII. — ***Pluralité des existences***

de l'âme. — Le Traité de Pozzani. — Opinion d'Origène sur la pluralité des existences—de Lessing, *le Diderot de l'Allemagne*; — Sa notice biographique.................. 273

CHAPITRE XXIII. — *Phénomènes spirites ou psychiques.* — La Bible au sujet de ces manifestations. — Une lettre de Victor Hugo. — Opinion d'une spiritophobe. — Opinion du Dʳ Hartmann. — Akasa. — Opinion de Ad. Dassier ; De Williams Crookes. — Affirmation du Dʳ Lombroso.. 277

CHAPITRE XXIII.—*Constitution de l'homme* — Les sept principes : *Atma, Budhi, Manas, Kama-Rupa, Linga-Sharira, Prana* ou *Jiva, Rupa.* — L'Aura. — L'*Esoteric Budhism* de M. Sinnett. — Le Symbole de la Croix........................ 288

CHAPITRE XXV. — *Dyhans-Choans.* — *Karma.* — *Nirvâna.* — Que sont les Dyhans-Choans. — D'où proviennent-ils ? — Leurs pouvoirs.—La doctrine de Karma.— Qu'est-ce que le Nirvâna ?............ 304

CHAPITRE XXVI. — *Les Mahatmas.* — Que sont les Mahatmas ? — Leurs facultés, d'après Sinnett. — Fraternité du Thibet.— Yogis, Sadhus, Fakirs, Adeptes de la Science occulte. — Kout-Houmi.................. 312

CHAPITRE XXVII. — *A propos de la musique hindoue.* — L'art hindou, — Quatre-vingt-cinq modes usités dans la musique. — Citation de Samuel Turner au sujet du Chaemik........................... 217

Conclusion............................ 323

Table des Matières 352

29, rue de Trévise. — PARIS

ROCHAS. *Les états superficiels de l'Hypnose*, 1 vol. in-8 avec dessins 2.50
PAPUS *Traité méthodique de science occulte* (avec préface de Ad. Franck de l'Institut), un volume gr. in-8 de 1100 pages, avec 2 dictionnaires et glossaire, 400 gravures et tableaux. . 16 »
— *La science des Mages*, petit résumé de l'occultisme, broché, in-18, de 72 p. 0.50
STANISLAS DE GUAITA. — *Le Serpent de la Genèse*, 1 fort vol. in-8 de 550 pages, avec nombreuses gravures dont 16 planches hors texte. . . . . 15 »
F.-Ch. BARLET. *Essai sur l'évolution de l'idée*, 1 vol. gr. in-18, avec dessins. 3.50
J. LERMINA. — *La Magicienne*, 1 vol. in-18, avec planche hors texte. 3.50
C.-A. DE BODISCO. — *Traits de Lumière*. Recherches psychiques (1888-1892) dédiées aux incrédules et aux égoïstes. (superbe vol. in-8 carré, avec planches et dessins. . . . . 5 »
ERNEST BOSC. — *Isis dévoilée ou l'Égyptologie sacrée*, 1 vol. in-8, de VI-304 p., avec un superbe portrait de l'auteur. . . 4 »
GABRIEL DELANNE. — *Le Phénomène spirite*. Témoignage des savants, 1 vol. in-18 de 314 p., avec 20 dessins. . . . . . . 2 »
C¹ᵉ DE LARMANDIE. *Eoraha*, notes sur l'ésotérisme, 1 vol. in-18. . . . . 3.50
L'ABBÉ JEANNIN. — *Église et fin de siècle*. Études contemporaines, 1 vol. in-18 jésus 3.50
PAULINE DE GRANDPRÉ. — *Les Légendes de Notre-Dame de Paris*, 1 vol. in-8 jésus. 3.50
J. LAUMONIER. — LA NATIONALITÉ FRANÇAISE.
1. *Les Hommes*, in-18 de 350 p. 4.50
E. GÉRARDS. — *Les Catacombes de Paris*, 1 beau vol. in-18, orné de gravures et de deux plans de catacombes. . . . . 2 »
BATAILLES DU CIEL. — Manuscrit d'un vieux Celte, 2 beaux vol. in-8 de 550 p. chacun. . . . . 8 »
BELLEMARE. — *Spirite et Chrétien*, 1 vol. in-18. . . . . 3.50
ÉMILE MICHELET. *L'Ésotérisme dans l'Art*, broch. in-18. . 1 »
Dʳ DELEZINIER. — *Phénomènes électriques*
HACŒPHI CHRYSIS. — *Nouveau langage symbolique des plantes* avec leurs propriétés médicinales et occultes, brochure in-18 de 75 p. 0.75
HORACE LAFONT. — *L'Erreur latine*, broch. in-18. . . . . . . 0.60
GEORGES VITOUX. — *L'Occultisme scientifique*, broch. in-18. 1 »
— *Les Limites de l'Inconnu*, la science et les sorciers, broché in-18. . . . . 1 »
VURGEY. *L'Âme, les sept principes de l'homme, et Dieu*, broch. in-18 avec dessins. 1.50

www.ingramcontent.com/pod-product-compliance
Lightning Source LLC
Chambersburg PA
CBHW060558170426
43201CB00009B/826